Alfred Boretius

Die Capitularien im Langobardenreich

Eine rechtsgeschichtliche Abhandlung

Alfred Boretius

Die Capitularien im Langobardenreich
Eine rechtsgeschichtliche Abhandlung

ISBN/EAN: 9783743656970

Hergestellt in Europa, USA, Kanada, Australien, Japan

Cover: Foto ©Suzi / pixelio.de

Weitere Bücher finden Sie auf **www.hansebooks.com**

Die

Capitularien im Langobardenreich.

Eine rechtsgeschichtliche Abhandlung

von

Dr. Alfred Boretius,

Privatdocenten der Rechte an der Universität Berlin.

Halle,
Verlag der Buchhandlung des Waisenhauses.
1864.

Dem Andenken

an

Johannes Merkel.

Vorwort.

Die vorliegenden Untersuchungen sind hervorgerufen worden durch die Bearbeitung des Liber legis Langobardorum, welchen in den Monumenta Germaniae herauszugeben, ich nach dem Tode Merkel's übernommen habe. Jenes Rechtsbuch besteht aus den etwa um das Jahr 750 zum Abschluß gelangten Edicten der langobardischen Könige und einer im beginnenden eilften Jahrhundert zusammengestellten Compilation von Capitularien der Beherrscher des Langobardenreichs seit dessen Eroberung durch die Franken. Es mußte die Frage entstehen, in welcher Weise in den zwischen den angegebenen Zeitpunkten liegenden zweihundert und fünfzig Jahren das Recht bei den Langobarden auf dem Wege der Gesetzgebung weiter ausgebildet wurde: meine Abhandlung will auf diese Frage Auskunft geben.

Dringender noch erheischte ein anderer Umstand, die nachfolgenden Untersuchungen anzustellen. Wenn ich dem Anspruch, welchen die Ausgaben in den Monumenta Germaniae erheben, dem Anspruch, kritische zu sein, einigermaßen gerecht werden wollte, so mußte ich darüber, wie die vorhin angedeutete Capitulariencompilation sich zu ihren Quellen, den wirklichen Capitularien, verhalte, nicht nur selbst im Klaren sein, sondern auch Rechenschaft darüber ablegen. Um über dieses Verhältniß urtheilen zu können, war es aber vor Allem nothwendig, die größtmögliche Gewißheit zu erlangen über die Echtheit, die ursprüngliche Gestalt und die chronologische Bestimmung der Capitularien selbst. Als ich in dieser Absicht an die neueste Capitularienausgabe von Pertz herantrat, erhoben sich mir alsbald sehr vielfältige und sehr erhebliche Zweifel gegen die Richtigkeit der in derselben vorliegenden Resultate. Ich vermochte mich nicht davon zu überzeugen, daß Alles das, was uns hier unter der Ueberschrift „Capitulare" „Capitulare langobardicum" geboten wird, in der That Verordnungen fränkischer oder italischer Könige enthalte; ich konnte mich der Ueberzeugung nicht verschließen, daß hier nicht selten Verschiedenartiges zu e i n e r Verordnung verbunden, Zusammengehöriges in v e r s c h i e d e n e n Capitularien zerstreut war; ich gewann die Ansicht, daß man häufig von einer bestimmten chronologischen Datierung überhaupt Abstand zu nehmen haben, in anderen Fällen mit Sicherheit ein anderes Datum zu ermitteln sein würde. Da ich auf diese Weise außer Stande war, die für die von mir übernommene Ausgabe unentbehrlichen kritischen Grundlagen in der Pertzischen Capitularienausgabe anzuerkennen, so war es unumgänglich, daß ich mir zuvörderst diese Grundlagen nach Kräften selbst bereitete, so schwierig auch ein solches Unternehmen überhaupt, so unbequem es aus mancherlei Gründen für mich persönlich war.

Wenn also meine Abhandlung zunächst und vorwiegend zu dem Zwecke entstanden ist, die kritische Herausgabe und die Beurtheilung einer Compilation zu ermöglichen, welche nur für einen ziemlich eng begrenzten Kreis von Studien Interesse bietet, so hege ich doch die Hoffnung, daß die reichlich aufgewendete Mühe auch über jenen Kreis hinaus nicht ohne Frucht bleiben soll. Die Verbindung mit dem Reiche der Franken, in welcher seit dem Jahre 774 und bis zum Jahre 843 das Reich des Desiderius sich befand, hatte zur Folge, daß die fränkische Reichsgesetzgebung auch die Rechtsverhältnisse im Langobardenreich regelte. Aus diesem Grunde habe ich weitaus die meisten der in jener für die fränkische Reichsgesetzgebung so ergiebigen Periode entstandenen Capitularien durchgehen und erörtern müssen. Nur soweit Verordnungen fränkischer Könige ausschließlich für bestimmte Gegenden außerhalb Italiens, also z. B. für Sachsen, Baiern oder den Sprengel bestimmter Missi, Geltung haben sollten, sind sie in meiner Abhandlung unberührt geblieben. So wenig ich nun auch vermeine, daß meine vielfach der Pertzischen Capitularienausgabe entgegen tretenden Ausführungen sämmtlich und allgemein Zustimmung finden werden, so sehr ich vielmehr davon überzeugt bin, daß besser gerüstete Kenner der deutschen Rechtsgeschichte häufig andere Ansichten mit stärkeren Gründen werden vertheidigen können: so habe ich doch den Glauben, daß durch meine Arbeit für die Kritik der Reichsgesetze im Einzelnen manches neue und, falls mich nicht Alles trügt, unumstößliche Resultat gewonnen, für die Charakterisierung der gesammten fränkischen Reichsgesetzgebung ein oder der andere Zug offener und klarer dargelegt worden ist. Ich hoffe aber ferner der Wissenschaft auch dadurch gedient zu haben, daß meine Arbeit den keineswegs überflüssigen Nachweis liefert, wie weder die wiederholt angekündigte zweite Ausgabe der Capitularien in den Monumenta Germaniae noch die in Aussicht genommene Handausgabe eines Corpus iuris germanici sich darauf beschränken darf, die wenigen seit dem Jahre 1837 zum Vorschein gekommenen neuen Capitularien gehörigen Orts einzuschalten, was allein in der Vorrede zu dem jüngst erschienenen dritten Bande der Leges für die zweite Ausgabe in Aussicht gestellt wird, wie es vielmehr einer vollständigen und sorgfältigen Durcharbeitung sowohl der Capitularien im Großen und Ganzen, als auch des Textes im Einzelnen bedarf, wenn die neue Ausgabe denjenigen Anforderungen entsprechen soll, welche die Wissenschaft an Ausgaben von Quellen deutscher Rechtsgeschichte heute zu stellen berechtigt ist. Im Hinblick auf diese hoffentlich bald in Angriff zu nehmende Neubearbeitung habe ich geglaubt, auf die von mir wahrgenommenen und sich bei meiner Arbeit der Besprechung darbietenden Mängel der ersten Ausgabe ruhig und ohne Umschweif hinweisen zu sollen und meinem zeitweiligen Verhältnisse zu den Monumenta Germaniae und dem berühmten Leiter der Herausgabe derselben nur insoweit Rechnung tragen zu müssen, als ich aus demselben die Verpflichtung zu um so sorgfältigerer Prüfung meiner Ausstellungen, zu einer um so mehr rein sachlichen Kritik herleitete. Habe ich vielfach zerstörend kritisieren müssen, so soll es mir um so mehr zur Freude und Genugthuung gereichen, wenn durch meine Untersuchungen auch nur einige Steine für den erwünschten Neubau geschickt gemacht worden sind.

Das Material für die vorliegende Arbeit haben natürlich vor Allem die Capitularienausgaben von Baluze (die noch heute für eingehendere Untersuchungen unentbehrlich ist) und von Pertz gewährt. Die Bearbeitung der Capitulariencompilation im liber legis Langobardorum hatte mich aber genöthigt, mich auf das Studium der Pertzischen Ausgabe nicht zu beschränken, sondern auch auf die im Auftrage der Gesellschaft für ältere deutsche Geschichte innerhalb der Jahre 1819 und 1835 gefertigten Handschriftenvergleichungen, auf Grund derer Pertz seine Ausgabe der Capitularien besorgt hatte, zurückzugehen. Die erneute Durchsicht dieser Collationen ist nicht erfolglos geblieben: ich habe durch sie die zunächst gesuchte Gewißheit erlangt, über welcher Klasse der echten Capitularhandschriften jene Compilation entstanden ist, und habe ferner in den Handschriftvergleichungen noch manche Angaben gefunden, die mich zu andern Resultaten als den in der Capitularienausgabe vorliegenden geführt haben. Ferner habe ich Alles zu Rathe gezogen, was mir an Nachrichten über Capitularhandschriften, besonders italische, bekannt und zugänglich war. In dieser Beziehung sind besonders die Mittheilungen im siebenten und eilften Bande des Archivs für ältere deutsche Geschichtskunde ergiebig gewesen, namentlich Merkel's Abhandlung über das bairische Volksrecht (daselbst XI. 533—687), die auch für den von mir verfolgten Zweck äußerst schätzenswerthes Material lieferte. Andere Angaben über einschlägige Handschriften fand ich in den Mittheilungen der Akademieen von Berlin und Turin und an andern gelegentlich angegebenen Orten.

Nachdem ich meine Untersuchungen auf Grund der Ausgaben und Mittheilungen über Handschriften beendet hatte, sah ich mich auch in der Litteratur danach um, wo Kritik an den von mir behandelten Capitularien geübt worden wäre. Meine Ausbeute war im Verhältniß zu der weitreichenden Bedeutung, welche die Capitularien als Quellen haben, eine nur geringe. Sowohl in Lehr= und Handbüchern der Geschichte des deutschen Rechts und deutscher Rechtsquellen als in Einzeluntersuchungen werden die von Pertz herrührenden chronologischen Daten, die Bezeichnung, die Zusammensetzung, die Unterscheidung wiederholentlicher Recensionen derselben Capitularien meistens als ganz feststehende Sachen angenommen, und nicht selten werden an unrichtige oder sehr unsichere Voraussetzungen folgenreiche Schlüsse geknüpft. Nur in einem der Lehr= und Handbücher war mir das Bestreben bemerkbar, sich jenen Annahmen gegenüber selbständiger zu verhalten: in dem Handbuch der deutschen Reichs= und Staatenrechtsgeschichte von v. Daniels. Ich habe mehrfach die in diesem Handbuch in der Kürze aufgestellten Behauptungen als mit den Resultaten, zu welchen ich gelangt war, im Einklange befindlich constatieren können. Zahlreicher noch waren die Beiträge zur Capitularienkritik, welche ich in den Anmerkungen des dritten und vierten Bandes der deutschen Verfassungsgeschichte von Waitz vorfand. Es war mir eine erfreuliche Bestärkung in dem Glauben an die von mir eingeschlagene Methode, daß ich wiederholentlich in den ermittelten Ergebnissen mich in Uebereinstimmung fand mit den Ansichten des durch seine kritischen Quellenausgaben wie durch seine Untersuchungen auf dem Gebiete äußerer deutscher Rechtsgeschichte gleichmäßig ausgezeichneten Gelehrten. Wenngleich nicht zahlreiche, so doch in der Regel sehr zutreffende Bemerkungen boten sich ferner in den Arbeiten Baudi's bi Vesme dar, sowohl in einem im Jahre 1847 an Merkel gerichteten offenen Briefe: Dell' edizione delle Leggi Langobardiche pubblicata per cura della R. Deputazione di storia patria als auch in der Einleitung und den Anmerkungen zur Ausgabe der Edicta regum Langobardorum. Auch die beiden Hauptarbeiten von Roth, „Geschichte des Beneficialwesens" und „Feudalität und Unterthanverband" geben einige sehr wesentliche Berichtigungen für die Chronologie und Entstehung einzelner, jedoch außerhalb des Bereichs meiner Abhandlung liegender Capitularien. Andere zerstreut vorgefundene Bemerkungen über Capitularienkritik habe ich betreffenden Orts angeführt: doch muß ich die Möglichkeit zugeben, daß mir Manches, was vielleicht schon früher ähnlich oder auch anders in dieser Beziehung gesagt worden ist, entgangen sein mag.

Das vorangeschickte erste Kapitel erhebt nicht den Anspruch, den in der Ueberschrift bezeichneten Gegenstand zu erschöpfen, sondern will nur die folgenden Untersuchungen einleiten.

Berlin, den 18. Juli 1864.

Inhalt.

Erstes Kapitel. Die Gesetzgebung bei den Langobarden.

A. Die Zeit vor der fränkischen Eroberung.
1. Die Edicta regum Langobardorum. §. 1. . . . . S. 1
2. Die Extravaganten des langobardischen Gesetzbuchs. §. 2. = 6

B. Die Zeit nach der fränkischen Eroberung.
1. Die Gesetzgebung für das Reich Karls des Großen im Allgemeinen. §. 3. . . . . = 14
2. Die Gesetzgebung für das Langobardenreich im Besondern. §. 4. . . . . = 18
3. Die provisorischen Verordnungen. §. 5. . . . . . . = 22
4. Die für den Erlaß der Capitularien beobachtete Form. §. 6. = 23

Zweites Kapitel. Die im Langobardenreich gebrauchten Capitularhandschriften.

1. Handschrift der Bibliothek zu St. Gallen n. 733. §. 7. . . S. 28
2. Handschrift der Bibliothek des Kärnthischen Klosters S. Paul. mbr. saec. IX. §. 8. . . . . = 29
3. Die Gesetzsammlung des Lupus. Handschrift im Archiv des Domcapitels zu Modena Ord. I. 2. und Handschrift der herzoglichen Bibliothek zu Gotha n. 84. §. 9. . . . . = 32
4. Die beiden Handschriften im Archiv des Domcapitels zu Ivrea n. 33 und 34. §. 10. . . . . = 39
5. Handschrift der königlichen Bibliothek in München m. g. 43. aus der Bibliothek des Klosters Tegernsee. sc. X. §. 11. = 42

6. Handschrift der kaiserlichen Bibliothek in Paris lat. 4613. sc. X. §. 12. . . . . S. 44
7. Handschrift der Vaticanischen Bibliothek in Rom 5359. sc. IX. X. §. 13. = 45
8. Handschrift der Bibliothek zu Wolfenbüttel. Blankenburger mscr. 130. 52. sc. X. §. 14. . . . . = 46
9. Handschrift der Bibliothek Chigi in Rom F. IV. 75. sc. X. und Handschrift des Klosters Trinita della Cava bei Salerno sc. XI. in. §. 15. . . . . = 50
10. Die Capitulariensammlung im liber legis Langobardorum. §. 16. . . . . = 54

Drittes Kapitel. Die einzelnen im Langobardenreich zur Geltung gekommenen Capitularien.

I. Die gleichmäßig für die Reiche der Franken und Langobarden erlassenen Capitularien Karls des Großen.

1. Das Heristaller Capitular vom Monat März 779, die von Pertz so genannte langobardische Recension desselben und die angeblich im J. 781 für Italien erfolgte Promulgation eines Capitulars. Leg. I. p. 36—39. §. 17. . . . . . . S. 57
2. Capitulare episcoporum. p. 39. 40. §. 18. . . . . . . = 66
3. Die Aachener Admonitio und das Legationis edictum des Jahres 789. p. 53—69. §. 19. . . . . = 66
4. Die Reichsgesetzgebung der Jahre 802 und 803. p. 90—118. §. 20. . . . . = 71
5. Die Capitularien von Dietenhofen und Nymwegen. a. 805. 806. p. 131—135. 143—145. §. 21. . . . . = 85
6. Die capitula per missos cognita facienda. p. 146. 147. §. 22. . . . . = 89
7. Das Aachener Capitular mit der Gesandteninstruction vom Jahre 809. p. 155—157. §. 23. . . . . = 92
8. Das angebliche Capitulare de exercitalibus. p. 169. 170. §. 24. . . . . = 96
9. Zwei Kapitel unbestimmten Ursprungs. p. 196. §. 25. . = 98

II. Die von Karl dem Großen für das Langobardenreich ausschließlich erlassenen Capitularien.

1. Die Notitia vom 20. Februar 781. p. 241. §. 26. . . . = 99
2. Capitulare episcoporum circa 781. p. 237. §. 27. = 104

3. Das Capitulare von Mantua. a. 781? p. 40. 41. §. 28. S. 108
4. Brief über kirchliche Angelegenheiten. a. 786? p. 81. §. 29. = 112
5. Das Doppelcapitulare von Mantua. Anfang 787. p. 109—111. §. 30. . . . . = 113
6. Die capitula ad legem Langobardorum addita (c. 801) und die von Pertz mit denselben verbundenen Kapitel. p. 83—86. §. 31. . . . . = 119
7. Der Brief Karls an seinen Sohn Pippin c. 807. p. 150. §. 32. . . . . = 123
8. Das angebliche Capitulare Ingelheimense. p. 151. §. 33. . = 123

III. Die Capitularien des italischen Königs Pippin.
1. Die drei etwa zwischen 782 und 792 erlassenen Capitularien. p. 42—44. 46. 47. 70. 71. §. 34. . . . . = 125
2. Ein Capitulare episcoporum und eine Gesandteninstruction Karls. a. 792. p. 50. §. 35. . . . . = 130
3. Ein Capitular aus der späteren Regierungszeit Pippins. a. 801—810. p. 103—105. §. 36. . . . . = 135
4. Die Kapitel mit der Ueberschrift Secretiores. §. 37. . = 136

IV. Die Capitularien Ludwigs des Frommen.
1. Zwei Capitularien aus den Jahren 814—816. p. 84. 85. c. 9—11. p. 195. c. 1—3. §. 38. . . . . = 140
2. Die Aachener Gesetzgebung von 817. p. 197—219. §. 39. = 143
3. Die Wormser Capitularien von 829. p. 350—355. §. 40. = 148
4. War die Capitulariensammlung des Ansegis in Italien im Gebrauch? §. 41. . . . . = 148

V. Die Capitularien Lothars.
1. Die gelegentlich des ersten italischen Zuges erlassenen Verordnungen. a. 822. 823. p. 232—236. §. 42. . . . . . = 149
2. Die auf dem zweiten italischen Zuge Lothars entstandenen Verordnungen. a. 824. 825. p. 239. 240. 242. 248—253. 355. 356. §. 43. . . . . = 156
3. Die Paveser Verordnung und die Gesandteninstruction des Jahres 832. p. 360—362. 437. 438. §. 44. . . . . . = 158

VI. Die Capitularien Ludwigs des zweiten.
1. Synodalstatut und Capitular des Jahres 850. p. 395—407. §. 45. . . . . = 160
2. Die nach dem Jahre 850 entstandenen Gesetze. p. 430—437. 504—506. §. 46. . . . . = 163

VII. Die italische Gesetzgebung in der Zeit vom Tode Ludwigs des zweiten bis zum Regierungsantritt Ottos des ersten. a. 875—961. §. 47. . . . . . S. 168

VIII. Die Capitularien seit der Zeit Ottos des ersten. a. 961—1050. §. 48. . . . . = 172

IX. Die von Pertz so genannten Capitula langobardica. §. 49. . . . . = 177

X. Pseudocapitularien. §. 50. = 184

Erstes Kapitel.
Die Gesetzgebung bei den Langobarden.

A. Die Zeit vor der fränkischen Eroberung.

1. Die Edicta regum Langobardorum.

§. 1. Daß das Edictum,[1]) wie es König Rothari selbst nennt, die ältesten jemals geschriebenen Gesetze der Langobarden enthalte, wird von Geschichtsschreibern und dem Verfasser des Edicts übereinstimmend berichtet. Paulus Diakonus erzählt im 4. Buch seiner langobardischen Geschichte c. 44.: Hic Rothari rex Langobardorum leges quas sola memoria et usu retinebant scriptorum serie composuit codicemque ipsum edictum appellari iussit. Aehnlich heißt es in c. 11. des um 810 verfaßten chronicon Gothanum (Edicta reg. Langob. ed. Baudi di Vesme p. 183.): per quem (Rothari) leges et iustitia Langobardis est inchoata et per conscriptionem iudices primis percurrerunt. Nam antea per cadarfada[2]) et arbitrio seu ritus finierant causationes. Endlich sagt König Rothari selbst

---

1) Merkel hat in seiner Geschichte des langobardischen Rechts Edictus als den ursprünglichen Namen bezeichnet. Es ist indessen zu bemerken, daß in den Gesetzen des Rothari, des Grimowald und der ersten Jahrgänge Liutprands sich nie die Form Edictus findet (s. z. B. Roth. Ueberschrift, c. 27. 38. 39. 364. 371. Grim. prol. c. 3. 5. 9. Liutp. 12. 61. 64. 73.): dieselbe kommt zuerst Liutp. 17. vor und ist von Liutp. 76. an regelmäßig im Gebrauch. Die zwei Mal auch bei Rothari, in der Ueberschrift und c. 386., vorzufindende Verbindung edictum quem vermag die Form edictus als ursprüngliche nicht zu rechtfertigen, da in erster Stelle edictum Nominativ ist. 2) D. i. Gewohnheit, wie in Liutp. 77. 133.

am Schluß des Edictes c. 386.: Presentem vero dispositionis nostrae edictum, quem Deo propitio inquirentes et rememorantes antiquas legis patrum nostrorum que scriptae non erant condedimus.

In einen Pergamentband [1]) hatte Rothari die von ihm erlassenen Gesetze eintragen lassen: diejenigen der nachfolgenden Könige fanden in demselben Bande Aufnahme und bildeten so mit dem Edict Rothari's ein Ganzes. Daher sagt Grimowald im Prolog mit Bezug auf eine Bestimmung Rothari's: Superiore pagina huius edicti legitur, ebenso Liutprand im achten Prologe, die Promulgationen früherer Könige musternd: dum singula quae in anterioribus titulis huius edicti leguntur subtiliter perscrutassemus, und aus einer großen Anzahl anderer Stellen geht deutlich genug hervor, daß die Gesetze aller langobardischen Könige ein „corpus edicti" gebildet haben. [2])

Es bedarf des Beweises nicht, daß die Gesetze im Namen der Könige verkündigt wurden: Wendungen wie sicut Rothari, Grimowald, Liutprand rex praecepit, statuit, fieri iussit begegnen überall in den Edicten. Aber nicht nur die Verkündigung, auch die Anordnung und Abfassung der Gesetze war Sache des Königs allein, auf dessen Befehl die Notarii sacri palatii die Redaction auszuführen hatten. Die Epiloge zum Edict Rothari's und dem ersten Jahrgange der Gesetzgebung Liutprands geben dafür Zeugniß: nulla alia credatur exemplaria, nisi quod per manus Ansoald notario nostro scriptum aut recognitum seu requisitum fuerit, qui per nostram iussionem scripsit; und bei Liutprand: Que denique universa superius a celsitudine nostra instituta Potoni notario sacri nostri palatii conprehendenda et ordinanda precipimus. Nur solche Gesetze jedoch wurden in das Edict aufgenommen und bildeten das bleibende langobardische Volksrecht, welche mit dem

---

1) Roth. prol.: in unum previdimus volumine complectendum — in hoc membrano annotari iussimus. Roth. 386.: in hoc membranum scribere iussimus. 2) Es kann dem nicht entgegenstehen, daß Liutprand wiederholt, z. B. in den Prologen der Jahre 9. 11. 12. seiner Regierung, die Gesetze der einzelnen Jahrgänge als verschiedene volumina bezeichnet, da unzählige Stellen in den Gesetzen gerade dieses Königs die Einheit des Edictkörpers offen aussprechen.

Beirath der Großen und mit Zustimmung des gesammten Volkes
zu Stande gekommen waren. Rothari, dem es hauptsächlich darauf
ankam, die alten Rechtsgewohnheiten seines Volkes aufzuzeichnen,
erwähnt wiederholt, daß er namentlich alte Leute zur Berathung
des Edicts zugezogen,[1]) aber überdies wird auch von ihm die
Mitwirkung der Großen und des Volks in den Worten berichtet:
quod pro commune omnium gentis nostrae utilitatibus expe-
diunt pari consilio parique consensum cum primatos iudices
cunctosque felicissimum exercitum nostrum constituimus.[2])

In den sämmtlichen Prologen zu den Gesetzgebungen der fol=
genden Könige geschieht regelmäßig des Umstandes Erwähnung, daß
die Gesetze unter dem Beirath, durch die Eingebung, suggestio,[3])
der Großen entstanden seien. Eine wie wesentliche Voraussetzung
dieser Beirath war, zeigt der Prolog zu den Gesetzen Liutprands
aus dessen dreizehntem Regierungsjahre. Es wird hier berichtet,
daß vor den König Streitigkeiten gebracht worden seien, deren Ent=
scheidung aus den Gesetzen des Edictkörpers in seiner damaligen
Gestalt nicht begründet werden konnte; der König habe aber geglaubt,
diese Streitigkeiten nicht selbst zum Austrag bringen zu dürfen,
sondern vielmehr das Urtheil bis zum folgenden ersten März, an
welchem er mit seinen iudices zusammengekommen sein würde, aus=
setzen zu müssen. Unter diesen iudices, an andern Orten werden
sie primati iudices genannt, hat man nicht die Urtheiler, oder,
wie sie bei den Franken und später unter fränkischer Herrschaft auch
in Italien heißen, die scabini zu verstehen, vielmehr die Gastalden,
Grafen und andern höheren Beamteten, die namentlich in den
Gesetzen Liutprands stets als iudices zusammengefaßt werden. Die
Identität dieser Großen mit den iudices ist besonders im dritten
Prologe Liutprands erkennbar, da hier der König den Beirath von
illustres viri, optimates ex Austriae Neustriae Tusciae partibus
in derselben Weise erwähnt, wie er sonst von der Mitwirkung der

---

1) Roth. 386: quod per subtilem inquisitionem de antiquas legis
Langobardorum tam per nosmetipsos quam per antiquos homines memo-
rare potuerimus. — Roth. prol.: in quantum per antiquos homines didi-
cimus, in hoc membrano adnotari iussimus.   2) Roth. 386. Vgl. auch
die Ueberschrift zum Edictum: Incipit edictum quem renovavit Rothari rex
cum primatos iudices suos.   3) Grimow. prol.

iudices spricht. Daß in diesem Rath langobardischer Großen auch
Bischöfe oder andere Kleriker gesessen, wird nie angedeutet: man
wird dies deshalb auch in Abrede stellen dürfen, trotzdem seit den Zei=
ten Liutprands die Macht der Kirche sehr im Wachsen war, und trotz=
dem 'namentlich die Prologe der späteren Könige durch die häufig
eingewebten biblischen Reminiscenzen und Bibelsprüche andeuten, daß
Geistliche wenigstens bei der schließlichen Abfassung der Gesetze nicht
unbetheiligt gewesen sein möchten.

Der Zustimmung des Volkes zu den Edicten wird sehr häufig,
wenn auch nicht so regelmäßig wie des Beiraths der Großen
gedacht.[1]) Cuncto populo assistente, omni populo adstante,
Langobardis adstantibus nahmen die iudices ihre Berathungen
vor, und man wird nicht bezweifeln, daß die Zustimmung oder der
Widerspruch der Umstehenden von Einfluß auf jene Berathungen
gewesen sein werden. Mußte doch selbst Liutprand, ein ebenso
thatkräftiger als mit allem Eifer darauf bedachter König, allen
Aberglauben aus seinem Volke, alle Unvernunft aus den Gesetzen
zu verbannen, davon abstehen, in Verfolgung dieses Strebens seinem
Volke wider dessen Willen gesetzliche Bestimmungen aufzubringen:
mußte er doch trotz seines Eifers gegen die wiederholt unsinnig und
ruchlos (absurdum et impium) genannte Sitte, wichtige Sachen
durch Zweikampf zu entscheiden, das Geständniß ablegen: etiamsi
incerti sumus de Dei iudicio et multos audivimus per pugnam
sine iustitia causam suam perdere: tamen propter consuetudinem gentis nostrae Langobardorum legem ipsam vetare non
possumus. (c. 118.)

Die Zustimmung des Volks ist in jener Zeit, da das lango=
bardische Recht zum ersten Male aufgezeichnet wurde, in einer
besonderen Form hervorgetreten. Die dies bezeugenden bekannten
Worte am Schluß des Edicts lauten: Presentem dispositionis
nostrae edictum in hoc membranum scribi iussimus . . . . quin
etiam et per gairethinx secundum ritus gentis nostrae con-
firmantes, ut sit haec lex firma et stabilis, quatinus nostris
felicissimis et futuris temporibus firmiter et inviolabiliter ab

---

1) Vgl. z. B. Roth. 386., Liutprands ersten, dritten und achten Pro=
log und den zweiten Epilog, ebenso den Prolog von Rachis.

omnibus nostris subiectis custodiatur. Vergebens haben bisher Sprachforscher und Rechtshistoriker den hier erwähnten langobardischen Ritus zu erklären gesucht, der bekanntlich auch im Edict selbst häufig Erwähnung findet, nämlich bei Schenkungen, sowohl unter Lebenden wie von Todes wegen, und bei Freilassungen. (Roth. 167. 172. 174. 222. 224. 375. Liutp. 54. 73.) Aus der Vergleichung der hierhin gehörigen Stellen ergiebt sich mit Sicherheit nur so viel, daß in dem per gairethinx genannten Ritus eine symbolische Handlung enthalten gewesen sein muß, in welcher der ernste Wille des Schenkers oder Freilassers erkennbar, und durch welche die Schenkung oder Freilassung vollkommen und unwiderruflich wurde. In derselben Weise scheint auch bei Entstehung des Edicts das langobardische Volk seine Zustimmung durch jene symbolische, näher nicht zu beschreibende Handlung per gairethinx ausgedrückt und damit seinen festen Willen ausgesprochen zu haben, das eben entstandene Edict unwiderruflich als für sich rechtsverbindlich anerkennen zu wollen.[1]

Der Ort, an welchem die iudices aus allen Theilen des langobardischen Reiches unter dem Beistande des Volkes zusammen traten, war, so lange das Langobardenreich seine volle Selbständigkeit bewahrte, regelmäßig die alte Haupt- und Königsstadt Pavia, in den Edicten immer Ticinum genannt. Der Zeitpunkt des Zusammentritts scheint in früheren Zeiten kein feststehender gewesen zu sein, denn die Gesetze Rothari's sind im November, die Grimowalds im

---

[1] Ueber das oben angegebene Resultat früherer Forschungen ist auch die neueste Untersuchung über diesen Gegenstand: Mémoires sur l'histoire du droit des Lombards par E. de Rozière. Premier mémoire: du code de Rotharis. Paris 1864, eine in der Académie de législation zu Toulouse gehaltene Vorlesung, nicht hinausgekommen. Die daselbst p. 12. gegebene sprachliche Erklärung des Wortes gairethinx, die Ableitung der ersten Hälfte von warend, werian, d. i. verbürgen, dürfte ebensowenig die Zustimmung der Sprachforscher finden, als man in der zweiten, wohl von thing, dem Gerichtsort, abzuleitenden Hälfte donatio als die ursprüngliche Bedeutung wird erkennen wollen. Das deutsche w geht in der Mundart der Langobarden nie in g über, wie die Worte wirigild, walapauz, wecworin, marahworfin, crapworfin, widerbora, waregangus zeigen: und wenn an Stelle des w seit dem 10. Jahrh. gu zu treten pflegt, so hätte auch später, die Ableitung von werian vorausgesetzt, das Wort guarethinx lauten müssen, eine Schreibart, die nicht nachgewiesen werden kann.

Juli entstanden. Seit dem Beginn der Regierung Liutprands aber
erfolgt die Berathung der zahlreichen Zusätze zum Edicte regelmäßig
am ersten März. Den Vorgang in einer solchen Versammlung
schildert am anschaulichsten der achte Prolog Liutprands, der deshalb
hier, auch zur Bestätigung der bisherigen Bemerkungen, eine Stelle
finden mag:

„Schon sieben Mal haben wir verordnet, das alte corpus edicti
„durch einige Kapitel zu vermehren, wie sie uns und unsern
„iudices und Getreuen, Gott vor Augen, recht erschienen sind.
„Auch jetzt, da die Entscheidung vieler Streitigkeiten sich unfind=
„bar gezeigt, und deshalb die Einen nach der Gewohnheit, die
„Anderen nach Gutdünken zu entscheiden für gut hielten, ver=
„ordnen wir so, daß hinfort keine Irrung mehr sein, Allen
„vielmehr das Recht deutlich und klar werden soll. Deshalb
„haben wir das Folgende zuzufügen beschlossen, nämlich im
„vierzehnten durch die Güte Gottes uns geschenkten Jahre unserer
„Herrschaft, am ersten des Märzmonats, in der neunten In=
„diction. Dabei sind auch unsere iudices und Getreuen aus
„den Gegenden von Austrien und Neustrien mit uns versammelt
„gewesen, und haben dies Alles unter einander besprochen, uns
„darüber Bericht erstattet und ebenmäßig mit uns beschlossen
„und entschieden. Und als dann diese Kapitel in Gegenwart
„Aller verlesen worden waren, ertheilte ihnen alles Volk Beifall
„und Zustimmung und beschloß mit uns, daß dieses nun Alles
„ordentlich eingetragen werden sollte."

2. Die Extravaganten des langobardischen Gesetzbuchs.

§. 2. Neben den in den Edicten verzeichneten Gesetzen bestan=
den im Langobardenreich nicht wenig zahlreiche ungeschriebene Rechts=
gewohnheiten, die den Edicten an Geltung durchaus gleich waren,
wie diese rechtliche Kraft hatten. Auf die beiden hier angegebenen
Rechtsquellen ist es gleichmäßig zu beziehen, wenn wir in den
Edicten und rechtlichen Urkunden so oft lesen: sicut lex habet,
sicut lex est, oder: componat, dimittat secundum legem u. s. f.
Sehr häufig werden wir in solchen Fällen die in Bezug genommene
rechtliche Bestimmung vergebens in den Edicten suchen und an unge=

schriebene Gewohnheiten denken müssen. Es sind uns aber überdies eine nicht geringe Anzahl von Kapiteln erhalten, welche zwar dem langobardischen Rechtskörper sich anschließen, in denselben aber nicht einverleibt worden sind und nur Rechtsvorschriften, sei es vorüber= gehender, sei es partikulärer Natur sein sollten. Diese Satzungen möchte ich nach dem Sprachgebrauch, wie ihn Homeyer („Extrava= ganten des Sachsenspiegels" in den Abhandlungen der philosophisch= historischen Klasse der kgl. Akademie der Wissenschaften zu Berlin 1861. S. 223) als feststehend anerkannt hat, die Extravaganten der langobardischen Edicte nennen. Ich glaube unter diesen Extra= vaganten vier verschiedene Klassen unterscheiden zu können.

1. Das Memoratorium de mercedibus Comacinorum, wie es in den Handschriften genannt wird, dürfte vielleicht mit meistem Recht für ein Statut der Zimmerleute und Bauleute gehalten werden, welche nach ihrem Hauptwohnsitz in der Gegend von Como Comacini genannt worden sind. Nichts in dem Wortlaut dieses Statuts deutet auf eine Entstehung desselben unter Autorität eines Königs, und die Wendung in c. 4.: Et scias, quia ubi una tegula ponitur . . . . . erinnert vielleicht an die im Mittelalter üblichen Weisthümer. Ob das Statut zur Zeit Grimowalds oder Liutprands entstanden sein mag, unter deren Gesetzen es in den Handschriften steht, bleibt völlig ungewiß. Daß es nie einen Bestandtheil des Edicts gebildet, wird allgemein anerkannt.

2. Verordnungen, welche von den Königen allein zur Ver= waltung der königlichen Höfe und des königlichen Vermögens über= haupt erlassen worden sind. Zu diesen zählen:

a) Zwei meiner Meinung nach im Jahre 733 entstandene Kapitel Liutprands, die Besme nicht ohne Grund unter die ordent= lichen Gesetze dieses Königs als c. 149. 150. eingereiht hat. Die Anfangsworte des ersten Kapitels: In nomine domini notitia qua- liter iubit domnus rex ad omnis actores suos qui curtis cius comissas habent bezeichnen klar den Zweck und Ursprung der hier vorliegenden Verordnung, während ihr Charakter und Verhältniß zu den Edicten deutlich zum Ausdruck gelangt in den Worten des zwei= ten Kapitels: Hoc autem in diebus nostris et in tempore regni nostri statuimus, quamquam lex nostra non sit: post autem nostrum decessum qui pro tempore princeps fuerit faciat sicut ei Deus inspiraverit aut sicut rectum secundum animam suam previderit. Wie in der wohl noch vor der fränkischen Eroberung geschriebenen Handschrift von Vercelli, so sind auch von König Liutprand selbst diese beiden Kapitel in die Gesetze des Edicts eingereiht, wie ich dies daraus schließe, daß die Worte des ersten Kapitels: item unde antea iussemus, und die des zweiten: sicut superius diximus auf die Gesetze Liutprands c. 78. und 13. als auf Bestimmungen hinweisen, mit denen ein Ganzes bildend die Verordnung selbst gedacht wird. Die Aufnahme der Verordnung mitten unter die Edicte selbst konnte einen Irrthum über die Bedeutung der ersteren in den Gerichten nicht hervorrufen, da die mitgetheilten Worte des zweiten Kapitels jedem Misverständniß vorbeugten. Schon nach dem Tode Liutprands scheint aber jene Verordnung bei der weiteren Vervielfältigung der Edictexemplare regelmäßig ausgelassen worden zu sein, da sie sich in den übrigen uns erhaltenen Edicthandschriften nicht findet. Bemerkenswerth ist die von Liutprand selbst jener Verordnung beigelegte Bezeichnung Notitia, die auch in späteren Zeiten noch Erlassen von provisorischem Charakter eigen ist. (Vgl. §. 5. 26.)

b) Zwei andere von Liutprand vielleicht innerhalb der Jahre 735 und 744 publicierte Kapitel, in denen Bestimmungen getroffen werden über die Tödtung königlicher aldii und über Kaufgeschäfte, bei welchen königliche servi oder aldii die Verkäufer sind. (B. di Vesme, Edicta regum Langob. p. 194. 195. nr. III. IV.) Die Kapitel sind uns nicht in Handschriften der Edicte, sondern zufällig in solchen der Capitularien erhalten und sind meines Erachtens auch von Liutprand selbst nicht in die Edictensammlung eingetragen worden. Ich schließe dies aus der Art, in welcher Bestimmungen des Edicts hier überall citiert werden. Wenn nämlich in den Edicten selbst auf frühere Bestimmungen hingewiesen wird, so geschieht dies in den weitaus meisten Fällen mit Worten, welche andeuten, daß die in Bezug genommenen Gesetze demselben Gesetzkörper angehören, in welchem das Bezug nehmende Gesetz selbst steht, mit Worten wie: sicut in anteriore edicto legitur, sicut antea in edicto legitur, sicut in hoc edicto scriptum est, sicut superius diximus oder ähnlich. Die Weise dagegen, in welcher in den beiden in Rede stehenden Kapiteln auf Vorschriften der Edicte verwiesen wird, ist nie die obige, sondern eine solche, welche darthut, daß die Kapitel selbst nicht Bestandtheile der Edicte bilden. Es wird also citiert: illum relaxavimus, quod nobis in curtis nostras secundum antiquo edicto legibus pertinebat; ferner: quia hoc statutum est in edictum, ut qui de servo aut aldionem comparaverit, endlich: Et quis modo comparavit aut infiduciavit perdat pretium suum secundum edicti tinore.[1]

c) Ein von Besme a. a. O. p. 162. unter XIIII. herausgegebenes, von den gasindii regii handelndes Kapitel des Königs Rachis.[2] Die Natur dieser und einer andern bald zu erwähnenden Bestimmung erhellt aus der an den Anfang gesetzten Bemerkung: Ista quae superius scripta tenentur in edictum scribantur; et ista dua capitula de subtus in brevi [3] previdimus statuere. Diese wegen des previdimus statuere dem König Rachis selbst, nicht etwa einem Abschreiber beizulegenden Worte ergeben ein auch für die weiterhin folgende Ausführung erhebliches Moment: daß nämlich die Edicte und die hier capitula in brevi genannten Stücke in demselben Bande aufgenommen waren (ista superius — ista de subtus), daß dieser Band also aus zwei Theilen bestand, deren einen das Edict, den anderen die Kapitel außerhalb desselben bildeten.[4]

3. Zu einer dritten Klasse von Extravaganten rechne ich diejenigen Kapitel, welche, allgemeineren Inhalts als die unter 2. auf-

---

1) Die zuletzt angegebene Art zu citieren kommt bisweilen, obwohl verhältnißmäßig sehr selten, auch im Edict selbst vor: wo dies geschieht, wird jedoch entweder nicht sowohl auf eine specielle Bestimmung verwiesen, als vielmehr das Citat die allgemeinere Bedeutung secundum legem hat, oder die citierenden Worte sicut edictus continet erhalten dann einen näher bestimmenden Zusatz, wie de furto, de ancilla. 2) Die Anfangsworte dieses nur in einer Handschrift mit sehr verderbtem Text erhaltenen Kapitels dürften so zu verstehen sein: De gasindiis vero nostris ita statuimus, oder statuere previdimus. 3) Man kann zweifeln, ob die Worte in brevi auf die Zeit (capitula in brevi, d. h. in tempore regni nostri, wie es oben 2. a. heißt) oder auf die Form (Brief), in welcher die Kapitel veröffentlicht wurden, zu beziehen sind. Die letztere Deutung scheint mir natürlicher und der in jener Zeit sehr üblichen Bezeichnung kleinerer Schriftstücke durch breve sehr entsprechend. 4) Ob diese Eintheilung des Edicti corpus auch eine reelle, oder nur eine ideelle war, wage ich nicht zu entscheiden.

geführten, doch nur mit Geltung für eine bestimmte Zeit und wegen eines bestimmten Anlasses erlassen waren, sei es vom Könige allein, sei es auf einer Volksversammlung. Hierhin gehören:

a) Ein Kapitel des Königs Rachis, welches dem unter 2. c. besprochenen in der Handschrift unmittelbar vorhergeht und mit ihm gleichzeitig entstanden ist. (Besme, a. a. O. nr. XIII.) Aus seinem Inhalt geht hervor, daß es gelegentlich eines Krieges gegen die Römer entstanden: es ordnet deshalb die Bewachung der Pässe an und will verhüten, daß weder die nach Rom Reisenden den Interessen des Langobardenreichs Schaden bringen, noch Spione von Rom her nach Tuscien eindringen sollen. Ueber die Art der Publication giebt die kurze, oben mitgetheilte Vorrede Auskunft. Mit Aufhören des besonderen Anlasses, hat offenbar auch die Geltung der Verordnung selbst aufgehört.

b) In ähnlicher Weise tragen meiner Ansicht nach den Charakter eines Specialgesetzes an sich die im ersten Jahre der Regierung König Aistolf's (750) erlassenen Kapitel, rücksichtlich deren es bisher Anstoß erregt hat, daß sie doch, wie der Prolog unzweifelhaft sagt, in einer ordentlichen Volksversammlung berathen, angeblich auch in das Edict aufgenommen worden und doch in nur drei Handschriften enthalten, in keine der späteren Bearbeitungen übergegangen sind. Meiner Ansicht nach hat die Aufnahme dieser Verordnung in das Edict nicht stattgefunden, und zwar deshalb nicht, weil das fragliche Gesetz nur für die Zeit eines bestimmten Krieges, nur für ein Jahr Geltung haben sollte. Die letzterwähnte Frist wird in den beiden Kapiteln 8. 9. ausdrücklich genannt. In c. 8. werden Bestimmungen gegen Ehen zwischen nahen Blutsverwandten, in c. 9. über die Verfolgung von Dieben getroffen, und es heißt hier an erster Stelle: et quis intra presentem indictionem causam istam neglexerit iudicare, componat widrigild, an der zweiten: et intra presentem indictionem fiat inquisitio. Daß hier in beiden Fällen die Verfolgung der angedeuteten Delicte nur für das laufende Jahr angeordnet wird, muß im höchsten Grade auffallen. Nuptiae incestae konnten alle Tage von Neuem eingegangen werden, Diebstähle wurden gewiß täglich im Langobardenreich begangen: die Verfolgung solcher Vergehen war nach Ablauf des Jahres jedenfalls nicht minder nöthig, als während desselben.

Außerdem sind Verbote gegen Ehen zwischen Blutsverwandten nicht selten (z. B. Roth. 185. Liutp. 31—33.), die Verfolgung von Dieben wird sogar häufig bald den Privatleuten bald den Beamteten zur Pflicht gemacht (z. B. Roth. 265 flg. Liutp. 44. 80. 81.): nirgends aber wird die Verfolgung wie hier auf eine bestimmte Frist beschränkt.[1]) Die angegebene Fristbestimmung wird sich daher nicht anders erklären lassen, als dadurch, daß das ganze Gesetz überhaupt einen transitorischen Charakter hatte, den man in der That auch den andern Kapiteln des Gesetzes entweder nothwendig beilegen muß oder darf. In c. 4. wird jeder ohne Erlaubniß des Königs gepflogene geschäftliche Verkehr mit Romani bei Confiscation des Vermögens, entehrenden Strafen und Verlust des etwa bekleideten Ehrenamtes verboten. Nach c. 5. soll bei Strafe der Wergeldszahlung Niemand durch die Klusen (Pässe) ohne die Erlaubniß des Königs weder ein= noch ausgehen. Laut c. 6. soll Niemand bei der gleichen Strafe ohne Erlaubniß des Königs oder competenten iudex eine Reise, weder zu Wasser noch zu Lande, sei es in Handelsgeschäften oder aus sonstigem Anlaß, unternehmen. Solche Vorschriften sollten sicherlich eine dauernde Geltung nicht haben, sie charakterisieren sich als ein Ausnahmegesetz. Und zwar war dasselbe veranlaßt durch einen Krieg, in welchem sich nach der Andeutung in c. 4. die Langobarden mit den Romani befanden, unter denen wir hier die Bewohner des dem oströmischen Reiche bis dahin unterthanen Exarchats Ravenna zu verstehen haben werden: denn gegen Ravenna führte Aistolf in den Jahren 750 und 751 einen erfolgreichen Eroberungskrieg. Endlich enthält auch c. 1. nicht eine dauernde Rechtsvorschrift, sondern eine constitutio specialis, da hier die Schenkungen, welche der frühere König Rachis und seine Gemahlin noch nach Aistolfs Erhebung zum König vorgenommen, für nichtig erklärt werden.

---

1) Im ganzen langobardischen Recht kommt eine ähnliche Frist nur einmal vor, nämlich Liutp. 85., wo den iudices vorgeschrieben wird, die Verfolgung von Zauberern und Zauberinnen binnen drei Monaten vom Tage des erlassenen Gesetzes an vorzunehmen. Die Frist ist aber hier als terminus a quo, als der späteste Zeitpunkt, von dem ab die Verfolgung eintreten müsse, zu verstehen, während die oben angegebene Frist als terminus ad quem für die Verfolgung ausgesprochen ist.

Tragen so alle die bisher betrachteten Bestimmungen nicht den Charakter eines dauernden Gesetzes, sondern einer transitorischen Verordnung an sich, so wird man berechtigt sein, auch in den noch erübrigenden drei Kapiteln 2. 3. 7. die gleiche Tendenz zu erkennen und anzunehmen, daß die ausführlichen Bestimmungen über Aufgebot und Ausrüstung zum Heerdienst keine dauernde Geltung haben, sondern nur für den erwähnten Heerzug gegen das Exarchat erlassen sein sollten. Läßt sich doch auch ohnehin kaum annehmen, daß zu jedem Feldzuge, er sei noch so erheblich oder noch so unbedeutend gewesen, stets gleichmäßig alle Kräfte bis zu den Aermsten herab dermaßen wären in Anspruch genommen worden, wie es hier in c. 3. ersichtlich ist.[1])

Der Tendenz des ganzen Gesetzes, die ich nachzuweisen mich bemüht habe, entspricht es nun aber auch, daß dasselbe nicht unter die Edicte aufgenommen, sondern außerhalb derselben seinen Platz gefunden hat. Man darf dies einerseits wiederum aus der Art schließen, wie hier die Edicte allegiert werden (vgl. oben unter 2. b.), da es in dieser Beziehung in c. 7. heißt: sicut edictus continet pagina; in c. 8.: de inlicita coniunctione, qui nec unde canones aut edictus habet esse non possunt; in c. 9.: ita subiaceat sicut edicti continet pagina. Andererseits aber ist für jene Behauptung ein directer Beweis erhalten in dem Prologe selbst. Die betreffenden Worte, welche von Wesme nicht ganz richtig herausgegeben sind, lauten nach den genaueren Handschriftvergleichungen, auf welche sich die Ausgabe Bluhmes stützen wird, so: Providimus enim, ut, cum edictus Langobardorum antiquorum regum fuerat institutus, paruit in eius volumine adaugeri et in capitulare affigere die Kalendarum Martiarum. Die Stelle ist, wie der ganze Prolog, entweder von Anfang an unklar redigiert oder durch die Abschreiber verderbt worden: so viel aber ist als der

---

1) Aehnlich wie hier darf man, wie ich glaube, auch in den Capitularien die Bestimmungen über das Aufgebot zum Heerbann nicht als constant gewesenes Recht ansehen, sondern in ihnen nur die jedesmal besonders und verschieden erlassenen Vorschriften für ganz bestimmte Feldzüge erkennen. Die hier einschlagenden Capitularien sprechen diese Beschränkung in praesenti anno, in hoc anno entweder deutlich aus, oder lassen ihren Charakter als Specialgesetze aus andern Umständen erkennen.

eigentliche Sinn erkennbar, daß von den nachfolgenden Kapiteln gesagt wird: paruit ea in edicti volumine adaugeri et in capitulare affigere. Ich finde hierin eine Bestätigung dessen, was bereits oben unter 2. c. ermittelt worden ist, daß nämlich in dem Bande, welcher das Edict enthielt, noch andere den Edicten nicht angehörige Kapitel eingetragen waren. Zu den letzteren gehören Aistolfs Gesetze aus seinem ersten Regierungsjahre, von denen der Gesetzgeber sagt, er habe sie in den das Edict enthaltenden Band, aber in einen besondern Theil desselben, der hier capitulare genannt wird, einschreiben lassen. Nirgends kommt sonst diese Bezeichnung capitulare für Bestandtheile der Edicte vor, und man wird hier die Nachahmung eines fränkischen Sprachgebrauchs erkennen dürfen, da ja auch im Frankenreich capitulare als eine königliche Verordnung von vorübergehender Geltung entgegengesetzt wird der lex, dem im Princip dauernden und unveränderlichen Volksrecht. (Vgl. §. 3.)

Die Fortlassung dieser Gesetze in den Edicten, wie sie in den spätern Abschriften bemerkt wird, ist demnach schon bei der Entstehung beabsichtigt gewesen, und es bedarf der von Besme (a. a. O. Einleit. S. 87.) aufgestellten Conjectur nicht, König Desiderius habe wohl die Gesetze aus den Edicten entfernt, um die Anhänger des Rachis zu gewinnen. Dazu wäre ja überdies nur die Aufhebung des ersten Kapitels erforderlich gewesen.

4. Endlich konnte es kommen, daß sich die Nothwendigkeit eines generellen neuen Gesetzes zu einer Zeit herausstellte, da die Volksversammlung nicht beisammen war. Es wurden in solchen Fällen vom König unter dem Beirath von Großen die nothwendigen gesetzlichen Verfügungen vorläufig getroffen, die dann dem nächsten ordentlichen Reichstage zur Annahme, Abänderung oder völligen Verwerfung vorgelegt wurden. Es hat dieses Verfahren in zwei Fällen erweislich stattgefunden:

a) Die Kapitel, welche Liutprand in seinem 22. Regierungsjahre in ordentlichem Reichstage zur Annahme brachte (c. 141—144. ed. Besme), waren bereits vorher vom König verordnet worden. Dies geht aus den, auch die Voraussetzungen, unter denen solche Verordnungen erlassen werden konnten, angebenden Worten des Prologs hervor: pauca quidem capitula, que nuper exorta sunt et antea minime in edicto adfixa esse reperiebantur et erat iudicibus nostris dubium ad iudicandum, prospeximus nunc in ipso edicti corpore adnutare et iungere, hoc est diae Kalendarum Martiarum. Die Kapitel sind hier vielleicht ziemlich unverändert nach der vorläufigen Fassung in das Edict aufgenommen, wie die Art der Bezugnahme auf das Edict anzudeuten scheint, welche an drei Stellen mit Worten geschieht wie: nisi sicut edictus contenit, que in antiquo edicto posita est, secundum edicti tinore und nur einmal: ita prospeximus in hoc edicto adfigere. (Vgl. oben 2. b.)

b) In nur vier Handschriften sind uns vier Kapitel des Königs Rachis erhalten, welche nach den einleitenden Worten zwar unter Zuziehung von iudices berathen sind, bei denen aber der Zustimmung des Volks keine Erwähnung geschieht. Da der Inhalt dieser Kapitel im zweiten Regierungsjahre desselben Königs theils wiederholt, theils abgeändert und neben andern gesetzlichen Bestimmungen ordentlich promulgiert worden ist, so wird man auch diese vier Kapitel vom Edict abzusondern berechtigt sein. Im Einklange zu dieser Annahme steht es wiederum, daß in diesem ersten Kapitel auf Bestimmungen des Edicts nicht als auf superiora oder anteriora verwiesen, sondern mit den Worten: qualiter edicti continet pagina Bezug genommen wird.

B. Die Zeit nach der fränkischen Eroberung.

1. Die Gesetzgebung für das Reich Karls des Großen im Allgemeinen.

§. 3. Die Minderung, welche die germanische Volksfreiheit mit der größeren Ausdehnung des fränkischen Reiches zu Gunsten der Macht des Königs und der Großen erfuhr, tritt nirgends so deutlich wie in der Geschichte der Gesetzgebung hervor. Während früher das Recht aus dem Volke heraus sich nicht nur entwickelte, sondern unter dessen Mitwirkung auch zum Gesetz erhoben wurde, so hatten schon die merovingischen Könige nach Chlodwig die Gesetzgebung entweder ganz selbständig, oder nur mit Zuziehung der Großen des Reichs geübt. Anknüpfend an das den Königen von jeher zustehende Recht, zum Heere aufzubieten und für die Verletzung der hierauf bezüglichen Befehle Strafen festzusetzen, hatten die Könige das Recht in Anspruch genommen, in derselben Weise auch in Angelegenheiten des Friedens ähnliche Befehle zu erlassen: anfangs nur zum Schutze der Schwachen und zur Sicherung des allgemeinen Landfriedens gegen allerlei Gewaltthat und Brandstiftung, später auch über diesen beschränkten Kreis hinaus. Karl hatte sogar solche Befehle dem bairischen Volksrecht hinzufügen lassen, um ihnen dadurch eine Dauer auch für die Regierung zukünftiger Könige zu gewähren. (Leges I. p. 126.) Zahlreicher als diese kurzen königlichen Befehle, welche man ebenso wie die den Zuwiderhandelnden angedrohte Strafe mit dem Namen bannus bezeichnete, waren diejenigen innerhalb des fränkischen Reichs im Namen der Könige getroffenen gesetzlichen Bestimmungen, sei es gemeinen sei es partikularen Rechts, welche man unter dem zuerst im J. 779 in den Quellen vorkommenden Namen der Capitularien begreift. Im Anhalt an eine von Ludwig dem Frommen selbst bei der Gesetzgebung des Jahres 817 gemachte Unterscheidung wird man drei verschiedene Klassen von Capitularien von einander zu sondern berechtigt sein:

1. Die capitula legibus addenda stehen weniger dem Inhalte nach zu den Volksrechten in besonders naher Beziehung, als sie vielmehr principiell die Entstehungsweise und die gesetzliche Dauer mit denselben gemein haben sollten. Nur die im Jahre 803 dem ribuarischen und im J. 819 dem salischen Volksrecht zugefügten Kapitel stehen mit diesen beiden selbst in innerem Zusammenhang, schließen sich an deren Inhalt erweiternd oder abändernd an: alle übrigen Capitularien, welche eine der oben angegebenen ähnliche Bezeichnung erhalten haben, stehen mit dem Inhalte der Volksrechte nicht in näherer Beziehung, als Capitularien die unter anderen Namen erlassen worden sind. Wie aber die von den sapientes berathenen Volksrechte vom Volke zum Gesetz erhoben worden waren, so unterbreitete man auch die capitula legibus addenda — und zwar weil die Könige auf deren dauernde Geltung besondern Werth legten — dem Volke zur Annahme und machte sie damit zu Anhängen oder gradezu Theilen des Volksrechts. Eine principielle Anerkennung des Grundsatzes, daß Volksrecht nur mit Zustimmung des Volkes entstehen könne, kann man in den Worten Karls des

Kahlen finden: lex consensu populi fit et constitutione regis (Leges I. 490. c. 6.). Anwendung findet dieser Grundsatz jedenfalls in den im J. 819 beschlossenen Zusätzen zur lex Salica, wie nicht nur deren Wortlaut, sondern auch die auf dieselben bezügliche Bestimmung: ut capitula quae per omnium consensum addenda esse censuimus iam non ulterius capitula sed tantum lex dicantur, immo pro lege teneantur ergiebt, und in gleicher Weise wird der obige Satz anerkannt, wenn auch zu den im J. 803 erlassenen Zusätzen der Volksrechte die Zustimmung des Volkes einzuholen ausdrücklich vorgeschrieben wird. (Leges I. 115. c. 19.) Bei andern capitula legibus addita ist es allerdings nicht zu erweisen oder sogar unwahrscheinlich, daß dieselben durch die Sanction des Volkes zum Gesetz erhoben worden seien. So wird man bezweifeln dürfen, daß das Volk den capitula legibus addenda des J. 817 zugestimmt hat, da dies weder aus diesem Capitular selbst, noch aus der allgemeinen Vorrede zu der gesammten Gesetzgebung des Jahres 817 zu entnehmen ist, die nur von einer zur Berathung derselben zusammen berufenen Versammlung von Optimaten spricht (Leges I. 205.). Kaum anzunehmen ist ferner die Zustimmung des Volks zu dem schon früher erwähnten, den bannus regius behandelnden Zusatz zum Baierngesetz (L. I. p. 126.), und für Italien kann gradezu in Abrede gestellt werden, daß das Volk den Zusätzen zu den Volksrechten seine Zustimmung ertheilt habe. (S. §. 4.)

Fragt man nun, was es bezweckte, daß man gewisse Kapitel den Volksrechten zufügte, was die Vorschrift bedeutete: ut capitula quae — addenda esse censuimus, iam non ulterius capitula sed tantum lex dicantur, immo pro lege teneantur, so läßt sich hierauf am besten mit einigen schon früher (§. 2.) mitgetheilten Worten Liutprands antworten. Wenn derselbe nämlich mit Bezug auf eine von ihm allein erlassene Notitia sagt: hoc autem in diebus nostris et in tempore regni nostri statuimus, quamquam lex nostra non sit: post autem nostrum decessum, qui pro tempore princeps fuerit, faciat sicut ei Deus inspiraverit, so dürfte der hier zwischen Notitia und Edict gemachte Unterschied übereinstimmen mit demjenigen von capitulare und lex, und wiederzufinden sein in den von Karl selbst bezüglich eines Zusatzes zum Baierngesetz gebrauchten Worten: haec octo capitula in assiduitate, reliqua autem reservata sunt regibus, ut ipsi potestatem habeant nominative demandare. Bei gewöhnlichen Capitularien, wenn sie auch factisch oft über die Lebenszeit ihres Autors hinaus anerkannt wurden, war doch der Gedanke vorherrschend, daß wenigstens der Nachfolger dessen, der sie erlassen hatte, an sie nicht gebunden sein sollte: war dagegen ein Capitular vom Volke zum Gesetz erhoben worden, so war nun seine Geltung unabhängig von dem Leben eines einzelnen Königs, nur abhängig von dem Leben des wirklichen Gesetzgebers, des stets sich verjüngenden Volkes.

2. Capitularia missorum sind die Instructionen, mit welchen die in die verschiedenen Theile des fränkischen Reichs ausgesandten Missi ausgestattet wurden. Diese Capitularien werden seit dem Beginn der Regierung Karls des Großen um so zahlreicher, je mehr die einheitliche Verwaltung des gesammten Reichskörpers sich in dem Institut der Missi concentriert. Die capitularia missorum sind theils in den Details ausgeführt, theils nur in kurzen Andeutungen abgefaßt, durch welche die Missi entweder auf die bekannten gesetzlichen Bestimmungen hingewiesen, oder an mündlich ihnen ertheilte Instructionen erinnert werden. Die Bedeutung solcher nur in Andeutungen abgefaßten Capitularien ist früher vielfach verkannt worden, indem man in ihnen bald nur Kapitelüberschriften und Auszüge verloren gegangener Capitularien, bald Propositionen oder Entwürfe zu gar nicht oder in anderer Weise zu Stande gekommenen Verordnungen hat erkennen wollen. Es ist das Verdienst von Waitz, den Charakter dieser aphoristisch gehaltenen Instructionen, der schon aus den Ueberschriften zu Appendix I. des Ansegis: quasi causa memoriae scripta fuerunt capitula et non videntur plenum explere sensum und zu einer Instruction Ludwigs des Fr.: capitula praecipue ad legationem missorum nostrorum ob memoriae causam pertinentia, de quibus videlicet causis agere debeant, richtig hätte erkannt werden können, zuerst in das rechte Licht gestellt zu haben. — Die Aussendung der Missi war ebenso wie die Abfassung der Gesandteninstructionen Sache der Könige allein, wurde jedoch sehr oft am Schluß der Reichstage und daher in Verbindung mit den auf denselben berathenen Capitularien vorgenommen.

3. Capitularia per se scribenda werden alle übrigen im Namen der Könige des Frankenreiches erlassenen gesetzlichen Bestim-

mungen, soweit sie nicht einer der beiden vorangehenden Klassen zugehören, heute genannt werden dürfen, obwohl in den Quellen selbst neben der Bezeichnung capitulare auch die von decretum, praeceptio, edictum, constitutio, epistola u. a. für diese Capitularien üblich sind. An der Entstehung der hierhin zu rechnenden Capitularien hat das Volk jedenfalls gar keinen Antheil gehabt. Wie schon unter den Merovingern nach Chlodwig solche Verordnungen von den Königen allein mit ihren leudes berathen worden sind, so sind auch unter den Karolingern die Capitularien stets nur mit den geistlichen und weltlichen Großen des Reichs berathen, oft sogar auch ohne deren Zuziehung vom Könige allein erlassen worden.

3. Die Gesetzgebung für das Langobardenreich im Besonderen.

§. 4. Als Karl der Große der Herrschaft des Königs Desiderius ein Ende setzte, wurde der Zustand des neu unterworfenen Reiches doch nicht dergestalt ein anderer, daß dasselbe nun in das Frankenreich aufgegangen wäre: vielmehr vereinigte Karl auf seinem Haupte mit der fränkischen auch die langobardische Königskrone, nannte sich selbst in den Gesetzen einen Nachfolger der alten langobardischen Könige und zählte wie die Jahre seiner fränkischen auch die seiner langobardischen Regierung. Bald erhielt das Langobardenreich sogar besondere Könige, die zwar in den Beherrschern des großen Frankenreiches fortdauernd ihre Oberherren anerkannten und deren Befehle ausführten, zugleich aber doch auch selbständig alle Herrschaftsrechte als in einem regnum a Deo commissum (Brief Karls an Pippin. Leges I. 150.) ausübten. Pippin, Bernhard, Lothar, Ludwig II. waren diese unter fränkischer Oberhoheit stehenden langobardischen Könige: erst unter dem letztgenannten wurde auf längere Zeit das Abhängigkeitsverhältniß vom Norden gelöst. Allein diese Selbständigkeit war eben doch nur eine beschränkte: das Langobardenreich bildete einen Staat in dem unter Karls Scepter vereinigtem Staate, ein wenn auch frei sich bewegendes Glied an dem großen Körper des Reichs Karls des Großen (divisio imperii a. 806: unum regni corpus).

Die angedeutete Doppelnatur des langobardischen oder, wie es häufig auch genannt wird, des italischen Reiches ist nun auch in der

Gesetzgebung zu erkennen, durch welche die Verhältnisse im Reiche des Desiderius geregelt und das alte Recht fortgebildet wurde. Die Capitularien, welche im fränkischen Reiche berathen und erlassen wurden, sollten, wofern sie nicht etwa nur auf ganz bestimmte Gegenden berechnet waren, auch in Italien zur Geltung gelangen, und sind hier auch wirklich Rechtens geworden. Grund hievon war kein anderer, als die Zugehörigkeit des langobardischen zu dem großen fränkischen Reiche; denn keineswegs läßt sich nachweisen, weder daß bei der Berathung jener Capitularien in Franken die Langobarden vertreten gewesen, noch daß die in Franken erlassenen Capitularien nachher den italischen Reichstagen zur Zustimmung besonders vorgelegt worden seien. Nie findet sich eine Erwähnung, weder in den Capitularien selbst noch in den Geschichtsquellen, daß bei den in dem eigentlichen Frankenreich abgehaltenen Reichstagen langobardische weltliche Große zugegen gewesen sind. Nur der italische Klerus, welcher ja von Anfang an den Stamm der fränkischen Partei in Italien gebildet hatte und sein Streben nach Macht und Einheit der Kirche durch die in seinen Kräften stehende Begünstigung der Reichseinheit verfolgte, begab sich gern zu den fränkischen Reichstagen (Leges I. 71.): daß weltliche Große langobardischer Abkunft nach dem Frankenreich giengen, geschah nur, wenn sie von Karl in die Verbannung geschleppt wurden. Eher könnte man zu der Annahme geneigt sein, daß die im fränkischen Reich entstandenen Capitularien italischen Reichstagen zur Zustimmung oder Verwerfung vorgelegt worden seien, und sich zum Beweise dessen auf das Paveser Capitular Lothars vom J. 832 und die Ueberschrift desselben berufen: Haec sunt capitula quae domnus Hlotharius rex una cum consensu fidelium suorum excerpsit de capitulis Karoli avi sui ac Hludowici genitoris sui. Allein die angegebene Schlußfolgerung aus dieser Ueberschrift zu ziehen, dürfte deshalb nicht zulässig sein, weil keineswegs alle das Paveser Capitular bildenden Bestimmungen aus Verordnungen Karls oder Ludwigs entnommen sind, die c. 3. 12—14. hier zum erstenmal erlassen, die c. 1 und 11. aus Capitularien wiederholt werden, welche Lothar selbst erlassen hatte. Wie man nun in diesen c. 1. 11. jedenfalls eine wiederholte Einschärfung früher schon geltender Vorschriften erkennen muß, so wird man auch in c. 2. 4—10. nicht eine erste Promulgation, sondern eine ähnlich

wie in den Wormser Capitularien von 829 geschehene Wiederholung
früherer Gesetze zu finden berechtigt sein, zumal die Capitularien,
aus denen die zuletzt angegebenen Kapitel geflossen sind, in den ita=
lischen Handschriften vollständig Aufnahme gefunden haben, also ihre
Geltung auch ohne jene Paveser Promulgation bezeugt ist. Wie
wenig Karl die Zustimmung der Langobarden zu den in Franken
entstandenen Capitularien für nothwendig erachtete, und wie ihm
selbst jene Zustimmung zu denjenigen capitula in leges mittenda
für unerheblich erschien, hinsichtlich deren er eine Befragung des
Volkes im Frankenreiche ausdrücklich vorgeschrieben hatte, dies zeigt
deutlich ein Brief Karls an Pippin, in welchem jener mit Bezug
auf die Nachricht, daß die Langobarden jenen Kapiteln nicht zustim=
men wollten, schreibt: Tu autem nosti, quomodo vel qualiter
tecum locuti fuimus de ipsa capitula, et ideo monemus tuam
amabilem dilectionem, ut per universum regnum tibi a Deo
commissum ea nota facias et obedire atque implere precipias.
Daß aber die allgemeinen Reichsgesetze in Italien besonders bekannt
gemacht worden seien, ergiebt sich nicht nur aus diesen Worten
Karls, sondern liegt auch schon in der Natur der Sache.

Viel zahlreicher und zugleich bedeutender als die in Italien zur
Geltung gelangten allgemeinen Reichsgesetze sind nun aber die
Capitularien, welche mit ausschließlicher Beziehung auf Italien erlas=
sen worden sind, und welche theils von Karl dem Großen selbst,
theils von den dem Langobardenreich vorgesetzten Königen herrüh=
ren. Mit Ausnahme des ersten und zweiten Zuges kann jeder der
übrigen von Karl nach Italien unternommenen Züge durch die
Entstehung neuer Gesetze bezeichnet werden, und überdies wirkte Karl
auch vom Frankenreiche aus beständig auf die Gesetzgebung in Ita=
lien ein, sei es durch Briefe legislatorischen Inhalts an seinen Sohn
Pippin, sei es durch offene Erlasse an alle Inhaber öffentlicher Aem=
ter in Italien, sei es durch Capitularien, welche den nach Italien
gesandten Missi theils zu deren eigner Instruction theils zur Bekannt=
machung mitgegeben wurden. Durch alle von Karl dem Großen für
Italien besonders erlassenen Capitularien geht ein auffallender Zug
von Härte und Strenge gegen die Langobarden hindurch. Nirgends
ist eine Andeutung vorhanden, daß Karl mit den langobardischen
Großen oder gar dem langobardischen Volke über eines der von ihm

erlassenen Gesetze in Berathung getreten wäre. Nur das wahrscheinlich im J. 781 verfaßte Capitular von Mantua (L. I. 40.) ist von dem König in einem placitum generale bekannt gemacht worden, ohne daß jedoch der hier versammelte Landtag bei der Abfassung berathend oder beschließend mitgewirkt hat. Bannum nostrum componat ist grade hier der häufig wiederkehrende Refrain, und die im früheren langobardischen Recht nur gegen Unfreie und schamlose Frauen angewendete körperliche Züchtigung wird hier auch für ein geringes Vergehen angedroht. Es ist schon vorhin bemerkt, wie Karl selbst bei den Kapiteln von 803, welche Aufnahme in das Volksrecht finden sollten, nicht nach der Zustimmung der Langobarden fragte. In gleicher Weise findet sich auch bei den im J. 801 den Edicten der langobardischen Könige zugefügten Kapiteln keine Andeutung, daß dieses Capitular mit Zustimmung der Großen oder des Volks zu Stande gekommen; die Worte der Vorrede: ut, in rebus dubiis non quorumlibet iudicum arbitrium, sed nostrae regiae auctoritatis sanctio praevaleret und: nos, considerantes utilitatem nostram et populi a Deo nobis concessi .. iuxta rerum et temporis considerationem addere curavimus, zeigen, daß der König hier allein als Gesetzgeber auftritt.

Anders verhält es sich dagegen mit den Capitularien, welche unter Königen wie Pippin und Lothar entstanden sind. Bei einem Capitular scheint sogar nach der im Frankenreich zur Anwendung gekommenen Praxis (L. I. p. 115. c. 19. p. 187. praef.) die Zustimmung des Volks durch Unterschrift der Einzelnen auf den Gerichtstagen herbeigeführt worden zu sein (Leges I. p. 252. 253.), bei andern ist die Berathung auf den langobardischen Reichstagen unzweifelhaft erfolgt. Diese Reichstage werden aber jetzt einen ganz andern Charakter gehabt haben, als zur Zeit des Desiderius und seiner Vorgänger. Die Anwesenheit des Volkes wird kaum, dessen Theilnahme an den Reichstagsschlüssen nirgends erwähnt: zu den früheren iudices treten jetzt die Königsvassallen fränkischer und langobardischer Nationalität, vor Allem aber die Bischöfe und Aebte, welche jetzt plötzlich nicht nur neben den weltlichen Großen auftreten, sondern diesen sogar vorangehen. Der Ort, an welchem der Reichstag zusammentrat, scheint unter Pippin, Ludwig II. und Wido Pavia, unter andern Königen, welche ihren Aufenthalt nicht regelmäßig in

Italien hatten, ein wechselnder gewesen zu sein, ebenso wie auch die Zeit nicht mehr wie früher der erste März, sondern ein nach Bedürfniß besonders angesagter Tag war.

Alle Capitularien, sowohl die allgemeinen wie auch speciell italischen, wofern sie nicht ausdrücklich Zusätze zu den langobardischen Edicten sein sollten, galten nicht nur für Langobarden, sondern für alle Nationalitäten, welche im fränkischen Reich anerkannt waren und in Italien nach ihrem Stammrechte lebten. Die Richtigkeit dieser Behauptung, deren nähere Begründung hier zu weit führen würde, wird anerkannt in einer unten (§. 9.) zu besprechenden Gesetzsammlung, in welcher den Capitularien die Bemerkung vorangeschickt wird: Isti (Karl, Pippin, Ludwig und Lothar) sunt qui constituerunt capitula congruentia omnium legum.

3. Die provisorischen Verordnungen.

§. 5. Wie es zur Zeit der Selbständigkeit des langobardischen Reichs vorgekommen, daß das Bedürfniß nach neuen Gesetzen sich herausstellte zu einer Zeit, in welcher demselben im Wege der ordentlichen Gesetzgebung nicht sogleich abgeholfen werden konnte, und daß dann vom Könige allein vorläufige Verordnungen getroffen wurden mit dem Vorbehalte nachträglicher Genehmigung oder Abänderung im nächsten ordentlichen Reichstage, so lassen sich auch aus der Zeit der fränkischen Herrschaft drei Fälle hervorheben, in welchen in gleicher Weise provisorische Verordnungen, capitularia interim data, erlassen wurden, die in Italien, wenigstens im Anfange jener Zeit, den schon unter den alten langobardischen Königen üblichen Namen Notitiae führen. Von diesen drei Fällen beziehen sich zwei ausschließlich auf Italien, einer auf das gesammte Frankenreich:

1. In den Kapiteln, welche bei Pertz Leges I. 241. herausgegeben sind, werden Urkunden, welche in einer bestimmten Zeit über einen unter dem Drucke der Hungersnoth abgeschlossenen Kaufs=, Schenkungs= oder Freiheitsbegebungsvertrag ausgestellt worden sind, für ungiltig erklärt und dann in c. 4. verordnet: De donatione vel venditione quae in loca venerabilia facta sunt suspendi iussimus, dum enim compensaverimus in sinodo cum episcopis et comitibus, quomodo fieri iussit. Name und

Entstehungsart dieser Verordnung ergeben sich aus den weiterhin folgenden Worten desselben Kapitels: unde qualiter nobis complacuit presentem deliberationis notitiam pro amputandas intenciones fieri iussimus et nobis relegi iussimus, ut sic procedat iudicium.

2. Eine zweite provisorische Verordnung ist uns in dem Capitular Leges I. 110. 111. erhalten, dessen Epilog lautet: Haec interim ut supra dictum est inter cetera cristianitatis opera servare convenit, quousque in sequenti conventu, medio Octubrio qui condictus est, nisi forte a rege aliter precipiatur, aliquit melius addendum iungendumque mutandumve Deo duce inveniatur.

3. Endlich wird eine solche vorläufige Bestimmung in Ludwigs capitulare missorum von 829 getroffen, indem es daselbst (Leges I. 354. c. 1.) heißt: Volumus, ut omnes res ecclesiasticae eo modo contineantur, sicut res ad fiscum nostrum contineri soleant, usque dum nos ad generale placitum nostrum cum fidelibus nostris invenerimus et constituerimus, qualiter in futurum de his fieri debeat.

4. Die für den Erlaß der Capitularien beobachtete Form.

§. 6. Es muß schließlich die Frage entstehen, in welcher Form die langobardischen Gesetze nach Desiderius erlassen worden, das heißt, ob sie als Anhänge und Zusätze zu den Edicten oder einzeln amtlich aufgeschrieben worden sind.

Aus zwei Stellen könnte man sich zu dem Schlusse berechtigt glauben, daß wenigstens Karl, wie in andern Beziehungen, so auch darin dem Beispiel seiner Vorgänger im langobardischen Reich gefolgt sei, daß er die von ihm erlassenen Gesetze in das alte corpus edicti habe eintragen lassen. Karl sagt nämlich in der Vorrede zu den um d. J. 801 gegebenen capitula legi addita (L. I. p. 83.): ea quae ab antecessoribus nostris regibus Italiae in edictis legis langobardicae ab ipsis editae praetermissa sunt iuxta rerum et temporis considerationem addere curavimus, scilicet ut necessaria quae legi defuerant supplerentur; und ebenso heißt es in einem nur aus dem liber legis Langobardorum überlieferten und seinem Ursprunge nach deshalb sehr ungewissen Kapitel (L. I. 192. c. 6.): communi lege vivamus, quod domnus Karolus rex Francorum et Langobardorum in aedicto adiunxit. — Wenn man aus diesen Stellen folgern wollte, daß die fränkischen Capitularien mit den langobardischen Edicten auch äußerlich von Amts Wegen in Verbindung gebracht worden seien, so sprechen hiegegen doch mehrere Umstände. Einmal ist schon oben bemerkt worden, daß die Capitularien der fränkischen Zeit gar nicht ausschließlich auf die Langobarden, welche doch allein nach den Edicten lebten, sondern ebenso auch auf die andern in Italien lebenden Nationalitäten berechnet waren. Sodann rechtfertigt die Art, in welcher Bestimmungen der Capitularien auf die Edicte Bezug nehmen, keinesweges die Annahme, daß beide auch äußerlich mit einander amtlich verbunden, jene als die Fortsetzung von diesen verzeichnet worden wären. Endlich aber und hauptsächlich besteht in den Handschriften, in welchen Capitularien den Edicten zugefügt werden, nicht die mindeste Uebereinstimmung in der Reihenfolge oder auch nur in der Auswahl der Capitularien. Es ist uns keine Handschrift erhalten, in welcher die für Italien erlassenen Capitularien nur annähernd vollständig verzeichnet worden sind: die Schreiber haben bald diese, bald jene Capitularien in die für den Gebrauch in den Gerichten berechneten Handschriften eingetragen, hiebei gar keine gleichmäßige Reihenfolge beobachtet und oft nach Belieben einzelne Kapitel, welche ihnen veraltet oder unerheblich erschienen, ganz ausgelassen. Unter diesen Umständen werden wir die oben angezogenen Stellen nur so verstehen dürfen, daß die dort als den Edicten zugefügt bezeichneten Capitularien zwar eine Erweiterung der langobardischen Gesetze, nicht aber ein Zusatz zu dem amtlichen volumen, corpus edicti sein sollten. Ob über die Publication der Capitularien und über die Aufbewahrung authentischer Originalien für Italien besondere Vorschriften bestanden, oder in dieser Beziehung ein ähnliches Verfahren wie im eigentlichen Frankenreich (vgl. Stobbe, Geschichte der deutschen Rechtsquellen I. 218 flg.) Statt hatte, darüber fehlt es an bestimmten Nachrichten.

Weil es nun für die Zeit von der fränkischen Eroberung bis zum Entstehen des liber legis Langobardorum an einem sei es amtlich sei es durch constante Gewohnheit festgestellten Canon der im

Langobardenreich in Geltung gewesenen Capitularien gebricht, so werden wir die Frage, ob ein außerhalb Italiens entstandenes Capitular auch in Italien Eingang gefunden, nur danach entscheiden können, ob wir dasselbe in Handschriften, welche unzweifelhaft im Interesse des Gebrauchs in Italien geschrieben worden sind, vorfinden, oder ob wir dasselbe ganz oder theilweise im liber legis Langobardorum verarbeitet sehen. Daß eine Handschrift aber für den Gebrauch in Italien entstanden, dies wird sich wiederum dann mit Sicherheit annehmen lassen, wenn in derselben entweder die langobardischen Edicte oder Capitularien enthalten sind, welche zweifellos nur für Italien bestimmt waren.

Schon aus diesem Umstande ist es unumgänglich nothwendig, einer Untersuchung über die im Langobardenreich zur Anwendung gelangten Capitularien eine genaue Inhaltsangabe der in Italien gebrauchten Capitularhandschriften vorangehen zu lassen: es ist diese Inhaltsangabe auch deshalb unentbehrlich, um durch dieselbe den Character der Handschriften zu erkennen, und danach zu beurtheilen, wie weit wir aus einer in den Handschriften beobachteten Auswahl und Reihenfolge der Kapitel berechtigt sind, für das Alter und die ursprüngliche Gestalt der Capitularien Schlüsse zu ziehen. Es ist Sache der Kritik, hier zu entscheiden, wie weit die in den Handschriften vorkommende Zusammensetzung von Kapiteln nur den Schreibern beizumessen, wie weit in den so zusammengestellten Kapiteln echte Capitularien überliefert seien.

Mir ist es erschienen, als habe Pertz diese Kritik nicht immer in der erforderlichen Weise angewendet, als habe er öfters ohne Grund in der abweichenden Anordnung der einen oder andern Handschrift, einmal sogar nur in einer etwas veränderten Ueberschrift (§. 45.), erneute authentische Recensionen von Capitularien gefunden und diese in unnöthiger Wiederholung desselben Rechtsstoffs dem Druck übergeben. In andern Fällen, so scheint es mir, sind die Capitularien bei Pertz mit kürzeren oder längeren Zusätzen ausgestattet worden, die ihrer echten Gestalt fremd und nur von einem oder dem andern Schreiber aus andern Capitularien willkürlich angehängt worden sind, meist gar nicht einmal in der Absicht, diese Kapitel als Zusätze der vorangehenden Capitularien gelten zu lassen.

In der nachfolgenden Abhandlung habe ich mich bemüht, die im Langobardenreich zur Anwendung gelangten Capitularien in ihrer echten und ursprünglichen Form nachzuweisen, die echten von den unechten zu sondern, jene zu charakterisieren und, soweit möglich, ihre Entstehungszeit zu ermitteln. Wie man leicht erkennen wird, bin auch ich in dieser Untersuchung jedesmal davon ausgegangen, in welcher Zusammensetzung und in welchen Beziehungen sich ein Capitular in den Handschriften vorfand: innere Gründe sind überall erst in zweiter Linie geltend gemacht worden. Aus der Betrachtung des Inhalts jeder einzelnen Handschrift und der Vergleichung mehrerer unter einander hat sich mir aber die Ueberzeugung gebildet, daß die Handschriften, meist lange Zeit nach dem Erlaß der Capitularien und nicht in einem historischen Interesse, um alte Verordnungen in ihrer Reinheit zu überliefern, sondern häufig in überwiegend praktischem Interesse, um den Richtern das gesetzliche Material zu ihren Entscheidungen zu gewähren, geschrieben sind. Da für die Capitularien nicht in gleicher Weise wie für die langobardischen Edicte ein fester Canon vorhanden war, an welchen man sich hätte halten können, so war die Ueberlieferung und Vervielfältigung der Capitularien allein Privatleuten überlassen. Die Compilatoren erledigten sich dieser ihnen zugefallenen Aufgabe je nach dem Material, das ihnen zufällig in die Hände gekommen war, je nach Einsicht und Verständniß, das sie für den von ihnen zusammengestellten Rechtsstoff hatten, je nach der Tendenz, die sie bei dieser Zusammenstellung verfolgten. Einige unter den Compilatoren suchten nur möglichst vollständig den Rechtsstoff zusammenzutragen: deshalb ergänzten sie, wenn sie den ihnen vorliegenden codex fertig abgeschrieben hatten, anhangsweise aus andern ihnen in die Hände gefallenen Handschriften, was ihnen irgend erheblich erschien und was sie bisher in den anzufertigenden codex noch nicht aufgenommen hatten; andere hatten mehr die Uebersichtlichkeit und das Streben im Auge, den Gebrauch der Handschriften möglichst zu erleichtern: deshalb vertheilten sie den Rechtsstoff in größere Abschnitte, gewissermaßen in mehrere Bücher, deshalb stellten sie dem Stoffe nach ähnliche, der Entstehung nach ganz von einander zu trennende Kapitel in bemerkbarem Streben nach Systematisierung zusammen; noch andere endlich bezweckten namentlich den auf bestimmte Verhältnisse, z. B. der

Kirchen nnb Klöster, bezüglichen Rechtsstoff zusammenzutragen. Irgend einer dieser Compilationen einen amtlichen Charakter zu vindicieren, dafür liegt auch nicht der minbeste Grund vor und man wird daher in einer in hohem Grade wünschenswerthen kritischen Ausgabe der Capitularien jene Zeugnisse von dem ordnenden Talent obscurer Abschreiber gerne vermissen, wenn dafür Capitularien beutscher Könige in ihrer möglichst echten Gestalt geboten werden.

Zweites Kapitel.
Die im Langobardenreich gebrauchten Capitularhandschriften.

1. **Handschrift der Bibliothek zu St. Gallen n. 733.**

§. 7. Sie ist bereits von Baluze, danach für die Monumenta Germaniae von Wegelin benutzt und ihr Inhalt Archiv V, 306. also beschrieben worden:

Capitular des Jahres 779 in der von Pertz so genannten fränkischen Recension Leges I. S. 36—39.[1])

Ein capitulare episcoporum. S. 237.

Die Capitularien des J. 789. S. 53—69.

Ein italischer Brief Karls über kirchliche Angelegenheiten. S. 81.

Die mit den Zahlen V—XII. bezeichneten c. 5—9. 12—14. eines Capitulars des italischen Königs Pippin. S. 70. 71.

Nach den Worten Expl. cap. folgt hierauf eine aus Bibelsprüchen und Concilienschlüssen zusammengesetzte collectio de decimis dandum, womit im Einklange steht, daß auch die in die Handschrift aufgenommenen Capitularien vorwiegend auf kirchliche Angelegenheiten sich beziehen. Die hier enthaltenen Capitularien gehören sämmtlich noch dem 8. Jahrhundert an und scheinen wenigstens im Anfang chronologisch geordnet zu sein. Nach der Ansicht Wegelins sprechen die Schriftzüge für Abfassung der Handschrift im beginnenden 9. Jahrhundert, und eine am Schluß von neuerer Hand ein=

---

1) Die sämmtlichen in diesem und dem folgenden Kapitel ohne nähere Angabe vorkommenden Allegate von Capitularien beziehen sich auf den ersten Band der in den Mon. Germ. enthaltenen Ausgabe der Leges.

geschriebene Notiz: Sunt enim anni ab incarnatione domini usque ad hoc tempus id est XII. Hludowici imperii annum berechtigt zu der Annahme, daß die Handschrift selbst schon einige Zeit vor dem J. 825 entstanden sein muß.

2. Handschrift der Bibliothek des Kärnthischen Klosters S. Paul. mbr. saec. IX.

§. 8. Sie ist zuletzt von Merkel im Archiv XI. S. 574—577. beschrieben worden, jedoch nur nach anderweitigen Beschreibungen. Da ich eine für die Gesellschaft für ältere deutsche Geschichte durch Pertz genommene Abschrift der in diesem codex enthaltenen Capitularien vor mir gehabt, so haben in der nachfolgenden Uebersicht die Merkelschen Angaben an einigen Stellen berichtigt werden können.

Blatt 1 und 2. sind theils leer, theils von den Bildern eines Königs und einer Königin eingenommen.

Blatt 3—5. enthalten die beiden durch fortlaufende Kapitelzählung mit einander verbundenen Capitularien. S. 109—111.

Blatt 6—154ᵛ. finden sich die Volksrechte der ribuarischen und salischen Franken, der Baiern, Alamannen, westgothischen Romanen und der Burgunden.

Blatt 155—186. folgen dann wieder Capitularien. Zuerst eine Sammlung von 92 verschiedenen und fortlaufend gezählten Kapiteln, innerhalb deren jedoch mehrfach die Anfänge neuer Capitularien durch die erhaltenen Ueberschriften bezeichnet werden. Am Anfange dieser Sammlung steht die Vorrede des Capitulars von 779, welcher dann dieses selbst in der von P. s. g. fränkischen Recension als c. I—XXIV. folgt. S. 36—39.

XXV—XXXVII. Pippins Paveser Capitular. S. 70. 71. „Capitulare quem domnus rex cepit de quibusdam causis." XXXVIII—LIV. das Capitular unbestimmten Datums. S. 46. 47. LV. c. 1. der angeblichen constitutio Maringensis. S. 241. LVI—LXVI. c. 6. 8—13. 15. 16. 19. 20. des zweiten Dietenhofer Capitulars vom J. 805. S. 133. 134.

„Que ad nūmagam additi sunt."
LXVII—LXIX. c. 4. 7. 9. des Capitulars von Nymwegen a. 806. S. 144.

„Hec capitula missi nostri cognita faciant omnibus hominibus partibus."

LXX—LXXII. c. 1—3. des Capitulars. S. 146.
LXXIII. c. 8. S. 84.
LXXIV—LXXIX. c. 6—9. 12. 13. des Capitulars. S. 151.
LXXX. c. 3. 4. des ribuarischen Capitulars. S. 117.
LXXXI. c. 10. des ersten Dietenhofer Capitulars. 805. S. 132.
LXXXII. c. 2. des zweiten Dietenhofer Capitulars. S. 132.
LXXXIII—LXXXV. c. 3—5. S. 153.
LXXXVI. LXXXVII. c. 1. 2. S. 157.
LXXXVIII—XCII. c. 1—5. des Capitulars von 803. S. 113.

Hiemit endigt die Sammlung, und es folgen nun wieder Capitularien in echter Gestalt:

Das langobardische Capitular Karls des Großen von 801. c. 1—7. S. 83. 84.

Die in Verbindung mit dem vorangehenden unter 9—13. S. 84. 85. herausgegebenen Kapitel; vor c. 10. daselbst steht cap. II., vor den übrigen nur cap. ohne Zahl.

Das Capitular von Mantua mit Excerpten aus canones. S. 40. 41.

Die folgenden Capitularien Ludwigs des Fr. von 817. sind mit etwas anderen Schriftzügen, aber vermuthlich von der früheren Hand, wie es P. erschienen ist, zugefügt:

„Capitula legibus addenda" c. 1—21. S. 210—213.
„Capitula per se scribenda" c. 1. 2. 4—8. S. 214. 215.
„Legatio omnium missorum" c. 1—30[b]. S. 216—219.
„Expliciunt capitula domni chlodowici magni imperatoris."

Der nun folgende Schluß, Capitularien Lothars enthaltend, rührt von jedenfalls anderer und neuerer Hand her: „Memoria quod domnus imperator ..." c. 1—14. S. 234. 235.

Als c. 15. ist c. 5. der Capitula Hludowici per se scribenda (a. 817) S. 215. angehängt.

Das Capitular Lothars. S. 251—253.

Daß Italien die Heimath dieser Handschrift, wird durch die Aufnahme einer bedeutenden Anzahl ausschließlich italischer Capitularien und selbst von Kapiteln Liutprands (s. u. §. 50.) hinlänglich verbürgt. In Bezug auf Alter und Glaubwürdigkeit des codex wird man, die Capitularien anlangend, verschiedene Abtheilungen zu unterscheiden haben:

a) Das an den Anfang gestellte Capitular aus der Zeit Karls des Großen.

b) Die auf die Volksrechte folgende Sammlung von 92 Kapiteln. Keines von den hier zusammengestellten Kapiteln ist nach dem Jahre 807 entstanden, so daß die hier vorliegende Compilation vielleicht um jene Zeit verfaßt ist. An der Spitze der Sammlung stehen drei echte anscheinend chronologisch geordnete Capitularien, denen sich dann 39 aus allen möglichen Capitularien und selbst aus Verordnungen Liutprands ohne bemerkbare Tendenz ausgewählte einzelne Kapitel anschließen. Bis c. 79. scheint wenigstens noch das Bestreben nach chronologischer Ordnung obzuwalten, von c. 80 — 92. ist auch in dieser Beziehung willkürlich verfahren. Ueber die Beschaffenheit der hier vorliegenden Sammlung hat näher gehandelt Baudi di Vesme auf S. CV—CIX. seiner Einleitung zu den Edicta regum Langobardorum: den dort gemachten Bemerkungen habe ich mich in der Hauptsache hier angeschlossen.

c) Der Sammlung folgen dann wieder drei echte Capitularien aus der Zeit Karls oder den ersten Jahren Ludwigs; doch sind dem zweiten auch hier wieder zwei nicht zu ihm gehörende Kapitel angehängt.

d) Die Capitularien Ludwigs vom Jahre 817. Wenn P.'s Vermuthung, daß diese vom ersten Schreiber erst nachträglich zugefügt seien, richtig wäre, so vermöchte man die Niederschreibung des Stammes der Handschrift vielleicht schon in das Jahr 817 zu setzen: jedenfalls ist man zu der Vermuthung berechtigt, daß dieselbe vor dem Jahre 823 erfolgt sei, da

e) die Capitularien Lothars von 823 erst von neuerer Hand und, wie aus der Zufügung der p. 252. 253. abgedruckten Namensunterschriften hervorzugehen scheint, etwa gleichzeitig mit der Entstehung zugefügt worden sind. Auch die Schriftzüge der Handschrift deuten nach dem übereinstimmenden Urtheil von Haenel (Lex Romana Wisigoth. praefatio LXXVIII. und not. 315.) und Pertz auf eine Entstehung in den ersten drei Decennien des 9. Jahrhunderts.

Wenn demnach diese Handschrift durch ihr hohes Alter besondere Berücksichtigung verdienen würde, so wird ihr Ansehen nicht nur dadurch geschwächt, daß in der Anordnung und Auswahl der aufgenommenen Bestimmungen, namentlich in der Sammlung von 92 Kapiteln der Compilator sehr willkürlich verfahren ist, sondern auch dadurch, daß ebenso der Text vielfach Aenderungen und Zusätze erhalten hat, deren Unechtheit sich aus ihrer Entbehrlichkeit und der Vergleichung mit andern Handschriften, in denen dieselben fehlen, ergiebt. Die Handschrift muß deshalb sowohl für die Frage nach der ursprünglichen Gestalt der Capitularien als bei der Constituierung des Textes mit Vorsicht benutzt werden und scheint mir von P. mit einem allzugünstigen Vorurtheil für deren Werth behandelt worden zu sein. Dieses Vorurtheil ist mir erklärlich geworden aus der Archiv III. 77 flg. hervortretenden Freude, mit welcher P. diese Handschrift beim Beginn seiner wissenschaftlichen Reisen als einen größtentheils inedita enthaltenden Hauptfund begrüßte. In Wahrheit waren allerdings schon damals nur die gar nicht unter die Capitularien gehörenden c. 83—87. und das Namensverzeichniß am Schluß noch nicht herausgegeben.

3. **Die Gesetzsammlung des Lupus. Handschrift im Archiv des Domcapitels zu Modena Ord. I. 2. und Handschrift der herzoglichen Bibliothek in Gotha n. 84.**

§. 9. Die Handschrift von Modena ist bereits von Muratori bei der Ausgabe der langobardischen Gesetze zugezogen und dann von Merkel in Italien genau verglichen und Archiv XI. 596—604. beschrieben worden. Sie ist, wie Merkel dargethan, im Jahre 990 oder 991 geschrieben, enthält aber eine lange vor jener Zeit zusammengestellte Sammlung von Gesetzen. Diese Sammlung beginnt mit Blatt 10. der Handschrift und weist auf Blatt 12—154. das salische und ribuarische Volksrecht, die langobardischen Edicte in sechzig systematisch geordneten Titeln, und die Volksrechte der Alamannen und Baiern auf. Blatt 154—207. folgen nun Capitularien in nachstehender Ordnung:

Blatt 154—156. Unter der Ueberschrift: Incipit capitula legum domni Karoli praestantissimi imperatoris steht zunächst ein

Index, der die Kapitelüberschriften von sechs Kapitelreihen enthält und mit dem nachfolgenden Text genau übereinstimmt.

Blatt 156ᵛ. finden sich Bilder von Karl dem Großen und dem italischen König Pippin mit der Ueberschrift: „Isti sunt qui constituerunt capitula congruentia omnium legum." Das Blatt, welches nun ursprünglich folgte, ist heute ausgeschnitten und enthielt zweifellos auf der Vorderseite die Bilder Ludwigs des Frommen und Lothars, auf der Kehrseite den Anfang der s. g. Capitula in legem Salicam (Leges I. 113.), denn das jetzt nächste

Blatt 157. beginnt mit den Worten: nem in publico perducatur. V. Si quis hominem in iuditio, d. h. dem Schluß des 4. Kapitels jenes auch im Index an die Spitze gestellten Capitulars S. 113. 114.

(II.)¹) Item cap. I. als c. 1—29. die s. g. cap. minora S. 114. 115.

(III.) Anno feliciter u. s. w. das Capitular von 779 in s. g. fränkischer Recension S. 36—39.

Diesem ist unmittelbar angehängt das erste hier in zwei Kapitel eingetheilte Capitular von 789 S. 53—67.

(IV. V.) Die beiden andern Capitularien von 789, welche im Index in zwei Titeln, im Text aber als eine fortlaufende Reihe recensiert werden S. 67—69.

Das letzte Kapitel des fünften Titels im Index bildet der sich auch im Text unmittelbar anschließende offene Brief Karls an die langobardischen Beamteten S. 81.

(VI.) Das Capitular S. 46. 47.

Blatt 171. folgt nun wieder ein Index mit der Ueberschrift Incipit capitularis Pipini regis und alsdann zwei weitere Indices mit der wiederholten Bezeichnung: Item capitulare. Diesen Rubrikenverzeichnissen entspricht dann wieder der nachfolgende Text der Capitularien:

(I.) Incipit capitulare quod Pipinus rex instituit c. 1—14. S. 70. 71.

---

1) Die in Klammern eingeschlossenen römischen Zahlen beziehen sich auf die im Index unterschiedenen und so gezählten Kapitelreihen.

An dasselbe schließt sich, wie im Index, mit fortgesetzter Kapitelzählung als c. 15—22., Vorrede und c. 1—7. von Karls longobardischem Capitular des Jahres 801 S. 83. 84.

Sodann: „c. 23. Infra aecclesia. de lectionibus. II. De cantu" u. s. f., das heißt, das erste Dietenhofer Capitular von 805 S. 131. 132., das auch im Index unter der Ueberschrift De utilitate ecclesiarum als letztes Kapitel von Pippins Capitular zählt.

(II.) Item capitulare, das zweite Dietenhofer Capitular S. 132 bis 135., dem sich c. 13—15. der Rhispacher Statute S. 78. sofort anschließen.

Unter der Ueberschrift: Haec capitula quae domnus Karolus imperator instituit das erste Kapitel des Capitulars von 803 S. 113., das jedoch im Index ausgelassen ist.

(III.) Das Capitular von 779 S. 36—39. in s. g. langobardischer Recension, jedoch unvollständig und ebenso wie im Index nur aus acht Kapiteln bestehend.

Alsdann: Item de homicidio clericorum. In eodem concilio d. i. c. 2. S. 113.

und In capitulari Caroli. de mancacionibus: c. 5. S. 84.

Die beiden letzt genannten Kapitel fehlen wiederum im Index.

Blatt 184^v. hebt der Kapitelindex zu den Gesetzen Lothars an mit der Ueberschrift: Incipit tituli capitularis domni Lotharii imperatoris. Er besteht aus vier mit dem nachfolgenden Text übereinstimmenden Kapitelreihen:

(I.) Capitula que anno primo imperii Lotharii gloriosissimi imperatoris Ollonna sunt constituta c. 1—6. S. 235. 236.

(II.) Cap. prima. De episcopis c. 1—10. S. 248. 249.

(III.) Cap. I. De comitibus statuimus c. 1—14. S. 251. 252.

(IV.) Haec sunt capitula quae aliqui ex missis nostris ad nostram notitiam detulerunt anno XVI. imperii nostri, d. h. mit der fortlaufenden Zählung von 1—15: c. 1—3. 7. des Capitulars S. 350.,

c. 2—4. 6. 7. 9—12. 14. 15. S. 351. 352.

Haec sunt capitula quae pro lege habenda sunt, nämlich c. 1—5. 7. des Capitulars S. 353. 354., in der Handschrift als c. 16—23. gezählt.

Endlich als c. 24. das Rescriptum consultationis S. 433. 434.

Bis hierher stimmt der Text vollständig mit dem vorangeschickten Index zu den Kapiteln Lothars überein, während die nun noch folgenden Capitularien im Index nicht mehr recensiert sind. Es folgen nun nämlich aus der Zeit Ludwigs II. die sieben Kapitel S. 433. 434., und endlich die aus fünf Kapiteln bestehende Legatio S. 434.

Die letzten Blätter 208—218. sind mit einem für das Alter der Handschrift maßgebenden Kalendarium angefüllt.

Der hier beschriebenen Gesetzsammlung geht ein aus zwanzig Hexametern bestehendes Carmen heroicum de totius speculatione huius praeclari voluminis und ein Carmen eleycum von drei Distichen voran, deren beider Autorschaft dem Compilator selbst zugeschrieben werden kann. Sie sind zuletzt herausgegeben worden von Merkel, Leges III. p. 3. 4. in den Anmerkungen, und danach wiederholt von Baudi di Vesme in der Vorrede zu der Ausgabe der langobardischen Edicte p. 41. Aus diesen Gedichten haben Muratori (Rerum ital. scriptt. tom. I. pars II. p. 10.) und Merkel (Arch. XI. 597.) übereinstimmend geschlossen, daß diese Sammlung von Lupus, einem seinen sonstigen Verhältnissen nach unbekannten Manne, für den Gebrauch des Herzogs und Markgrafen Eberhard von Friaul angefertigt worden sei. Diesen Eberhard[1] finden wir schon im Jahre 836 als Abgesandten des Kaisers Lothar an dessen Vater Ludwig in Francien: sein Todestag ist der 16. Dezember des Jahres 864 und sein Testament, in welchem er einen wahrscheinlich mit dem unsrigen identischen liber legum seinem Sohn Unroch vermacht, ist noch heute erhalten.[2] Bestimmter noch als durch diese Umstände ergiebt sich die Entstehung der Gesetzsammlung aus den Schlußversen des carmen heroicum:

En Hludowicus cesar quamque Hlotharius heros.
Nunc fulgent, fulgebunt: quod Deus addat et ultra.

Aus ihnen ist mit voller Sicherheit zu entnehmen, daß der liber legum noch bei Lebzeiten Ludwigs des Frommen, also spätestens 840 entstanden sein muß. Da aber überdies die im Index recensierten

---

[1] Ueber ihn hat sehr ausführlich gehandelt Dümmler im Jahrbuch für vaterländische Geschichte. Wien 1861. S. 171—179. (Fünf Gedichte des Sedulius Scottus an Markgraf Eberhard von Friaul.) [2] D'Achéry, spicilegium I. 876.

Capitularien mit denen von 829 abschließen, und die wichtige und deshalb auch vollständig in den spätern liber legis Langobardorum übergegangene Paveser Verordnung Lothars von 832 nicht mehr Aufnahme gefunden hat, so scheint es mir in hohem Grade wahrscheinlich, die Entstehung der Sammlung zwischen die Jahre 829 und 832 zu setzen.

Was Lupus in dem vorangeschickten carmen heroicum über die „ganze Anlage dieses vortrefflichen Buches," über Inhalt und Reihenfolge des von ihm zusammengestellten liber legum berichtet, stimmt fast durchgehends mit dem überein, was die Handschrift von Modena wirklich enthält. Nur jene einzelnen Kapitel, welche im Index nicht recensiert werden, scheinen vom Schreiber selbst zugefügt, die Gesetze Ludwigs des Frommen durch irgend einen Zufall ganz ausgefallen zu sein: im Uebrigen aber haben wir in der Handschrift Alles, was der Sammler selbst in dem Gedicht angiebt, sodaß der Schreiber sogar die dort gerühmten Bilder abzumalen nicht unterlassen hat (vgl. Merkel, Archiv a. a. O.). Da also die Modeneser Handschrift den liber legum des Lupus uns ziemlich unverfälscht erhalten hat, und diese Arbeit durch ein hohes Alter ausgezeichnet ist, so würde man bei der Frage nach der ursprünglichen Gestalt und der Autorschaft der Capitularien unserer Handschrift einen besonders hohen Werth beilegen dürfen, wenn nicht andrerseits der Compilator doch öfters mit unverkennbarer Nachlässigkeit verfahren wäre. So werden namentlich die Capitularien Karls und Pippins sehr ungehörig mit einander vermengt und bei Aufnahme der Capitularien Lothars hat der Compilator nicht selten einzelne Kapitel ganz ausgelassen und zwar, wie unverkennbar ist, solche, die in den bereits vorher abgeschriebenen Capitularien wörtlich ebenso oder doch sehr ähnlich zu finden sind. Hierdurch wird der Glauben, welcher der Sammlung beizumessen, allerdings gemindert, aber doch keineswegs ganz zerstört, und die Autorität der Modeneser Handschrift ist namentlich deshalb höher als die mancher anderer zu veranschlagen, weil der Compilator offenbar die echten und — mit der angegebenen Beschränkung — vollständigen Capitularien hat geben wollen, nicht, wie z. B. die Schreiber der Handschriften von St. Paul, Blankenburg, La Cava und Chigi, nur eine willkürliche Auswahl einzelner Kapitel.

Der größte Theil der Sammlung des Lupus ist uns auch in der Handschrift der herzoglichen Bibliothek zu Gotha n. 84. sc. X. erhalten, welche von Merkel benutzt und mit der ihm eigenen Genauigkeit im Archiv XI. 604—612. beschrieben worden ist. Die Handschrift ist aus vier auf einen verschiedenen Ursprung deutenden Theilen zusammengesetzt: der zweite aus Blatt 147—223. bestehende Theil enthält den dem Eberhard gewidmeten liber legum in sehr verstümmelter Gestalt. Es fehlen nämlich die Gedichte, die meisten Bilder und alle in der Modeneser Handschrift Lothar zugeschriebenen Capitularien. Die Karl und Pippin beigelegten Verordnungen dagegen stehen auf Blatt 212—223. in genau derselben Reihenfolge wie in der andern Handschrift, sodaß sogar die Indices in beiden wörtlich übereinstimmen.

Der vierte, Blatt 338—413. umfassende Theil der Gothaer Handschrift weist zuerst die langobardischen Königsedicte in chronologischer Ordnung (Bl. 338—374.) auf; die übrigen Bl. 375—413. nehmen Capitularien in nachstehender Reihenfolge ein:

Incipiunt alia capitula domni Hludowici et Chlotharii filii eius quae per se scribenda et ab omnibus observanda sunt c. 1—7. S. 214.

Das erste dieser Kapitel ist mit XXXIIII. bezeichnet, eine Zahl, die auf die Sammlung des Ansegis weist, in welcher dieses Kapitel als IV. 34. steht.

Hec capitula precipue ad legationem missorum nostrorum, d. i. Ludwigs capitulare missorum 1—29. S. 206—209.

Es folgen Ludwigs gleichzeitig (817) erlassene capitula per se scribenda c. 1—21. S. 210—213.

Die Sammlung des Ansegis in vier Büchern, jedoch mit Auslassung der eben angeführten Capitularien Ludwigs und der c. IV. 71. 72. Nun wieder echte Capitularien:

Rescriptum consultationis ad d. Hludowicum S. 332—349. Ansegis IV. c. 71. 72.

Capitula que anno primo imperii domni Hlotharii gloriosissimi imperatoris Olonno sunt constituta c. 1—6. S. 235. 236.

C. 1—4. S. 355. 356.

Cap. primum de episcopis c. 1—10. 11—13. S. 248. 249.

Cap. I. De episcopis statuimus c. 1—14. S. 251. 252.

Hec sunt aliqua que aliqui ex missis nostris ad nostram notitiam detulerunt anno XVI. imperii nostri, d. h. mit der fortlaufenden Zählung von 1—15. c. 1—3. 7. S. 350.

c. 2—4. 6. 7. 9—12. 14. 15. S. 351. 352.

Haec sunt capitula que pro lege habenda sunt c. 1—5. 7. S. 353. 354.

Capitula que gloriosus imperator etc., d. i. propositio und c. 1—17. S. 430—433.

Rescriptum consultationis c. 1—24. S. 396—400.

Perventum est u. f. w. c. 1—7. S. 405—407.

Ut aperte u. f. w. c. 1—10. S. 405.

In nomine Dei u. f. w. c. 1—7. S. 433. 434.

Legatio c. 1—5. S. 434.

Bei einer Vergleichung der Capitularien in diesem vierten Theil der Gothaer Handschrift mit der Modeneser Handschrift wird man nicht verkennen können, daß bei Abschrift der Capitularien Lothars der Gothaer und Modeneser Schreiber einer gemeinsamen Quelle gefolgt sein müssen, daß aber jener aus einer zweiten Quelle noch andere Capitularien eingeschaltet hat. Wenn also die Vermuthung sehr nahe liegt, daß der Gothaer Schreiber auch bei Anfertigung des vierten Theiles die in der Modeneser Handschrift im Ganzen vollständiger erhaltene Sammlung des Lupus vor sich gehabt habe, so ist man vielleicht berechtigt, die an der Spitze dieses vierten Abschnitts stehenden Gesetze Ludwigs des Fr. für die von Lupus selbst herrührenden Excerpte zu halten, sodaß also hiedurch die Lücke zu ergänzen wäre, die, wie oben bemerkt, in der Modeneser Abschrift des Friauler Rechtsbuches vorhanden ist.

Schließlich ist zu bemerken, daß zwar der zweite und vierte Theil der Gothaer Handschrift auf italische Handschriften als Quellen zurückführen, die ganze Handschrift aber in Franken geschrieben ist und von Anfang an der Martinskirche in Mainz gehört zu haben scheint. (Archiv IV. S. 597. 604.)

4. **Die beiden Handschriften im Archiv des Domcapitels zu Jvrea n. 33 und 34.**

§. 10. Sie sind erst nach Herausgabe der Capitularien durch P. von Amedeo Peyron aufgefunden und über sie von demselben in Notizia dell' archivio del rev. capitolo d'Ivrea Torino 1843, später in den Verhandlungen der Turiner Akademie für 1846. Ser. II. tom. VIII. historische Klasse S. 129 und ff. (Legum Barbarorum fragmenta inedita et variantes lectiones ex codice Eporediensi n. 33. collegit Am. Peyron) berichtet worden. In Bezug auf den cod. 33. steht überdies Merkels nach eigener Anschauung gelieferte Beschreibung im Archiv XI. 547—553., für den cod. 34 Baudi di Vesmes Bemerkungen auf S. 22—28. der Einleitung zu den Edicta regum Langobardorum und der Bericht von Pertz in den Abhandlungen der Berliner Akademie für 1857. S. 80—88. zu Gebote. Beide Handschriften, welche auch in der Gegend von Jvrea entstanden sein dürften, sind durch ihren Inhalt und Alter von gleich großer Wichtigkeit. Die Handschrift n. 34. wird allgemein für die ältere gehalten, etwa, wie aus der nachträglich erfolgten Zufügung eines Capitulars vom Jahre 832 geschlossen wird, um 830 geschrieben. Die mit n. 33. bezeichnete setzen Vesme und Pertz in den Ausgang des 9., Peyron und Merkel in das 10. Jahrhundert. Die erstere enthält erst Capitularien, dann die langobardischen Edicte; in der zweiten folgen auf die Volksrechte der ribuarischen und salischen Franken, Alamannen, Burgunder und Baiern die Capitularien. Rücksichtlich dieser letzteren können beide Jvreer Handschriften für Abschriften desselben Originals gehalten und ihre Beschreibung deshalb hier verbunden werden. Nur darin weichen sie von einander ab, daß in n. 34. an zwei Stellen einige Capitularien eingeschaltet werden und n. 33. heute am Schluß defect ist, sodaß also in der zweiten die letzten Capitularien fehlen. Die Reihenfolge der Capitularien ist diese:

Die Verordnung Karls vom März 779 in angeblich fränkischer Recension S. 36—39.

Die drei Capitularien von 789 S. 53—69.

Ein Capitular ungewissen Datums S. 46. 47.

Das Paveser Capitular Pippins S. 70. 71.

Capitulare episcoporum S. 39. 40.
Edictum pro episcopis S. 81.
Karls langobardisches Capitular von 801. Vorrede und c. 1—7. 24. S. 83. 84.
Das sog. Capitulare in legem Salicam von 803. (c. 9. fehlt) S. 113. 114.
Die sog. capp. minora des Jahres 803.[1]) S. 114. 115.
Die capitula in legem Ribuariam a. 803.[2]) S. 117. 118.
Das erste Dietenhofer Capitular von 805. S. 131. 132.
Die nun folgenden, hier eingerückten Kapitel fehlen im cod. 33.
    Das auch in der Handschrift mit VIII. bezeichnete c. 8. des Capitulars S. 84.
    Das Capitular unbestimmten Datums S. 151.
    Unter der Bezeichnung Secretiores die von Baudi di Vesme ed. reg. Lang. 197—199. herausgegebenen Kapitel.
    C. 10 und 11. des Capitulars von 779. S. 36—39.
    in der Handschrift mit XVIIII. XX. bezeichnet, welche Zahlen vielleicht auf die Summa der hier im cod. 33. eingeschalteten Kapitel sich beziehen.

Die folgenden Capitularien stehen wieder in beiden Handschriften:

Das zweite Dietenhofer Capitular von 805. S. 132—135.
c. 13. 15. 14. der Rhispacher Statute S. 78., in der Handschrift 34. fortlaufend mit den vorangehenden gezählt, in n. 33. mit V. XXVII. XV. bezeichnet.
Das Capitular ohne Datum S. 241.
    (In n. 34. ist hier zwischen c. 2. 3. des Capitulars das p. 228. c. 2. herausgegebene Kapitel eingeschaltet, und es folgen auf c. 4. die beiden Kapitel p. 196.)
Vorrede eines Capitulars von Ludwig dem Frommen S. 195.
c. 9—11., wie sie herausgegeben werden S. 84. 85.

---

1) Im cod. n. 33. ist die Ordnung dieses Capitulars die folgende: c. 1—12., wonach das im vorherigen Capitular ausgelassene c. 9. und dann 13—20. 29., sodaß also c. 21—28. fehlen.   2) Im cod. n. 33. wird hier auch der Leges I. 118. lin. 20—25. abgedruckte Rechtsfall angehängt.

Und mit diesen durch fortlaufende Zählung verbunden: c. 1—3. S. 195. 196.

Die nun folgenden Capitularien fehlen wieder in n. 33., wahrscheinlich aber nur in Folge einer Lücke der Handschrift:

Der größere Theil von c. 24. S. 135.[1])

Ludwigs cap. per se scribenda a. 817. c. 1—8. S. 214. 215.

Die gleichzeitigen capp. missorum c. 1—29. S. 216 bis 219.

Ein Olonnenser Capitular Lothars c. 1—6. S. 235. 236.

Ludwigs Capit. ecclesiastica a. 817. S. 206—209.

Ludwigs Capit. legibus addenda von 817. S. 210—213.

Im c. 2. dieses Capitulars bricht cod. 33. vollständig ab, und die folgenden Schlußcapitularien sind also nur in n. 34. vorhanden:

Lothars Verordnungen S. 251. 252.

Desselben Capitulare c. 1—7. S. 250.

Desselben Olonnenser Capitular c. 1—10. S. 248. 249.

Eine andre, der früheren jedoch gleichzeitige Hand hat hier angehängt: c. 19. S. 111.

Es folgen nun die langobardischen Edicte und an deren Schluß Lothars Paveser Verordnung von 832. S. 360. 361.

Beide Handschriften sind für die Fragen nach dem Alter und besonders nach der echten Gestalt der Capitularien von großer Wichtigkeit. In ersterer Beziehung ist das Bestreben nach einer chronologischen Ordnung der Capitularien ganz unverkennbar, obwohl an einigen Stellen Irrthümer anzunehmen sein werden. Noch wichtiger aber ist es, daß uns die Schreiber hier wirklich die Capitularien in ihrer ursprünglichen Form ohne Auslassungen und ohne Beimi=

---

1) Es hat hier eine Verheftung, entweder in der Handschrift selbst oder in deren Original stattgefunden: die beiden folgenden Capitularien Ludwigs und das eine Lothars sollten jedenfalls nach den capp. legibus addenda Ludwigs und vor den übrigen Capitularien Lothars folgen. Hierauf hat schon Pertz hingewiesen.

schung fremdartiger Elemente haben geben wollen. Nur in den der Handschrift n. 33. eigenthümlichen Zusätzen ist von jener Tendenz des beiden Handschriften gemeinsamen Originals abgegangen worden.

5. **Handschrift der königlichen Bibliothek in München m. g. 43.**[1]) **aus der Bibliothek des Klosters Tegernsee. sc. X.**

§. 11. Die in dieser Handschrift enthaltenen Capitularien hatte bereits Vitus Amerpach zu Ingolstadt 1545 dem Drucke übergeben. Aus dieser editio princeps der Capitularien ist die nachfolgende Inhaltsangabe entnommen:

Das Capitular Karls von 779 in der angeblich fränkischen Recension S. 36—39.

Zwischen c. 7 und 8. dieses Capitulars ist eingeschaltet c. 19. S. 111.

Die drei Aachener Capitularien von 789. S. 53—69.

Das italische Capitular unbestimmten Datums S. 46. 47.

Die beiden durch fortlaufende Zählung der Kapitel verbundenen Capitularien von Nymwegen 806. S. 143—145.

Die capitula missis data 1—6. (c. 4—6. bilden in der Handschrift ein Kapitel) S. 146.

Incipiunt capitula excarpsa de canone c. 1—23. mit einem Anhange S. 147. 148.

Unter der Ueberschrift Missi folgt c. 24. S. 86.

Die sog. Capitula in legem Salicam S. 113. 114.

Unter der Ueberschrift: Item capitulare die sog. capitula minora S. 114. 115.

Unter der Bezeichnung: De lege Ripuariense die capitula in legem Ribuariam, mit Anhängung eines Rechtsfalles S. 117. 118.

Die beiden Dietenhofer Capitularien von 805. S. 131—135.

Dem letzten werden als c. 23—25. angehängt die c. 13—15. der statuta Rhispacensia S. 78.

Item capitulare: Capitular unbekannten Datums S. 151.

Das italische edictum pro episcopis S. 81.

---

1) Die jetzige Bezeichnung der Handschrift ist mir unbekannt.

Karls Zusätze zu den leges Langobardorum von 801 praef. — c. 8. S. 83. 84.

Brief Karls an Pippin S. 150.

Die beiden in 5 Abschnitte getheilten Kapitel 12 und 16. des Capitulars S. 110. 111., denen sich als c. 6. ein sonst unbekanntes Kapitel anschließt S. 112.

Haec sunt capitula quae aliqui ex missis ad nostram notitiam detulerunt anno XVI. imperii nostri: die beiden Capitularien Ludwigs (a. 829.) c. 1—10 und c. 1—15. mit fortlaufender Kapitelzählung. S. 350—353.

Haec sunt capitula quae pro lege habenda sunt S. 353.

Bereits in der Mitte von c. 1. des mit dieser Ueberschrift beginnenden Capitulars bricht der Text plötzlich ab, da der Inhalt der folgenden fünf Seiten der Handschrift durch Rasur ganz zerstört ist. Die Anfangsworte der folgenden beschriebenen Seite sind: noluerit, praedictum bannum LX. solid. componat, welche den Schluß von c. 9. des nun bis zu Ende (c. 14.) geschriebenen Pavefer Capitulars von 832 bilden. S. 361. 362.

Da hiemit die ganze Handschrift schließt, so hatte sich Amerpach durch das Schlußkapitel: Placuit nobis ut haec capitula quae excerpsimus de capitulis sanctae memoriae avi nostri Caroli ac domini nostri Hlitowici u. s. w. bestimmen lassen, alle in dieser Tegernseer Handschrift enthaltenen Capitularien für einen authentischen Auszug Lothars zu halten. Der Irrthum war bei Amerpach sehr erklärlich, da er weder (wegen der erwähnten Lücke) den Anfang des letzten Pavefer Capitulars, noch andere Capitularhandschriften kannte: wunderbarer war es, daß diese irrige Annahme einer Capitulariensammlung Lothars sich auch noch bei Baluze und Biener erhalten hat. So viel ich sehe, hat Pertz zuerst auf den Ungrund dieser Ansicht hingewiesen.

Beabsichtigt war auch in dieser Handschrift, die Capitularien nach der Zeit ihrer Entstehung zu ordnen, doch ist von dieser Tendenz sehr häufig abgegangen worden, sodaß das Alter eines Capitulars aus der Stelle, die es in dieser Handschrift einnimmt, auch nicht einmal mit Wahrscheinlichkeit entnommen werden kann. Dagegen ist die Handschrift wegen ihres klaren und unverfälschten Textes sowie dadurch werthvoll, daß die Capitularien vollständig und in richtiger Trennung von einander aufgenommen sind. Nur im Eingange ist einmal einem Kapitel De decimis eine denselben Stoff behandelnde Bestimmung verschiedenen Ursprungs angehängt, und ein andres Mal in der Mitte sind aus einem größeren Capitular nur zwei Kapitel ausgezogen worden.

6. Handschrift der kaiserlichen Bibliothek in Paris lat. 4613. sc. X.

§. 12. Sie ist schon von Baluze als ein codex Thuaneus benutzt, und hinsichtlich der Capitularien von einem französischen Gelehrten für die Monumenta Germaniae theils verglichen, theils abgeschrieben worden. Aus dieser Collation ist die nachfolgende Inhaltsangabe entnommen.

Nach den wegen eines Defects zu Anfang unvollständigen lan= gobardischen Edicten folgt sogleich

Capitular Karls vom März 779 in der sog. fränkischen Recension. S. 36 — 39.

Pippins Paveser Capitular. S. 70. 71.

Das italische Capitular unbestimmten Datums S. 46. 47.

Andre auf Italien bezügliche Kapitel S. 50 — 52.

Die drei zuletzt genannten Kapitelreihen haben in der Hand= schrift fortlaufende Kapitelzählung.

Karls Zusätze zu den langobardischen Gesetzen von 801. praef. — c. 7. S. 83. 84.

Capitula quae Karolus imperator iussit ponere inter alias leges: die sog. cap. in leg. Salicam. a. 803. S. 113. 114.

Die drei Aachener Capitularien von 789 mit einem auf Italien bezüglichen Anhang S. 53 — 69.

Capitula missorum ungefähr vom Jahre 802 S. 91 — 96.

Anfangsworte der Admonitio S. 101. 102.

Der größte Theil derselben ist verloren gegangen, da ein gan= zer Quaternio der Handschrift ausgeschnitten ist. Auf dem nächsten Blatt beginnt das letzte Kapitel von Ludwigs capitulare missorum a. 817. S. 218. 219.

Aus den Wormser Capitularien von 829 die c. 1—3. der ersten und c. 2. 4. 5. 7. der zweiten Reihe. S. 350—352.

Nun Capitularien Lothars: c. 12. 17. S. 235.

Das Olonnenser Capitular c. 1—14. S. 251. 252.

Lothars Pavefer Verordnung von 832 c. 1—8. 11—14. mit Zufügung der bei P. in den Noten als c. 13—16. zugefügten Kapitel S. 360—362.

Den Schluß bilden Verordnungen Ludwig's II.: der Conventus Ticinensis praef. — c. 4. S. 435.

Das Stück: Concessas denique .... indicione 3. als c. V. S. 436.

Capitula pro lege posita c. 1—3. als c. VI—VIII. S. 436. 437.

Alio tempore dictus serenissimus Augustus instituere previdit capitula: c. 1. 2. S. 437. als c. VIIII. X.

Mit der Zahl XI. schließt gegenwärtig die am Ende defecte Handschrift.

Die Handschrift ist, da sie für eine bedeutende Anzahl von Capitularien die alleinige Quelle ist, von großem Werthe, bietet aber einen meist sehr corrupten Text. In den Wormser Capitularien von 829 und der Pavefer Verordnung von 832 sind häufig zur Vermeidung von Wiederholungen einzelne Kapitel ausgelassen und öfters verschiedene Capitularien durch fortlaufende Kapitelzählung zu einem einzigen verbunden. Die Anordnung ist, etwa mit zwei Abweichungen, eine chronologische.

7. Handschrift der Vaticanischen Bibliothek in Rom 5359. sc. IX. X.

§. 13. Sie ist von Bluhme an Ort und Stelle verglichen und Archiv V. 239—247. beschrieben worden. Nach den langobardischen Edicten enthält sie die folgenden wenigen Kapitel Lothars:

Die Pavefer Verordnung von 832 c. 1—10. 12—14. S. 360 bis 362.

Capitula data Holono palacio placit generale anno impe b. i. Ueberschrift zum Capitular Leges I. 248. Die beiden hierauf folgenden Blätter sind ausgefallen und auf dem letzten Blatt der Handschrift finden sich cap. Olonnensia 10. 11. S. 252.

Das Kapitel 10. S. 249.
Die Kapitel 2. 3. S. 251.

8. **Handschrift der Bibliothek zu Wolfenbüttel.**
Blankenburger mscr. 130. 52. sc. X.

§. 14. Der codex ist zuerst für die Mon. Germ. benutzt und von Merkel im Archiv XI. 577—583. nach eigener Anschauung ausführlich beschrieben worden. Er enthält auf Blatt 1—63. die langobardischen Edicte und auf Blatt 64—72. einen mit dem Text übereinstimmenden Index zu den nun folgenden Capitularien:

Das erste Aachener Capitular von 789 ohne die von Pertz herausgegebene Unterschrift S. 53—67.

Titulum II. Das erste Dietenhofer Capitular von 805. S. 131. 132.

Titulum III. Item Karoli generaliter ad omnes: Das zweite Dietenhofer Capitular c. 1—24. S. 132—135.

XXV. Incipit epistola Karoli S. 150.

XXVI. Karls italischer Brief. S. 81.

Titulum IIJI. Item Karoli de curis et causis ecclesiasticis assumendis atque custodiendis. Capitular S. 46. 47.

Capitula missorum 1—3. S. 146.

C. 21. 22. der sog. Capitula minora S. 115.

C. 17. 19—23. des Capitulare Karls vom Jahre 779. S. 38. 39.

Alle in diesem vierten Titel enthaltenen Kapitel sind als c. 1—23. gezählt.

Titulum V. Decretum episcoporum sinodale ex iussione domni Karoli. Rhispacher Statute S. 77—79.

Titulum VI. De his quae postmodum addita sunt. Salzburger Statute S. 80. 81.

Titulum VII. Item iussa Karoli per universum regnum episcopis abbatibus presbiteris pertinentia c. 1—19. S. 106. 107.

c. 1—6. des dritten Capitulars von 789. S. 68.

c. 12—14. der Frankfurter Synode von 794. S. 71.

c. 5. der Capitula in legem Ribuariam S. 117.

alle fortlaufend als c. 1—29. gezählt.

Titulum VIII. Das Capitular Karls von 779 mit Ausnahme der im 4. Titel aufgenommenen Kapitel und mit Zufügung eines sonst unbekannten Stückes S. 36—38.

Die Vorrede von Karls Zusätzen zu den langobardischen Gesetzen 801. S. 83.

Titulum VIIII. c. 1—7. von Karls Zusätzen zu den langobardischen Edicten a. 801. S. 83. 84.

Die von Pertz als c. 14—24. desselben Capitulars edierten Stücke S. 85. 86.

Titulum I. Incipit capitula quae ad legem Salicam mittenda sunt (a. 803. im Index als institutio Hludowici bezeichnet) S. 113. 114.

c. 1—20. der sog. capitula minora S. 114. 115.

Titulum II. Item Hludowici imperatoris. c. 1—17. 19—21. der Capitula legibus addenda 817 S. 210—213.

Capitula per se scribenda 817 c. 1*—7. 9—11. S. 214. 215.

Titulum III. Item domni Hludowici imperatoris c. 1 bis 9. S. 326. 327.

an diese unmittelbar angehängt: c. 1—5. S. 228. 229.

Titulum I. Prelocutio domni Hludowici imperatoris ad episcopos et omnem populum I—XX = c. 1—25. S. 243—246.

Item alia capitula ecclesiastica Hludowici imperatoris I—XXVIIII. S. 206—209.

Item alia capitula domni Hludowici imperatoris c. 1—15. S. 238. 239.

Item alia capitula Hludowici imperatoris c. 1—6. S. 231.

Titulum I. Incipiunt capitula quae suo tempore dominus Hlotharius imperator ::: Olonna constituta sunt c. 1—8. S. 235. 236.

Titulum II. Item alia capitula domni Hlotharii c. 1—14. S. 251. 252.

Titulum III. Item alia capitula domni Hlotharii de ordinibus ecclesiasticis c. 1—24. S. 400—405.

Titulum IIII. Item alia capitula domni Hlotharii imperatoris. c. 1—7. S. 250.

Item alia capitula domni Hlotharii. c. I—XI. S. 248—250.

Haec capitula domni Hlotharii imperatoris sunt CIIII. quae non legitur in aere.¹)

(1—41.)²) Ut episcopis u. f. w. b. h. Eugenii II. concil. Roman. Leges II ᵇ. 11—14.

(42—44.) Hlotharii constitutionis ecclesiasticae c. 1. 3. 4. Leges I. 355. 356.

(45—47.) Hlotharii constit. Olonn. c. 11., Schluß von 12. 14. S. 233. 234.

(48.) c. 14. des Capitulars von Pippin S. 104.

(49.) c. 13. der Paveser Verordnung von 832. S. 361.

(50—65.) Ein Capitular von Olonna c. 1—14. 17. 18.³) S. 234. 235.

(66—74.) Item alia capitula que domnus Hlotharius imperator ad limina B. Petri apostoli tempore Eugenii summi pontificis instituit. S. 239. 240.

(75.) c. 18. des langobardischen Capitulars S. 111.

(76—84.) c. 1—9. des Wormser Capitulars a. 829. S. 350. 351.

---

1) Wie diese Worte von Pertz (Leges II ᵇ. p. 11.) herausgegeben sind, wird kaum Jemand ihre Bedeutung zu errathen, viel weniger mit Bestimmtheit anzugeben im Stande sein. Sie werden aber durch die Handschrift selbst und durch die von Merkel a. a. O. gegebene Beschreibung erklärt. Aus dieser ersieht man nämlich, daß die nun folgenden 104 Kapitel im vorangeschickten Index nicht recensiert, sondern nur mit den folgenden Worten angedeutet worden sind: Inantea sunt (d. h. Jetzt folgen im Text) capitula domni Hlotharii CIIII. quae hic non sunt scripti. Mit diesen Worten des Index wird man mit Recht in Beziehung bringen dürfen, wenn es am Anfang der 104 Kapitel im Text heißt: Haec capitula domni Hlotharii imperatoris sunt CIIII. quae non legitur in aere und am Schluß derselben: Hic finit 104. capitula domni Hlotharii quae non sunt in aere. Das Wort aere, d. h. aera oder numerus (denn am Schluß sämmtlicher im Index recensierter Kapitel heißt es im Text: Finita sunt capitula quae retro in numero sunt scripta) geht also auf den vorangehenden Titelindex. Diese Bedeutung des Wortes aera findet eine Bestätigung in dem, was Haenel in der Vorrede zur lex Romana Wisigothorum p. 29. berichtet: daß nämlich in den Glossen der expositio Lugdunensis (eines Auszugs der lex Romana) aera für titulus gebraucht wird. S. auch Du Cange, Glossarium sub v. aera.

2) Die hier eingeklammerten Zahlen beruhen auf meiner eigenen Zählung.

3) Die oben als 42—65. bezeichneten Kapitel sind in der Handschrift selbst als c. I—XXIIII. gezählt.

(85 — 96.) Andere Wormser Kapitel c. 2 — 13. S. 351. 352.
(97 — 100.) Capit. Wormat. pro lege habenda c. 2. 4 — 6. S. 353.
(101 — 104.) c. 3. 11. 12. 14 der Paveser Verordnung v. 832.[1]) S. 360 — 362.

Hic finit CIII. capitula domni Lotharii quae non sunt in aere.

XVIIII.[2]) c. 13 der Olonnenser Verordnung S. 233.

Incipit capitula admonitionis Eugenii c. I. — XII. Leges II[b.] S. 12 — 15.

Item capitula praedicti pontificis c. I — XXXVIII. Leges II[b.] S. 15 — 17.

Incipiunt capitula domni Hludowici imperatoris filii Hlotharii imperatoris I — XVII. Leges I. S. 430 — 433.

Institutio domni Hludowici imperatoris c. 1 — 3. S. 434.

In nomine sanctae .... indicione 3. v. h. Zeile 4 — 14. S. 436.

Item statuta domni Hludowici c. 1 — 4. S. 436. 437.

Item alia capitula c. 1 — 13. S. 437. 438.

Finita sunt capitula quae retro in numero sunt scripta.

Es folgen nun die von P. herausgegebenen Kapitel S. 439 bis 444 und hierauf die Volksrechte der salischen Franken, Burgunder, Ribuarier, Alamannen und Baiern.

Die Auswahl der in diese Handschrift aufgenommenen Capitularien ist, wie namentlich aus der Einreihung ganzer Concilienschlüsse hervorgeht, mit überwiegender Rücksichtnahme auf kirchliche Verhältnisse geschehen. Es lag ferner in der Absicht, den Stoff insofern chronologisch zu ordnen, als nach einander die Verordnungen Karls, Ludwigs I., Lothars, Ludwigs II. folgen sollten: hiebei treten aber nicht selten Irrthümer hervor, wie z. B. Karls sogenannte capitula in legem Salicam Ludwig dem Frommen beigelegt worden sind. Die Uebersicht sollte dadurch erleichtert werden, daß die Capitularien Karls in neun, die von Ludwig I. und Lothar in je vier Titeln

---

1) c. 66 — 104 haben in der Handschrift die Zählung I — XXXVIII.
2) Diese Zahl mußte richtiger XXXVIIII. heißen und das ganze Kapitel den Worten Hic finit u. s. w. vorangehen.

recensiert wurden. In der Reihenfolge der Titel der verschiedenen
Legislationen, so wie insbesondere in der Anordnung der in je einem
Titel vereinigten Capitularien ist ein bestimmtes und durchgehendes
Princip nicht erkennbar: weder eine chronologische noch eine systema=
tische Anordnung ist vorherrschend, wiewohl ein Streben nach der
letzteren bisweilen hervortritt. Die Capitularien werden sehr häufig
ohne ersichtlichen Grund zerrissen, der eine Theil diesem, der andere
jenem Titel zugetheilt und oft einzelne Kapitel ausgelassen. Der
ziemlich planlose Charakter der Capitulariensammlung der Blanken=
burger Handschrift mahnt zur Vorsicht, um weder Alles, was in
derselben steht, auch wirklich ohne Weiteres für Capitularien zu hal=
ten, noch aus der hier vorfindlichen Zusammenstellung Schlüsse auf
die echte Gestalt der Capitularien zu ziehen.

9. Handschrift der Bibliothek Chigi in Rom F. IV. 75. sc. X. und Handschrift des Klosters Trinita della Cava bei Salerno sc. XI. in.

§. 15. Eine ähnliche Verwandtschaft, wie sie oben (§. 10.) bei
den beiden Handschriften von Jvrea rücksichtlich der Capitularien her=
vorgehoben ist, besteht auch zwischen den beiden Handschriften von Chigi
und La Cava. Die Verwandtschaft würde, während jetzt die erstere
Handschrift nur Capitularien, die letztere dagegen Edicte und Capitu=
larien enthält, in noch höherem Grade vorhanden sein, wenn der
cod. Madr. bibl. reg. D. 117, welcher die Edicte in einer mit dem
cod. Cavensis ganz übereinstimmenden Weise enthält, in der That
den ersten Theil der Chigischen Handschrift bildete, wie dies die
Archiv VII. 770 ausgesprochene und sehr wahrscheinliche Ansicht von
Pertz ist.[1]) Beide Handschriften sind von Pertz verglichen und theil=
weise Archiv V. 247—262. 308. 309 beschrieben worden. Das

---

1) Auch Merkel war von der großen Wahrscheinlichkeit von Pertzens
Annahme überzeugt. Baudi bi Vesme Ed. reg. Lang. praef. 37. 38 hält
es dagegen für unmöglich, auch nur mit Wahrscheinlichkeit über die von P.
behauptete Zusammengehörigkeit ein Urtheil abzugeben, während Anschütz, kri=
tische Ueberschau IV. 261 sich gegen dieselbe ausgesprochen hat, ohne jedoch
auf die Frage näher einzugehen.

nachfolgende Verzeichniß der Capitularien ist jenen Collationen entnommen:

Die drei von P. als capitula langobardica herausgegebenen Stücke¹) S. 191. 192.

I—XIII.²) Das Capitular Karls von 779 in der sog. langobardischen Recension S. 36—39.

XIIII—XXXIII. Placuit nobis Karolo gloriosissimi regis u. s. w. die beiden Capitularien S. 109—111.

XXXIIII. XXXV. Cap. 1. 2 der sog. cap. in leg. Sal. 803. S. 113.

I—XII. Das Aachener Capitular Karls von 809. c. 1—12.³) S. 155. 156.

XIII—XXXII. Ein langobardisches Capitular unbestimmten Datums. c. 1—20. S. 103—105.

Item al. Kap.⁴) XXXIII. c. 3 eines Capitulars von Ludwig. S. 196.

XXXIIII—XXXVIIII. Karls Zusätze zu den langobardischen Edicten von 801. c. 1. 2. 5—8. S. 83. 84.

XL. XLI. c. 6 und 13 des unbestimmten Capitulars S. 151.

XLII. XLIII. c. 9. 10 der sog. cap. in legem Salicam a. 803. S. 114.

XLIIII. XLV. c. 4. 5 der sog. cap. minora a. 803. S. 115.

XLVI—LII. c. 2—8 der sog. cap. in legem Sal. a. 803. S. 113. 114.

LIII—LXII. c. 4. 6. 8. 9. 11. 12. 15. 17. 20. 22 der sog. capp. minora S. 115.

LXIII. c. 22 des zweiten Dietenhofer Capitulars von 805. S. 134.

LXIIII. Schluß von c. 25 des Cap. missorum Ludwigs von 817. S. 218.

---

1) Im cod. Cav. fehlt hier ein Blatt, so daß nur die letzten Worte des dritten Stückes erhalten sind. 2) Die hier gebrauchten römischen Zahlen geben die in den Handschriften vorfindliche Zählung der Kapitel wieder. 3) Im c. Cav. sind wiederum mit einem ganzen Blatt die 6 letzten Kapitel dieses und das erste Kapitel des folgenden Capitulars ausgefallen. 4) Diese Ueberschrift fehlt im c. Cav.

LXV. c. 3 des Cap. per se scrib. Ludwigs von 817.
S. 214.

I. II. Vorrede und c. 3. 4 des langob. Capitulars v. 801.¹)
S. 83. 84.

III—XVI. Das Capitular von Mantua S. 40. 41.

Vorrede Ludwigs zu dem Capitular S. 195.

I—III. Die c. 9²)—11 des von P. herausgegebenen Capitulars S. 84. 85.

IV—VI. Das Capitular Ludwigs c. 1—3.³) S. 195. 196.

VII—X. Das Capitular ungewissen Datums S. 241.

XI. XII. Zwei andere Kapitel ungewissen Ursprungs S. 196.

XIII—XXVIIII. Ludwigs capp. legibus addenda 1—17. 20. 21.⁴) S. 210—213.

XXX—XXXVI. Ludwigs capp. per se scrib. c. 1. 2. 4 bis 8. S. 214. 215.

XXXVII—XXXVIIII. Hec kap. missi nostri cognita faciant. c. 1—3. S. 146.

I—X. Pippins Capitular S. 40—42.

XI—XXIIII. Pippins Paveser Capitular S. 70. 71.

XXV—XXXVII. Item alia capitula. c. 1—13. 15—17 des Capitulars⁵) S. 46. 47.

I—XIII. Lothars Cap. Olonnense a. 823. c. 1—14.⁶) S. 232—234.

XIIII—XVII. Lothars Capitular von Marengo a. 825. S. 242.

XVIII—XXV. Lothars cap. Olonn. c. 1—5. 8—10. S. 248. 249.

XXVI—XXXII. Item al. kap. c. 1—7. S. 250.

XXXII(!)—XXXV. Capit. Loth. 1—4. S. 251.

XXXVI. c. 18 des Capitulars S. 235.

---

1) Im cod. Cav. ist hier die S. 101—103 befindliche Admonitio angehängt. 2) Im cod. Cav. fehlt c. 9. 3) Im c. Cav. fehlt hier c. 3, weil dasselbe bereits oben als c. XXXIII. der zweiten Abtheilung Aufnahme gefunden hatte. 4) Im cod. Cav. fehlt c. 10. 5) Im cod. Cav. fehlt dieses Capitular an dieser Stelle und bildet dagegen den Schluß sämmtlicher Capitularien Karls. 6) Im cod. Chis. fehlt c. 8, im cod. Cav. dagegen c. 9.

XXXVII—XLVI. Capit. Loth. 5—14. S. 251. 252.
XLVII—LVI. Lothars Capitular ad limina B. Petri a. 824.¹) S. 239. 240.
LVII. Ein Kapitel de decimis. c. 18. S. 111.
I—XIIII. Lothars Paveser Capitular v. 832. c. 1—14. S. 360—362.
XV—XVII. Die drei von P. als Fortsetzung des vorherigen Capitulars herausgegebenen c. 15—17. S. 362.
XVIII—LIIII. Unter der Ueberschrift Item alia capitula die 37 Kapitel, welche P. herausgiebt S. 362—365.
I—XXVI. Ludwigs capp. missorum von 817. c. 1—8. 10. 9. 12—16. 18. 19. 17. 20—28. 29ᵇ· S. 216—218.
XXVII—XXXIII. Capitula comitibus precepta c. 1. 9—11. 13. 14. 16. S. 234. 235.
Item capitula domno loudowigi regis; das eine Kapitel S. 388.

Hiermit schließt die Chigische Handschrift.

Aus der hier gegebenen Ueberficht der Capitularien ist die Absicht des Compilators der in den Handschriften von Chigi und La Cava vorliegenden Sammlung, die Capitularien Karls, Ludwigs, Pippins und Lothars nach einander in einzelnen Büchern zu vereinigen, sehr leicht erkennbar. Die Absicht tritt darin hervor, daß immer eine Reihe von Capitularien je durch fortlaufende Kapitelzählung mit einander verbunden wird: so ergeben sich drei Bücher für die Capitularien Karls, je eins für Ludwig und Pippin, zwei für Lothar. Wenn schon hierdurch der Compilator hat bezwecken wollen, seine Sammlung für den Gerichtsgebrauch möglichst übersichtlich einzurichten, so ist er meines Erachtens durch die gleiche Rücksicht auf den praktischen Gebrauch auch bei der Auswahl der einzelnen Kapitel geleitet worden, da bei näherer Vergleichung der obigen Sammlung mit den echten Capitularien man bemerken wird, daß sehr häufig solche Kapitel ausgelassen worden sind, welche von Anfang an nur eine Vorschrift von einmaliger oder vorübergehender Geltung enthalten sollten oder bald außer Gebrauch kommen mußten. Wenn also

---

1) Mit c. 8. dieses Capitulars bricht der cod. Cav. vollständig ab, so daß die folgenden Stücke nur im cod. Chis. sich finden.

die Tendenz des Sammlers, sein Werk für die Anwendung in den Gerichten möglichst praktisch einzurichten, mehrfach hervortritt, so wird man weder bei Herstellung der ursprünglichen Gestalt der Capitularien den beiden in Rede stehenden Handschriften, wo sie in der Anordnung von andern abweichen, Gewicht beilegen, noch auch die Entstehungszeit der Capitularien aus ihrer Stellung in den Handschriften entnehmen dürfen. Denn ist auch hier die chronologische Anordnung im Ganzen angestrebt, so ist von derselben doch mehrfach sei es absichtlich, sei es unwissentlich abgewichen. Der Text ist übrigens, wo nicht gerade eine Ueberarbeitung beabsichtigt ist, ein im Ganzen unverfälschter.

Fragt man endlich nach der Entstehungszeit der hier vorliegenden Sammlung, so wird darauf zu rücksichtigen sein, daß hier Lothars Verordnung vom Jahre 832 den Schluß bildet, also das Original der Handschriften von Chigi und La Cava vielleicht bald nach jener Zeit entstanden ist. Denn die in der Handschrift von Chigi nach jener Verordnung noch folgenden Stücke sind ganz ohne Zweifel spätere Zusätze des Schreibers der Chigischen Handschrift, welchem am Schluß seiner Abschrift die Handschrift von St. Paul in Kärnthen (oder eine mit dieser identische) in die Hände fiel, und welcher nun aus der St. Pauler Handschrift in der daselbst beobachteten Reihenfolge genau diejenigen Stücke abschrieb, die bisher noch in seinem codex fehlten.[1]) Dieses Verfahren, auf welches bei Besprechung der einzelnen Capitularien noch zurückzukommen sein wird, kann durch Vergleichung der obigen Inhaltsangabe der St. Pauler Handschrift mit der von Chigi als sehr evident beobachtet werden.

10. Die Capitulariensammlung im liber legis Langobardorum.

§. 16. Die soeben besprochene Capitulariensammlung zeigt den Weg an, auf welchem die echten Capitularien in jenen liber legis Langobardorum übergegangen sind, der in seiner wesentlichen Gestalt bereits in der Ausgabe von Muratori vorliegt. Das Rechtsbuch enthielt ursprünglich nach den langobardischen Edicten Kapitel Karls,

---

1) Nur das letzte Kapitel im cod. Chis. stammt aus anderer Quelle.

Pippins, Ludwigs des Frommen, Lothars (nicht Ludwigs II.), Widos und der Ottonen, zu denen später noch die Gesetze Heinrichs II., Konrads und Heinrichs III. zugefügt worden sind. Daß die im cod. Chisianus überlieferte Compilation eine der Hauptgrundlagen für die Anordnung des liber legis Langobardorum abgegeben hat, ist zweifellos: man wird dies schon aus einer Vergleichung der oben (§. 15.) gegebenen Uebersicht mit der Ausgabe von Muratori, noch deutlicher aus der von mir vorbereiteten Ausgabe des liber legis Langobardorum ersehen können. Es ist hier nicht der Ort, Ursprung und Charakter dieses Rechtsbuchs ausführlich zu erörtern: ich werde aber in der folgenden Untersuchung öfters mich auf dasselbe berufen müssen, namentlich deshalb, weil die Capitularien von Wido und dessen Nachfolgern uns nur in diesem Rechtsbuch überliefert worden sind. Deshalb bemerke ich hier nur in der Kürze, daß die Capitulariensammlung des liber legis Langobardorum nach meiner Ansicht etwa im ersten Jahrzehend des eilften Jahrhunderts entstanden und dann durch die Gesetze späterer Kaiser vermehrt worden ist. Sie ist uns in sieben Handschriften erhalten, welche sich in zwei Klassen vertheilen. Zu der ersten zählen die Handschriften von Mailand, London, Florenz und Padua: diese enthalten den reinen Capitularientext und haben im Ausgange des eilften Jahrhunderts das Material zu der systematischen Bearbeitung gegeben, welche man Lombarda nennt. In die zweite Klasse dagegen gehören die drei neueren Handschriften in Paris (früher Verona), Wien und dem herzoglichen Archiv in Modena (cod. Estensis des Muratori): in ihnen ist nicht nur die Anordnung der Kapitel oft verändert, sondern auch ihre Anzahl vermehrt und ihr Text durch die Einfügung von Glossen umgestaltet, durch die Hinzufügung von Formeln für Klagen wie für Acte der freiwilligen Gerichtsbarkeit erläutert worden.[1]

---

[1] So sehr im Großen und Ganzen die Ausführungen in Merkels „Geschichte des Langobardenreichs" durch die Ausgabe des liber legis Langobardorum ihre Bestätigung finden werden, so habe ich doch in Einzelheiten, namentlich in der Beurtheilung der Handschriften, wie aus den obigen Bemerkungen sich ergeben wird, eine andere Ansicht gewonnen, als sie mein verewigter Lehrer in dem genannten Buche ausgesprochen hat. Ich bin aber überzeugt, daß, wenn Merkel selbst an die Ausgabe des liber legis herangetreten wäre und die mir gewordene Einsicht in einzelne Handschriften selbst gewonnen hätte, er seine frühern Ansichten theilweise würde modificiert haben.

Da die Capitulariensammlung im liber legis wegen des Gebrauchs in den Gerichten angefertigt, die ursprüngliche Reihenfolge der Kapitel von dem Sammler nicht selten absichtlich geändert worden ist, endlich auch nicht wenige Kapitel aus Concilienschlüssen und sogar aus langobardischem Gewohnheitsrecht geschöpft sind, so wird jene Sammlung bei der Frage nach der ursprünglichen Gestalt und dem Alter der Capitularien mit noch viel mehr Vorsicht und kritischem Zweifel zu Rathe zu ziehen sein, als irgend eine der früher beschriebenen Handschriften.

Drittes Kapitel.
Die einzelnen im Langobardenreich zur Geltung gekommenen Capitularien.

I. Die gleichmäßig für die Reiche der Franken und Langobarden erlassenen Capitularien Karls des Großen.

1. Das Heristaller Capitular vom Monat März 779, die von Pertz so genannte langobardische Recension desselben und die angeblich im J. 781 für Italien erfolgte Promulgation eines Capitulars. p. 36—39.[1])

§. 17. In einer langen Reihe von Handschriften findet sich an der Spitze der Capitularien ein decretum oder capitulare aus dem Monat März des eilften Regierungsjahres Karls des Großen, der nach dem Zeugniß von Einh. ann. 779 zu jener Zeit sich in Heristall befand. Zu den eilf[2]) Handschriften, deren Benutzung Pertz für den von ihm fränkische Recension genannten Text angiebt, treten noch sieben andere hinzu: cod. Epored. 33 und 34, c. cath. Mutin. D. I. 2, c. Montispessul. 136,[3]) c. Lugd. (Voss.) 119,[4]) c. Ashburnham. (Barrois 214)[5]) und c. Par. Suppl. lat. 164 bis. In zwei andern Handschriften aber, denen der Bibliothek Chigi und

---

1) Alle ohne weiteren Zusatz hier vorkommenden Allegate beziehen sich auf Monum. Germ. Leges I.   2) Die Handschriften unter Nr. 9 und 10 sind identisch. Leg. I. praef. pg. XXXI. Merkel in Pertz, Archiv XI. 595.   3) Diese öfters zu erwähnende Handschrift wird Archiv VII. 742. 788 beschrieben.   4) Archiv VII. 736—740.   5) Ueber diese Handschrift hat gehandelt Pertz in Abhandlungen der Berliner Academie 1857. S. 92 f.

La Cava, erscheint der Prolog und die Kapitel 1 — 13 und 23 in einer Gestalt, die von dem gewöhnlichen Text vielfach abweicht und besonders durch überall eingeschobene Zusätze sich auszeichnet. Dieser veränderte Text scheint auch in der vom Lupus zusammengestellten Gesetzsammlung (§. 9.) Aufnahme gefunden zu haben. Denn in den beiden Handschriften, in welchen uns jene überliefert ist, steht zwar unter den ersten Capitularien die Heristaller Verordnung in ihrer echten Form, dann aber, nach den Gesetzen von Karls Sohne Pippin und unter Nachträgen die ausdrücklich Karl zugeschrieben werden, folgen in jener veränderten Gestalt der Prolog und die sieben ersten Kapitel: hierauf werden jedoch in beiden Handschriften an die Anfangsworte des 8. Kapitels: „de homicidis aut malefactoribus" unmittelbar die Worte des letzten (14.) Kapitels: et ubi non sunt scribantur u. s. w. angeknüpft.[1]) Von dieser veränderten Gestalt hat P. behauptet, daß sie die von Karl dem Großen selbst für das Langobardenreich veröffentlichte Redaction unseres Capitulars enthalte, während er dem gewöhnlichen Text die Bezeichnung „capitulare francicum" beigelegt hat. Diese Annahme hat entschiedenen Widerspruch gefunden bei Baudi di Vesme,[2]) Zweifel erregt bei Merkel,[3]) Zustimmung gefunden bei Stobbe:[4]) Gründe für oder gegen diese Ansicht sind aber bisher meines Wissens nicht vorgebracht worden.[5]) Ich meinerseits halte die Unterscheidung einer amtlichen und von Karl selbst veranlaßten doppelten Recension für nicht gerechtfertigt.

Es muß gewiß beklagt werden, daß P. die Gründe, aus denen er ein Capitular in dieser oder jener Weise zusammengesetzt, diesem oder jenem Jahr zugeschrieben hat, sehr häufig durchaus verschweigt. So hat der genannte Herausgeber auch hier mit keinem Wort angedeutet, was ihn zur Annahme dieser doppelten karlischen Recension

---

1) Merkel im Archiv XI. 602. 608.   2) Vorrede p. XXIV. zu den Edicta regum Langob. Mit Vesme scheint übereinzustimmen Waitz, Verfassungsgeschichte III. S. 304. n. 5.   3) Archiv a. a. O. „in der von Pertz sogenannten langob. Fassung."   4) Geschichte der Rechtsquellen p. 138.   5) Wenn Waitz a. a. O. sagt: „Baudi di Vesme hat gezeigt, daß die von Pertz gemachten Unterscheidungen der capp. francica und langobardica nicht immer Stand halten," so ist dies nur auf das p. 46 herausgegebene Capitular zu beziehen.

bestimmt habe. Wir lesen in dieser Beziehung einfach: Eiusdem capitularis editionem pro regno Langobardorum recens conquisito comparatam hic primum vulgamus, und zwar die hier durch gesperrten Druck ausgezeichneten Worte mit Lettern, die sonst nur zur Wiedergabe handschriftlicher Ueberlieferung gebraucht werden, während jene Worte doch nirgends in den Handschriften Unterstützung finden. Vermuthlich aber war es für P. entscheidend, daß die veränderte Form in Handschriften vorhanden ist, die allerdings zum Gebrauch im Langobardenreich angefertigt worden sind. Dieser für das Urtheil über den veränderten Text gewiß in Betracht zu ziehende Grund berechtigt jedoch nicht zu dem von P. gezogenen Schluß. Denn in andern Handschriften, die nicht minder wie die von La Cava und Chigi auf Italien weisen, nämlich in denen von St. Gallen Nr. 733, von S. Paul in Kärnthen, den beiden von Jvrea, Paris 4613, Blankenburg, Tegernsee, Modena und Gotha, hat überall die s. g. fränkische Recension Aufnahme gefunden. Eben diese ist aber auch, mit Ausnahme der früh veralteten Kapitel 12 und 13, vollständig, und zwar neben den veränderten s. g. langobardischen Kapiteln, in den liber legis Langobardorum übergegangen.

Eine Vergleichung der beiden Texte selbst wird am besten geeignet sein, uns über deren Bedeutung und Entstehung aufzuklären. Da diese Vergleichung in Pertzens Ausgabe sehr erschwert ist, so folgt hier eine Nebeneinanderstellung der in verschiedener Gestalt überlieferten Kapitel unserer Verordnung. Auf der einen Seite steht der gewöhnliche Text, auf der andern der veränderte in der Weise, daß das mit dem gewöhnlichen Text Uebereinstimmende mit graber Schrift, das wesentlich Veränderte und die Zusätze aber mit schräger Schrift gedruckt ist.

Gewöhnlicher Text.   Text der Handschriften von Chigi und La Cava.

Prolog und die Kapitel 1—3 sind in beiden Formen gleichlautend.

4. Ut episcopi de presbiteris diaconibus et clericis infra illorum

4. Ut episcopi de presbiteris diaconibus et clericis infra illorum parrochia *vel de suo ministerio* potesta-

parrochia potestatem habeant secundum canones.

5. Ut episcopi de incestuosis hominibus emendandi licentiam habeant seu et de viduis infra suam parrochiam potestatem habeant ad corrigendum.

6. Ut nulli liceat alterius clericum recipere aut ordinare in aliquo gradu.

7. De decimis: ut unusquisque suam decimam donet, adque per iussionem episcopi dispensentur.

8. Ut homicidas aut caeteros reos, qui legibus mori debent, si ad ecclesiam confugerint, non excusentur neque eis ibidem victus detur.

9. Ut latrones de infra inmunitatem illi iudicis ad comitum placita praesententur.

tem habeant secundum canones *facere.*

5. Ut episcopi de incestuosis hominibus emendandi licentiam habeant seu et de viduis infra suum parrochiam potestatem habeant ad corrigendum. *Et si de ipsis incestuosis aliquis post iudicium episcopi in ipso incestu se iterum miserit, si alodem habuerit, ipso fisco regis recipiat.*

6. Ut nulli liceat alterius clericum recipere et ordinare in aliquo gradu *sine dimissoria sui episcopi de cuius parrochia est.*

7. De decimis: ut unusquisque *homo* sua decima donet et per iussionem *et consilium* episcopi *in cuius parrochia fuerit* dispensentur.

8. De homicidis aut ceteris *malefactoribus*, qui legibus *aut pro pace facienda* morire debent: *nemo eos* ad excusationem *in aecclesia sua introire permittat*, et si *absque voluntate pastoris* ibidem introierit, tunc *ipse in cuius ecclesia est* nullum victum ei donet *nec alio dare permittat.*

9. *De latronibus.* Ut latrones de infra emunitate, illos iudices *et advocati* ad comitum placitum, *quando eis annunciatum fuerit*, praesententur. *Et si dixerit, quod illo latrone presentare non potuisset, iurare debet, quod illos praesentare non potuisset, postquam ei denuntiatum fuerit, nec pro nulla iustitia dilatando illi latroni non consentisset, nec pro causa dila-*

Et qui hoc non fecerit beneficium et honorem perdat. Similiter et vassus noster, si hoc non adimpleverit, beneficium et honorem perdat; et qui beneficium non habuerit, bannum solvat.

10. De eo qui periurium fecerit, nullam redemptionem, nisi manum perdat.

Quod si accusator contendere voluerit de ipso periurio, stent ad crucem. Et si iurator vicerit, legem suam accusator emendet. Haec vero de minoribus causis observandum.

tationis de sua potestate vel de suo ministerio ipsum latronem non iactasset. Et hoc iuret, ut per sua voluntate si potest ipsum latronem presentare debeat ad iustitias faciendum. Et qui hoc non fecerit, beneficium et honorem perdat. Similiter et vassi *dominici ipsum exemplum exinde sustineant. Et qui suprascripto sacramento sine periurio iurare non potuerit, si beneficium habuerit aut actum* per ipsum perdat, et si beneficium non habuerit, bannum *dominicum* solvat.

10. De *periurio. Si quis* periurium fecerit, nulla redemptionem *ei facere liceat*, nisi manum perdat. *Et si ille qui prius illum sacramentum iurat, de illo periurio probatus fuerit et aliquis de suos iuratores dixerit, quod nesciens se periurasset, aut hoc apud iudicium Dei adprobet verum esse aut similiter manum perdat. De cuius causa periurium fecerit, sicut lex loci illius, ubi periurium factum est, a longo tempore fuit, de eorum pretium emendare studeat.*

11. De furto, vel de minoribus causis instituimus: si ille homo cuius causa iurata fuerit, dicere voluerit, quod ille qui iuravit *se sciens* periurasset, stent ad crucem. *Et si ille qui iuravit victus fuerit quod se sciens periurasset, suprascripta sententia subiaceat.* Et si ille qui criminavit alium periurium non approbaverit,

De maioribus vero rebus aut de statu ingenuitatis secundum legem custodiant.

11. De vindicta et iudicio in latrones. Factum testimonium episcoporum absque peccato comitis esse dicunt: ita tamen ut absque invidia aut absque occansione mala et nihil aliud ibi interponatur nisi vera iustitia ad perficiendum.

Cap. 23: De latronibus ita precipimus observandum ut pro prima culpa non moriatur, set oculum perdat; de secunda vero culpa nasus ipsius latronis abscidatur; de tertia vero culpa, si non emendaverit, moriatur.

Fortſetzg. v. cap. 11: Et si per odium aut malo ingenio nisi per iustitiam faciendam hominem diffecerit, honorem suum perdat, et legibus contra quem iniuste fecit, secundum penam quam intulit emendetur.

legem suam *cui periuratum esse dixerit* persolvat. De maioribus vero causis legem, *quam a longo tempore habuerunt*, observentur. ¹)

12. De vindicta et iudicium in latronibus factum. Testimonium episcoporum absque peccato comites facere possint, si ibi nec invidia nec alia occasio mala nec iniusta non interposuerit nisi vera iustitia ad perficiendum *et pacem confirmandum.*

Ut si quis latro de uno furto *probatus fuerit*, unum oculum perdat; et si de duos furtos *probatus fuerit*, oculum perdat et nasum ei capilletur; et si de tres furtos *probatus fuerit*, moriatur. *Et de his duabus furtis unde oculum unum et nasum perdere debet, constituimus, ut dominus servi illius secundum legem cui furta facta fuerint solvere debeat. De tres vero furtis unde morire debetur, mors illius furtas illas excludatur.* Et si *comis sine culpa* per invidia aut iniusta occasione nisi per iustitia *et pacem* faciendam hominem diffecerit, honorem suum perdat et legibus, contra quem iniuste fecit secundum penam quam intulit emendet.

---

1) Der Schluß dieſes Capitels bei Pertz ſteht in keiner der beiden Handſchriften und iſt dem liber legis Langob. entnommen. S. über denſelben §. 49. unter Iª.

12. Capitula vero quae bonae memoriae genitor noster in sua placita constituit et in synodis, conservare volumus.	13. De causa vero quas bonae memoriae genitor noster *Pippinus* in sua placita et sinodos constituit, conservare volumus.
13. De rebus vero ecclesiarum, unde nunc census exeunt, decima et nona cum ipso censu sit soluta; et unde antea non exierunt, similiter nona et decima detur; atque de casatis quinquaginta solidum unum, et de casatis triginta dimidium solidum et de viginti trimisse uno. Et de precariis ubi modo sunt renoventur, et ubi non sunt, scribantur. Et sit discretio inter precarias de verbo nostro factas et inter eas quae spontanea voluntate de ipsis rebus ecclesiarum faciunt.	14. De rebus vero ecclesiarum, quae usque nunc per verbo *domni regis* homines seculares in beneficium habuerunt, ut inantea sic habeant, nisi per verbo *domni regis* ad ipsas ecclesias fuerint revocatas. Et si inde usque nunc ad partem ecclesiae decima et nona exivit, et nunc inantea faciat; et *insuper ad illas ecclesias* de 50. casatos solido uno reddat, de triginta medio solido, de viginti trimisse uno. Et unde usque nunc nullum censum exivit et ipsa res aecclesiae sunt, censeantur, et ubi non sunt scribantur. Et sit discretio inter precarias de verbo *dominico* factas et inter eas quas episcopi et abbates et abbatissae eorum arbitrio vel dispositione faciunt, ut liceat eis quandoquidem eis placuerit, res quas beneficiaverint ad partes ipsius ecclesiae recipere, facientes ut unusquisque homo ad casa Dei in honore Deo fideliter et firmiter deserviat.
Kap. 14—22	fehlen.
Kap. 23	ift oben in Kap. 12 verarbeitet.

Betrachtet man diese beiden Texte so neben einander, so wird man bemerken, daß sie an mehreren Stellen sich nur dadurch unterscheiden, daß, was in der gewöhnlichen Form unbestimmter ausgedrückt ist, in der veränderten präciser und namentlich juristisch genauer gefaßt ist. So z. B. dehnt der Zusatz am Ende von Kap. 8: nec alio dare permittat die dort für den Delinquenten selbst ausgesprochene Strafe auch auf den intellectuellen Theilnehmer aus; die dem cap. 12 zugefügten Worte: Et de his duabus ...... excludatur, entscheiden eine Controverse, die nach dem gewöhnlichen Texte nothwendig entstehen mußte. An zwei Stellen (Kap. 9. 10) bestehen die Zusätze darin, daß Bestimmungen getroffen werden, wie das durch das Capitular mit Strafe bedrohte Verbrechen zu erweisen sei; einmal, wo in dem Capitular über denselben Gegenstand an zwei verschiedenen Stellen (c. 11 u. 23) gehandelt wird, vereinigt der veränderte Text diese beiden getrennten Kapitel zu einem einzigen (c. 12); nur an einer Stelle (c. 5) fügt der veränderte Text eine materiell ganz neue Bestimmung hinzu, die aber auch sonst als geltendes Recht vorkommt. (Vgl. Leges I. p. 121. c. 14. Lex Alam. Hloth. 39, 2. Lex Baiwar. VII. 2.). Ganz besonders aber verdient es Beachtung, daß überall wo Karl in dem Capitular von vassus noster, bannus noster, verbum nostrum spricht, die Form der Handschriften von Chigi und La Cava dies durch „vassi dominici" (c. 9.) „bannus dominicus" (ebendort) und zu drei Malen (c. 14.) durch „verbum domni regis" ersetzt.

Nach diesen Erwägungen wird es durchaus in Abrede zu stellen sein, daß wir es hier mit einer doppelten Karl dem Gr. zuzuschreibenden, gleichzeitig für das fränkische und langobardische Reich verschieden gefaßten Recension des Capitulars zu thun haben. Wie kann man annehmen, daß Karl concinner für das Langobardenreich angeordnet haben sollte, was er in nachlässigerer Fassung für das Frankenreich bestimmt hatte? Wie wäre das Fehlen von Kap. 14—22. in der langobardischen Form zu erklären, die doch, wie oben bemerkt, in das langobardische Rechtsbuch übergegangen sind? Weshalb hätte Karl, da er doch gleichmäßig König der Franken und Langobarden war, in der fränkischen Recension vom „vassus noster" und ähnlich gesprochen, in der langobardischen dagegen durchgehend vom „vassus, bannus dominicus," als ob irgend ein Anderer noch König der Langobarden wäre.[1]) Vielmehr haben wir

---

1) Hätte Karl das Capitular für die Langobarden wirklich in besonderer Form erlassen wollen, so würde er unzweifelhaft nicht das cap. 13, welches

nur ein, für das ganze Reich Karls erlassenes Heristaller Capitular, von welchem einige Kapitel durch langobardische iudices, wahrscheinlich schon vor dem Jahre 830 ¹) mit glossenartigen Zusätzen für den langobardischen Gerichtsgebrauch vermehrt worden sind. Doch haben diese vermehrten Kapitel nicht so allgemeine Aufnahme gefunden, daß sie die entsprechenden echten Kapitel ganz verdrängt hätten.

In seinem Buche De regno Italiae handelt Sigonius bekanntlich auch in Kürze über die langobardische Gesetzgebung und fügt an den betreffenden Stellen, wahrscheinlich aus der Modeneser Handschrift, die Prologe und Inhaltsangaben der einzelnen Legislationen ein. So bemerkt er auch im vierten Buch zum J. 781 Folgendes: Karolus ante natalicia domini Papiam pervenit. Nataliciis inde cum Thoma archiepiscopo celebratis sese ad res regni constituendas convertit ac frequenti sacrorum profanorumque procerum conventu coacto ex eorum sententia leges quae nunc quoque leguntur tulit easque Kalendis Martiis promulgavit: Ut archiepiscopi et episcopi ea iura haberent quae legibus sancta essent, monasteria ea disciplina tenerentur, qua a patribus fuissent obstricta; reliqua inde sunt de homicidiis latrociniis et periuriis puniendis et de iure a comitibus et vassis dominicis benigne reddendo.

Sigonius hat hier offenbar das Heristaller Capitular, dessen zehn erste Kapitel er excerpiert, im Auge. Von einer Bearbeitung und Publication dieses Capitulars im Langobardenreich und i. J. 781 ist aber nirgends in den Quellen etwas bekannt, und da Sigonius keine andern Quellen als die heute noch erhaltenen gehabt zu haben scheint, so beruht wohl jene Angabe auf einer bloßen Vermuthung. Der Umstand, daß das Heristaller Capitular sich unter den langobardischen Gesetzen findet, die Thatsache, daß Karl nach dem Erlaß desselben zuerst im J. 781 Italien betreten hat, endlich, daß auch

---

die Gesetze des ersten Karolingers Pippin bestätigt, aufgenommen haben, da durchaus nicht das ältere fränkische Recht den Langobarden nach Zerstörung ihrer staatlichen Selbständigkeit aufgedrungen worden ist. Im liber legis Langob. ist jenes cap. 13. auch fortgelassen. 1) Für die Frage nach dem Alter dieser Bearbeitung scheint es mir entscheidend, daß dieselbe sich schon in den um 830 entstandenen Sammlungen des Lupus und der Chigischen Handschrift (§. 9. 15.) findet.

Liutprand, Rachis und Aistulf, ihre Gesetze regelmäßig, wie auch Sigonius bemerkt, vom ersten März datierten: dies scheinen die Grundlagen für jene Conjectur gewesen zu sein.¹)

2. Capitulare episcoporum.
p. 39. 40.

§. 18. Dieses auf einer Versammlung von Bischöfen erlassene Capitular, welches außer in den von Pertz benannten Handschriften auch in den beiden von Ivrea steht, ist von Sirmond und nach diesem von Baluze und Pertz dem J. 779 zugeschrieben worden. Wenn die Landescalamität, zu deren Abwendung in dem Capitular Fasten und Opfer angeordnet werden, wirklich mit der Nachricht der annales Laureshamenses vom J. 779: magna fames et mortalitas in Verbindung gebracht werden darf, so würde das Capitular mit größerer Wahrscheinlichkeit in den Beginn des Jahres 780 zu setzen sein, weil die Hungersnoth an jener Stelle der Annalen für den zweiten Theil des J. 779 berichtet wird, das Capitular aber nach seinen Schlußworten vor dem 24. Juni entstanden ist. Uebrigens kehren Misstände, wie die hier erwähnten, im Ausgange des 8. Jahrh. ausweislich der Annalen öfters wieder, so daß die Entstehung dieses Capitulars, welches auch in den Handschriften bald an dieser bald an jener Stelle sich findet, mit ausreichender Sicherheit nicht angegeben werden kann. Es ist aber von Erheblichkeit, darauf hinzuweisen, daß die Chronologie dieses Capitulars nicht völlig fest steht, weil man auf Grund desselben in der Regel annimmt, daß die Silberwährung im fränkischen Reiche zuerst für das Jahr 779 nachweisbar sei.

3. Die Aachener Admonitio und das Legationis edictum des Jahres 789.
p. 53—69.

§. 19. Mit Ausnahme der Handschriften von St. Paul in Kärnthen, des Vaticans, Chigi und La Cava, enthalten alle oben

---

1) Man könnte vielleicht geneigt sein, die Nachricht des Sigonius mit der in den Handschriften von Chigi und La Cava überlieferten Bearbeitung in Verbindung zu bringen. Dagegen würde dann darauf hinzuweisen sein, daß auch als Datum der letzteren nicht das J. 781, sondern ebenfalls 779 genannt wird.

im zweiten Kapitel behandelten italiänischen Handschriften, nebst anderen fränkischen und bairischen das von Pertz als Capitulare ecclesiasticum bezeichnete Capitular. Den sieben Handschriften, die P. anführt, sind noch folgende sieben zuzurechnen: die beiden Ivreer 33. u. 34., die Modeneser, die beiden Pariser 4613 und Suppl. lat. 164 bis., der cod. Monac. lat. 14468 und der c. Lugd. (Voss.) lat. 119. In allen jenen vierzehn Handschriften mit Ausnahme von vieren, der codd. Guelf. inter Helmstad. 496, Guelf. inter Blank. 130. 52., der Wiener Handschrift und des c. Par. Suppl. lat. 164 bis., folgen dem s. g. capit. ecclesiasticum unmittelbar die beiden von P. als cap. monasticum und generale herausgegebenen Capitularien, welche beide allein, ohne das vorangehende capit. ecclesiasticum, im c. Par. Suppl. lat. 75. stehen.[1])

Auf die Frage nach dem Alter dieser Gesetze giebt eine zu diesen selbst gehörige Notiz (L. I. pg. 67.) Auskunft, die von den früheren Herausgebern als Unterschrift des vorangehenden Capitulars betrachtet worden ist, die aber meines Erachtens unzweifelhaft als Ueberschrift des unmittelbar darauf folgenden Capitulars angesehen werden muß. Diese Notiz lautet: „Anno dominicae incarnationis 789..... actum est huius legationis edictum in Aquis palatio publico...." Die Worte „huius legationis edictum" deuten offenbar an, daß die Kapitel, auf welche jene sich beziehen, die Richtschnur oder Instruction der in das Reich ausgesandten Missi sein sollen. Solche Instructionen begegnen uns in der karolingischen Gesetzgebung sehr häufig, und auch die Bezeichnung dieser Instructionen durch legationis capitula oder ähnlich ist eine ganz gewöhnliche, wie aus den von Waitz, Verfassungsgeschichte Bd. III. S. 389. Anm. 4. zusammengetragenen Stellen ersichtlich ist. Daß aber das jener Notiz vorangehende Capitular nicht die Natur einer solchen

---

1) Wie sich aus dem Obigen ergiebt, sagt also Waitz V. G. III. 254 n. 2. sehr mit Unrecht, daß nur in der Amerpach'schen (Tegernseeer) Handschrift die drei Capitularien unmittelbar auf einander folgen. Mit dieser unrichtigen Voraussetzung dürfte sich dann auch der ebendaselbst angeregte Zweifel gegen die bisher angenommene Chronologie des zweiten und dritten Capitulars als unbegründet ergeben.

Instruction hat, kann kaum einem Zweifel unterliegen. Vielmehr enthält dasselbe einen offenen Brief, gerichtet, wie es in der Vorrede heißt „an alle Ordines der Kirche Gottes und alle Würdenträger weltlicher Macht;" Karl selbst nennt es wiederholt (Vorrede, cap. 59.) admonitio, und die Ueberschriften, welche die einzlen Kapitel tragen: „An Alle, an die Bischöfe, an den Klerus, an das Volk" thuen deutlich genug dar, daß dieses Capitular nicht eine der üblichen Gesandteninstructionen sein kann. Vollständig anwendbar ist aber diese Bezeichnung auf die beiden jener Notiz folgenden Capitulare. Hier soll in den kurzen Bestimmungen „De monachis gyrovagis" „De eulogiis" die Aufmerksamkeit der Missi auf gewisse ihnen zur Regelung und Controle eingeschärfte Punkte ebenso hingelenkt werden, wie es in den ähnlichen Instructionen L. I. 97. L. II. 14. geschieht, und ganz deutlich wird der Charakter dieser Capitularien klar aus Bestimmungen wie: „De eo quod missi nostri providere debent." „Ut missi nostri provideant" und namentlich dem letzten Kapitel „Et omnino missis nostris praecipimus" (Cap. generale c. 11. 19. 21.). Aller etwa noch mögliche Zweifel über die Zugehörigkeit jenes Datums wird aber schwinden müssen gegenüber dem handschriftlichen Zeugniß. In den zehn Handschriften, welche jene drei Capitularien in fortlaufender Reihe, bisweilen sogar mit durchgehender Zählung aufweisen, muß es zwar zweifelhaft sein, ob die chronologische Notiz von den Schreibern als Unterschrift oder Ueberschrift angesehen worden ist. Aber gleichwohl bemerkt Wegelin, der die sehr alte Sangallenser Handschrift 733 für die Monumenta Germaniae verglichen, in seiner Beschreibung jenes codex im Archiv V. 306. mit Bezug auf unsre Capitularien: „.... 3., ohne Ueberschrift das Capitular von 789. Baluze S. 209., die Zeitbestimmung ibidem S. 242. scheint in der Handschrift zum Folgenden zu gehören. 4. Capitulare II. anni 789. u. s. w." Namentlich aber werden bei Entscheidung unserer Frage jene Handschriften in Betracht kommen müssen, welche, wie oben bemerkt, entweder nur den Aachener Brief oder nur das legationis edictum enthalten. Von den dreien der ersteren Art hat allerdings eine, die Helmstädter, die Worte „Anno dominicae" u. s. w. gleichwohl als Unterschrift, in den beiden andern dagegen fehlt die chronologische Notiz, nämlich in der Blankenburger, wie Pertz selbst p. 67. Note c. bemerkt, und in der Pariser, wie ausdrücklich in den für die Capitularienausgabe von P. besorgten Handschriftencollationen angemerkt wird. Am schwersten endlich fällt das Zeugniß der andern Pariser Handschrift (Suppl. lat. 75.) ins Gewicht, welche nach Capitularien des Frankenkönigs Pippin nur unser legationis edictum (die sog. cap. monast. u. generale) folgen läßt und zwar mit der Ueberschrift: Anno d. i. 789. actum est huius legationis edictum u. s. w. Dies habe ich nicht nur aus der von P. besorgten Collation dieser Handschrift ersehen, sondern es wird auch ausdrücklich bemerkt von Sirmond und Baluze, die jene jetzt in Paris befindliche Handschrift als cod. S. Vincentii Mettensis benutzt haben. (Vgl. Bal. Cap. II. 1037. 753.)

Demnach fasse ich mein Urtheil über die Aachener Gesetzgebung von 789 dahin zusammen: das von Pertz so genannte capitulare ecclesiasticum ist ein Brief, eine admonitio generalis, eine Ermahnung zu einem den Geboten Gottes und den kanonischen Satzungen gemäßen Leben; die beiden früher monasticum und generale genannten Capitularien sind eine einzige Gesandteninstruction oder nach dem eigenen Ausdruck Karls ein legationis edictum. Das Datum des Edicts, der 23. März 789, ist auch für die admonitio entscheidend, in deren Eingange die Aussendung der Missi als ein dem Erlaß des Briefes gleichzeitiges Ereigniß erwähnt wird. Gegen die Zerlegung des Edicts in zwei Theile spricht die zu der gesammten Instruction gehörige Ueberschrift. Es ist aber allerdings richtig, daß die ersten 16 Kapitel sich ausschließlich auf das Mönchswesen, die folgenden auf allgemeine Verhältnisse beziehen: dies nöthigt aber (ebensowenig wie die Handschriften, welche hier meist fortlaufende Kapitelzählung haben) nicht zu einer auch äußeren Theilung, zumal wir auch im folgenden Abschnitt eine ähnliche Vereinigung kirchlicher und weltlicher Bestimmungen bei einer andern Gesandteninstruction wieder finden werden. In c. 1—14 der Instruction werden die Missi unter Beibehaltung der in der Benedictinerregel selbst beobachteten Anordnung darauf hingewiesen, für Beobachtung der in c. 1. 2. 5. 21. 31. 52. 54. 53. 55. 58. 59. 64. 67 der Benedictinerregel enthaltenen Vorschriften Sorge zu tragen. Wir haben es also hier nicht, wie von diesem und ähnlichen Capitularien ganz regelmäßig

in den Lehrbüchern bemerkt wird, mit einem Rubrikenverzeichniß ver=
loren gegangener Capitularien zu thun, sondern, um mit den Wor=
ten des Ansegis (Appendix 1.) zu reden: mit capitulis tantum
memoriae causa scriptis, hinsichtlich deren es nicht nothwendig
war, totum explere sensum, weil die Benedictinerregel selbst den
Missi, zu welchen für klösterliche Angelegenheiten Aebte bestellt wur=
den, hinlänglich bekannt war.

Wie in einem Theil des legationis edictum die Nachachtung
der Benedictinerregel eingeschärft wird, so werden in der admonitio
c. 1—59 Canones aus Concilienschlüssen und Decretalen auszugs=
weise publicirt. Bei dieser Publication hat aber Karl nicht die
Concilia und Decreta in ihrer echten Gestalt, wie sie Baluze und
Pertz nach Sirmonds Vorgange haben mit abdrucken lassen, benutzt,
sondern vielmehr die von Dionysius exiguus zusammengestellten
und bearbeiteten instituta canonica, wie sie, unwesentlich geändert,
von Hadrian im J. 774 an Karl mitgetheilt und nachher fast aus=
schließlich als corpus iuris canonici im fränkischen Reich gebraucht
worden sind. Eine Vergleichung der admonitio mit der dionysisch=
hadrianischen Sammlung einerseits und mit den ursprünglichen Con=
cilien und Decretalen andrerseits stellt, wie übrigens schon früher
erkannt worden ist, die hier erfolgte Benutzung jener Sammlung
außer Zweifel. Uebrigens aber erscheint mir der vollständige Abdruck
selbst der richtigen Quellenbelege, durch welchen die Ausgabe der
admonitio zu dem Doppelten ihres wirklichen Umfangs anschwillt,
kaum von irgend welchem Nutzen. Sirmond hatte die Quellen nur
deshalb den einzelnen Kapiteln der admonitio angehängt, weil er der
durch nichts begründeten Ansicht war, daß auch Karl die entspre=
chenden echten canones gleichzeitig hätte publiciren lassen. Da aber
Baluze und Pertz diese Ansicht nicht theilten, so lag für sie auch
kein genügender Grund vor, Sirmonds Verfahren zu befolgen,
zumal sie in ähnlichen andern Fällen nie auf die Quellen zurück=
gegangen sind.

Was schließlich die im cod. Par. 4613. dem legationis edictum angehängten langobardischen Kapitel p. 69. angeht, so stehen
sie mit diesem selbst in keiner Beziehung. Ueber ihren Ursprung
weiß ich nichts Gewisses zu sagen.

4. **Die Reichsgesetzgebung der Jahre 802. und 803.**
p. 90 — 118.

§. 20. Wie die Gesetzgebung des Jahres 789 wohl in Beziehung gebracht werden darf zu Karls in den Jahren 786 und 787 nach Italien unternommenem Zuge, so scheint auch die am Weihnachtstage des Jahres 800 vollzogene Kaiserkrönung den Anstoß gegeben zu haben zu neuen legislatorischen Acten. Der letztere Zusammenhang läßt sich auch aus dem Bericht Einhards erkennen, der in der Vita Karoli cap. 29. erzählt: „Als Karl nach Annahme des kaiserlichen Namens bemerkte, daß den Gesetzen seines Volkes — denn die Franken haben zwei meist sehr von einander abweichende Gesetze — vieles fehle, so gedachte er das Fehlende hinzuzufügen, das sich Widersprechende in Einklang zu bringen, das falsch und verkehrt Festgesetzte zu bessern; doch wurde in dieser Beziehung nichts Anderes von ihm ausgeführt, als daß er wenige Kapitel und noch dazu ohne Abschluß den Gesetzen hinzufügte. Wo aber bei den unter seiner Herrschaft befindlichen Stämmen das Recht noch ungeschrieben war, da ließ er es festsetzen und schriftlich niederlegen." Auf welche Weise, in welchen Jahren und auf welchen Versammlungen Karl diese Reformen vollzog, darüber gehen die Quellen sehr auseinander. Am glaubwürdigsten aber erscheinen die auch sonst für diese Zeit sehr zuverlässigen annales Laureshamenses, die klar und geordnet erzählen, was andre Annalisten durcheinander werfen, und die namentlich genau unterscheiden, was vom Kaiser allein angeordnet, was unter Zuziehung der Weltgeistlichkeit, was mit der Klostergeistlichkeit, was mit den Laien berathen und festgesetzt worden. Alles was der Kaiser in jener Zeit für die Befestigung eines gesetzlichen Zustandes gethan, wird hier in das Jahr 802 gesetzt und wie folgt berichtet (Scriptores I. 38.): Eo anno demoravit domnus Caesar Carolus apud Aquis palatium quietus cum Francis sine hoste; sed recordatus misericordiae suae de pauperibus qui in regno suo erant et iustitias suas pleniter abere non poterant, noluit de infra palatio pauperiores vassos suos transmittere ad iusticias faciendum propter munera, sed elegit in regno suo archiepiscopos et reliquos episcopos et abbates cum ducibus et comitibus qui iam opus non abebant super innocentes munera accipere, et ipsos misit per universum regnum suum ut ecclesiis viduis et orfanis et pauperibus et cuncto populo iustitiam facerent."

Der Bericht zeigt, namentlich durch eine Vergleichung mit der weiter unten folgenden Fortsetzung, daß die hier erwähnten Missi nicht in einer Versammlung des Volks oder der Großen sondern allein vom Kaiser ausgesendet worden sind: man wird vermuthen dürfen, daß auch diesen Sendboten eine Instruction mitgegeben worden sei. Diese Instruction hat auch Baluze richtig erkannt in vierzig im cod. Par. 4613. enthaltenen Kapiteln (Baluze I. 363. — Pertz I. 91.), von denen man nicht ohne große Wahrscheinlichkeit vermuthen darf, daß sie auch dem Verfasser der ann. Laouresh. vorgelegen haben, wie aus einer Vergleichung der oben ausgezogenen Stelle mit dem folgenden cap. 1. zu schließen ist: Serenissimus igitur et christianissimus domnus imperator Karolus elegit ex optimatibus suis prudentissimis et sapientissimis, tam archiepiscopis quam et reliquis episcopis simulque et abbates venerabiles laicosque religiosos et direxit in universum regnum suum .... ita ut .... sive in sanctis ecclesiis Dei vel etiam pauperibus pupillis et viduis atque cuncto populo legem pleniter adque iustitiam exhiberent."

Wie oben in den Annalen,[1] so ist auch in diesem ganzen Capitular von einer Versammlung, in welcher diese Instruction entstanden sein könnte, nirgends die Rede. Der Kaiser allein erläßt sie und verlangt von den Missi die Berichterstattung über die in der Instruction angegebenen Punkte, wenn in c. 1. berichtet wird: imperator ... missos .... direxit in universum regnum suum et per eos cunctis subsequentibus secundum regulam vivere concessit. Ubi autem aliter quam recte et iuste in lege aliquit esse constitutum, hoc diligentissimo animo exquirere iussit et sibi innotescere, und wenn hiemit in Uebereinstimmung der Kaiser c. 40.

---

[1] Auf den Zusammenhang des Capitulars mit jener Stelle der Annalen hat bereits Waitz V. G. III. 286. hingewiesen, auch die Eigenschaft desselben als Gesandteninstruction richtig erkannt.

verordnet: Novissime igitur ex omnibus decretis nostris nosse cupimus in universo regno nostro per ¹) missos nostros nunc directos, qualiter unusquisque .... und ebendort: Similiter et de comitibus vel centenariis ministerialibus nostris inter nos omnia supradicta nosse cupimus."

Aber auch daß in den folgenden Worten des cap. 2.: Precepitque ut omni homo in toto regno suo .... qui antea fidelitate sibi regis nomine promisissent, nunc ipsum promissum nominis ²) Cesaris faciant, die Ableistung des Fidelitätseides von Neuem vorgeschrieben wird, findet in den Geschichtsquellen jener Zeit ihre Bestätigung, indem die ann. Guelferbytani berichten: Karolus imperator perrexit in Francia usque ad Aquas et ibi plaidavit et inde transmisit missos suos super omnia regna sua iusticias faciendas et iurare fecerunt omnes liberi ad suam iusticiam." ³)

Auf Grund der annales Lauresham. wird man das besprochene Capitular mit Recht, wie auch von P. geschehen, dem Frühjahr des Jahres 802 zuschreiben dürfen. Es besteht übrigens, wie deutlich zu erkennen, aus drei verschiedenen Bestandtheilen. Die ersten neun Kapitel erscheinen als ein historischer Bericht: der Kaiser befiehlt hier nicht selbst, von ihm wird vielmehr überall in der dritten Person gesprochen. Das Folgende enthält die eigentlichen den Missi übergebenen decreta des Kaisers: sie berühren in cap. 10—24. die Angelegenheiten des Klerus, in c. 25—39. die der Laien; c. 40. ist ein Epilog zu c. 10—39.

---

1) So etwa ist im Einklange mit c. 1. das fehlerhafte et zu emendieren. 2) So, oder nomine, ist natürlich das fehlerhafte hominis der Handschrift zu verbessern. 3) Die ann. Guelf. schreiben diese ganze Notiz z. J. 801; ähnlich bemerken die ann. S. Amandi z. J. 802: „Carlus imperator ad Aquis palatium concilium habuit ut ei omnes generaliter fidelitatem iurarent monachi canonici; ita et fecerunt." In beiden Annalen wird aber die Aussendung der Missi zur Abnahme des Fidelitätseides gegen die Nachricht der ann. Lauresham. und im Widerspruch mit der Gesandteninstruction in Verbindung gebracht mit der nachher abgehaltenen Volksversammlung, und in den ann. Guelf. wird überdies alles einem falschen Jahre zugeschrieben. Die Verwirrung in den ann. Guelf. kann aber schon daraus erkannt werden, daß in ihnen zum Jahre 802 gar nichts, weder von Reichstagen noch von Zusätzen zu den Volksrechten, bemerkt wird.

Mit der Aussendung der Missi kann in Zusammenhang gebracht werden die auch im cod. Par. 4613. unmittelbar folgende von Pertz f. g. „Admonitio generalis" p. 101. Es leuchtet indeß ein, daß, was P. als Rubrik gegeben, bereits den Anfang der admonitio bildet, welcher so lautet:

„Ammonitionem domni Caroli imperatori(s) audite, fratres „dilectissimi!"

Die hierauf folgenden Worte aber: „Pro salute vestra huc missi sumus, ut admoneamus vos" thun wohl sattsam dar, daß wir es hier nicht mit einer „Rede des Kaisers, in welcher er beim Reichstagsschluß die Großen nach Hause gehen heißt," zu thun haben, wie P. glaubt,[1]) sondern vielmehr mit der Rede eines Missus an eine vielleicht zu einem Provincialconcil versammelte Gemeinde. Die Rede ist offenbar von einem Geistlichen und vollständig im Predigtton gehalten. Sie ist natürlich historisch interessant, gehört aber doch kaum in eine Capitulariensammlung.

Die L. I. p. 97—99. herausgegebenen Kapitel sind specielle Instructionen für einzelne in gallische Districte ausgesandte Missi und dürften mit Rücksicht auf cap. 1. von P. richtig ebenfalls dem Anfange des Jahres 802 zugeschrieben worden sein.

Wir kehren zu den annales Laureshamenses zurück, die nach den oben wiedergegebenen Worten also fortfahren: Et mense Octimbrio congregavit universalem synodum in iam nominato loco et ibi fecit episcopos cum presbyteris seu diaconibus relegi universos canones quas sanctus synodus recepit et decreta pontificum et pleniter iussit eos tradi coram omnibus episcopis presbyteris et diaconibus. Similiter in ipso synodo congregavit universos abbates et monachos qui ibi aderant et ipsi inter se conventum faciebant et legerunt regulam sancti Benedicti et eam tradiderunt sapientes in conspectu abbatum et monachorum; et tunc iussio eius generaliter super omnes episcopos abbates presbyteros diacones seu universo clero facta est, ut unusquisque in loco suo iuxta constitutionem

---

1) Diese Auffassung hat bereits Dönniges, deutsches Staatsrecht p. 73. . als eine unrichtige bezeichnet.

sanctorum patrum sive in episcopatibus seu in monasteriis aut per universas sanctas ecclesias, ut canonici iuxta canones viverent et quicquid in clero aut in populo de culpis aut de neglegentiis apparuerit iuxta canonum auctoritate emendassent, et quicquid in monasteriis [1]) seu in monachis contra regula sancti Benedicti factum fuisset, hoc ipsud iuxta ipsam regulam sancti Benedicti emendare fecissent.

Kürzer heißt es in den ann. Juvav. maiores (Scr. I. p. 87. III. 122.): Carolus imperator synodum examinationis episcoporum et clericorum fecit in Aquis palatio mense Novembrio. [2])

Daß dieser Versammlung der Kleriker die von P. unter dem Namen „Capitulare generale" und „Capitula examinationis generalis" zusammengefaßten Kapitel (L. I. 106. 107.) ihre Entstehung verdanken, erscheint ziemlich wahrscheinlich, während dagegen die als „capitula de doctrina clericorum" und „excerpta canonum" bezeichneten Fragmente und Bemerkungen (L. I. 107—109.) ihrer Entstehung nach durchaus ungewiß bleiben. In italische Handschriften ist von allen diesen auf die Ordnung der kirchlichen Angelegenheiten bezüglichen Bestimmungen nichts übergangen.

Aber nicht der Ordnung der kirchlichen Angelegenheiten allein, auch der Verbesserung der weltlichen Gesetzgebung hatte Karl in jenem Jahre seine Thätigkeit zugewendet, worüber die annales

---

1) Ich möchte hier die Emendation „monastriis" (Nonnen) vorschlagen: dies Wort würde nicht nur besser zu den coordinierten monachi passen, sondern auch mit dem Nachsatz besser im Einklange stehen. Die Klöster können nicht wohl als die zu rectificierenden Delinquenten gedacht werden, wohl aber Nonnen und Mönche. 2) Diese Notiz wird in den Annalen z. J. 801 gesetzt und dann fortgefahren: „et alium mense Aprilio ita .... fa .... c.. (die von P. vorgeschlagene Ergänzung italicum factum est findet anderweit in den Quellen keine Rechtfertigung) tertium synodum fecit mense Martio." Wollte man diese Worte des Annalisten so verstehen, daß die erste Synode dem November 801, die zweite dem April 802, die dritte dem März 803 zuzuschreiben wäre, so würde dies alles den viel glaubwürdigern ann. Laureshamensis zuwiderlaufen; auch stünde den so verstandenen Worten der Salzburger Annalen entgegen, daß hier die berühmte Synode von October 802 ganz übergangen wäre. Vermuthlich aber hat der Annalist an diese bei der dem November zugeschriebenen Synode gedacht, die ganze Notiz aber zu einer unrichtigen Jahrzahl gesetzt.

Laureshamenses fortfahrend berichten: Sed et ipse imperator, interim quod ipsum synodum factum est, congregavit duces comites et reliquo christiano populo cum legislatoribus et fecit omnes leges suas in regno suo legi et tradi unicuique homini legem suam et emendare, ubicumque necesse fuit, et emendatam legem scribere, et ut iudices per scriptum iudicassent et munera non accepissent, sed omnes homines pauperes et divites in regno suo iustitiam habuissent. Auf die hier erwähnten Bestrebungen Karls sind auch die oben mitgetheilten Worte aus Einhards Karoli vita zu beziehen.

Es gilt in der Regel als ausgemacht, daß auf der von dem Annalisten erwähnten Laienversammlung die sogenannten „Capitula in lege Salica" und die „capitula in lege Ribuaria mittenda" entstanden seien. Meiner Ansicht nach unterliegt sowohl diese Annahme, wie theilweise auch die Richtigkeit der Bezeichnung jener Kapitel begründeten Zweifeln.

Die s. g. capitula in legem Salicam sind in so vielen, sowohl dem fränkischen, wie langobardischen als auch bairischen Recht angehörigen Handschriften erhalten, wie kein andres Capitular. Zu den 23 von P. aufgeführten [1]) und den Handschriften des liber legis Langob. treten noch die folgenden zehn: die vier fränkisch-rechtlichen cod. Montispessulanus 136. (Archiv VII. 741.), Lugdun. 119. (ebendas. S. 736.) Middlehill. 566. (ebendas. S. 746.) Ashburnhamensis-Barrois 214. (Pertz in d. Verhandlungen der Berliner Akademie. Jahrg. 1857. S. 88.); die drei bairischen codd. Monac. lat. 19415. 5260. 3519. (Archiv XI. 556—563) und die drei langobardischrechtlichen Epored. 33 und 34., Mutin. Ord. I. 2. — Verhältnißmäßig seltener sind die Capitula in legem Ribuariam überliefert: nämlich in einem nur ribuarischen cod. Vatic. inter Palat. 773., in zweien, die gleichmäßig salisches und ribuarisches Recht enthalten, cod. Paris. 4629. und inter suppl. lat. 75., in einer salischen, cod. Middlehill. 566 und in drei italischen, den beiden von Jvrea und der von Tegernsee. Außerdem sind capp. 3. 4.

---

1) Von dem bei P. angeführten cod. von St. Paul in Kärnthen ist zu bemerken, daß derselbe nur die ersten fünf Kapitel und zwar am Schluß der Sammlung von 92 Kapiteln enthält. (Vgl. o. §. 8.)

noch in der Handschrift von St. Paul in Kärnthen, cap. 5. in der von Blankenburg (vgl. indeß auch §. 50. n. 9.), endlich die capp. 2. 10. 11. in den drei zuvorbenannten bairischen.

Das Entstehungsjahr haben für das sog. salische Capitular fünf Handschriften überliefert: cod. Par. 4995: In Christi nomine incipiunt capitula legis imperatoris Karoli nuper inventa anno tertio clementissimi domni nostri Karoli Augusti. Sub [1]) ipso u. s. w., ferner die codd. Par. 4760. 4626. Suppl. lat. 164. bis. Sangall. 728 ziemlich übereinstimmend: Incipit capitula quae in lege Salica domnus Augustus Karolus anno ab incarnatione domini nostri Iesu Christi 803., imperii vero sui anno tertio praeponendo addere iussit." Zu den ribuarischen Kapiteln dagegen wird im cod. Par. Suppl. lat. 75. [2]) bemerkt: Hoc fuit datum ad Aquis in tercio anno imperii domni Karoli Augusti, quando ibi synodus magna fuit. Alle übrigen Handschriften enthalten keine Jahrzahl, aber doch auch nichts, was jenen chronologischen Notizen entgegen wäre.

Nach diesen übereinstimmenden handschriftlichen Ueberlieferungen kann nicht bezweifelt werden, daß die beiden in Rede stehenden Capitularien erst im Jahre 803 erlassen sind. Doch steht dieser Annahme scheinbar entgegen nicht nur die mitgetheilte Stelle der Lorscher Annalen, welche auf das J. 802 weisen, sondern auch der Umstand, daß in den Annalen überall nur eine allgemeine Volksversammlung des J. 803, nämlich die am 24. Juni zu Mainz abgehaltene, erwähnt wird, vor welcher das s. g. salische Capitular unzweifelhaft schon erlassen war. [3]) Von einer dritten, zwischen der Aachener Synode vom October 802 und der Mainzer vom Johannistage 803 abgehaltenen Volksversammlung steht nichts Gewisses

---

1) So muß m. E. die Interpunction gegen P. angenommen werden.
2) Der von Baluze benutzte cod. Mettensis, von dem P. bemerkt, daß er die gleiche Inschrift enthalte, ist mit dem oben genannten Pariser codex identisch. Vgl. oben S. 57. Anm. 2.   3) Dies erhellt aus einer Vergleichung von cap. 19. (p. 115.) „Ut populus interrogetur de capitulis quae in lege noviter addita sunt" mit cap. 29. daselbst: „8. Kal. Iulias ad Mogontiam sive a Cavillonio generale placitum nostrum habere volumus."

feft,¹) und es scheint auch kaum glaublich, daß innerhalb eines Zeit=
raums von acht Monaten drei allgemeine Versammlungen des Volks
sollten gehalten worden sein. Diesen scheinbaren Widerspruch zwi=
schen den Annalen und den Ueberschriften der Capitularien hat
Baluze ²) unter Zustimmung Eichhorns ³) durch die Annahme zu
heben gesucht, jene im October 802 zusammengetretene Versammlung
habe mehrere Monate hindurch gedauert und sich bis in den Beginn
des J. 803 hingezogen. Diese Vermuthung ist jedoch weder aus
den Annalen zu begründen, noch überhaupt wahrscheinlich, da man
kaum glauben kann, daß das Volk aus dem gesammten Reiche der
Franken den ganzen Winter hindurch in Aachen sollte versammelt
gewesen sein. Waitz ⁴) dagegen schreibt unsere Capitulare einfach
dem Jahre 802 zu, indem er die Nachrichten der Capitularhand=
schriften für unerheblich erachtet: dies heißt den Knoten zerhauen,
nicht lösen. Pertz u. A. haben diese Frage entweder unberührt oder
unentschieden gelassen.

    Das Richtige scheint sich mir aus dem Folgenden zu ergeben.
Da es feststeht, daß unsre Capitularien schon vor der Mainzer
Versammlung d. J. 803 abgefaßt waren, ⁵) da es ebenso feststeht,
daß außer dieser keine andre Volksversammlung im J. 803 abge=
halten worden, so steht auch fest, daß die Capitularien überhaupt
nicht in einer Volksversammlung, sondern auf andere Art entstanden
sind. Und zwar scheint mir bei Erwägung aller hier in Betracht
zu ziehenden Umstände folgende Entstehungsart die wahrscheinlichste.
Viele und gewichtige waren die vom Kaiser den Versammlun=
gen der Kleriker und Laien im October des J. 802 zur Berathung
vorgelegten Gegenstände gewesen: daß diese Berathungen hier zu
Ende geführt worden seien, läßt sich kaum annehmen, zumal es
gewiß sehr bald nach Eröffnung der Versammlung nöthig wurde,
des beginnenden Winters wegen das Volk wieder nach Hause zu

---

    1) Wie oben bemerkt, berichten die Salzburger Annalen allerdings „ter-
tium synodum fecit mense Martio," was in dem dortigen Zusammenhange
auf das J. 803 zu zielen scheint: doch ist bereits auf die hinsichtlich der
Chronologie an jener Stelle herrschende Verwirrung hingewiesen. 2) Capit.
reg. Franc. II. 1059.   3) Rechtsgeschichte B. 1. §. 143. Anm. S. 567.
in der 5. Auflage.   4) Verfassungsgeschichte III. 285.   5) Vgl. oben
S. 77. Anm. 3.

entlaſſen. Nach Auflöſung des Reichstages aber ſcheint der Kaiſer mit ſeinen consiliarii und den vom Lorſcher Annaliſten erwähnten sapientes und legislatores das begonnene Werk in ſeinem consilium fortgeſetzt und unſre beiden Capitularien im Beginn des J. 803 zum Abſchluß gebracht zu haben. Dieſe meine Vermuthung findet eine ſehr weſentliche Unterſtützung in der im cod. Paris. 4613. enthaltenen Ueberſchrift des ſog. ſaliſchen Capitulars: Haec sunt capitula quae domnus Karolus magnus imperator iussit scribere in consilio suo. Es wird aber auch durch die Annahme von der Entſtehung der beiden Capitularien nicht in der Volksverſammlung, ſondern im Rath des Kaiſers, erklärlich, wenn mit Bezug auf das ſ. g. ſaliſche Capitular von Karl angeordnet wird (p. 115. cap. 19.): Ut populus interrogetur de capitulis quae in lege noviter addita sunt, wenn dem Missus Stephanus, ebenſo auch gewiß andern Missi, dieſelben Kapitel „zugewieſen werden behufs Bekanntmachung auf der Pariſer Provincialverſammlung" und wenn endlich dieſe Kapitel auf derſelben Verſammlung unterzeichnet werden von allen Schöffen, Biſchöfen, Aebten und Grafen. (Vgl. Leg. I. p. 112. Vorrede aus cod. Par. 4995.) Denn wenn das Capitular nicht im consilium des Kaiſers, ſondern auf einer allgemeinen Volksverſammlung entſtanden wäre, welcher Grund hätte dann wohl vorgelegen, die Zuſtimmung des Volks, namentlich aber die Unterſchrift aller Grafen und Biſchöfe, die doch ſicherlich auf einer Volksverſammlung oder einem Reichstage hätten anweſend ſein müſſen, nochmals zu erfordern? Deuten ſo eine Reihe von Indicien und ein klares handſchriftliches Zeugniß auf die von mir beſchriebene Entſtehung unſerer Capitularien hin, ſo ſteht andrerſeits meiner Annahme weder der Text der Capitularien, noch die Ueberlieferung der Annalen, noch auch die oben erwähnte Ueberſchrift zu den capp. in legem Ribuariam entgegen, die, wie aus ihrem Wortlaut erhellt, nicht von einem Zeitgenoſſen der Entſtehung, ſondern einem ſpätern Schreiber zugefügt iſt, der die richtige Jahrzahl auf den ſehr bald zu einer gewiſſen Berühmtheit gelangten Aachener Reichstag d. J. 802 nicht ganz genau bezog: Hoc fuit datum ad Aquis .... quando ibi synodus magna fuit."

Wir kommen zu einer andern Frage: ob nämlich unſere Capitularien nur Zuſätze zur lex Salica und Ribuaria enthalten ſollten,

ober ob fie vielleicht eine allgemeinere Bestimmung hatten. Aller=
dings trägt das fog. falische Capitular in sehr vielen und zwar
nicht blos fränkischrechtlichen Handschriften die Ueberschrift „Capitula
in legem salicam mittenda" oder eine ähnliche.[1]) Die Echtheit
dieser Ueberschrift wird aber durch mehrere Umstände in Frage
gestellt. Zunächst weisen die Handschriften das Capitular nicht nur in
Verbindung mit der lex Salica, sondern auch mit andern Gesetzen
auf. Sodann stehen die in demselben behandelten Materien in gar
keinem innern Zusammenhang mit dem Inhalt der lex Salica; daß
im cap. 9. nach den Worten excepta freda noch besonders zugesetzt
wird „quae in lege saliga scripta sunt," würde eher darauf deu=
ten, daß unser Capitular noch zu andern Rechten als dem falischen
einen Zusatz bilden sollte. Ferner allegiert Karl selbst wiederholt
unser Capitular, aber mit Worten, die jene in so vielen Handschrif=
ten überlieferte Ueberschrift nicht bestätigen. So lesen wir p. 115.
in der bereits angeführten Stelle: Ut populus interrogetur de
capitulis quae in lege noviter addita sunt, was auf unser f. g.
falisches Capitular allgemein mit Recht bezogen wird, da es in 32
von den 33 Handschriften den f. g. capitula minora, zu denen das
eben angeführte gehört, unmittelbar vorhergeht. Karl schreibt aber
auch ferner an seinen Sohn Pippin, den König von Italien, wie
folgt (Leg. I. p. 150.): Audivimus etiam, quod quaedam capitula quae in lege scribi iussimus per aliqua loca aliqui
ex nostris ac vestris dicunt, quod nos nequaquam illis hanc
causam ad notitiam per nosmetipsos condictam habeamus, et
ideo nolunt ea obedire nec consentire neque pro lege tenere."
Daß auch an dieser Stelle auf die angeblichen „capitula in legem

---

1) Eine Ueberschrift dieser Art enthalten die Pariser Handschriften 4629.
4404. 4758. 4626. 4632. 4760. 4628. 4628. A. Suppl. lat. 75 und 164 bis.,
cod. Montisp. 136. Sang. 728. Guelferb. inter Gudian. 299. Guelf. inter August. 50. und cod. Ashburnham., die sämmtlich in den Bereich des salischen
Rechts fallen; ferner der ribuarischrechtliche cod. Vat. Pal. 773., die bairi=
schen Monac. 3519. 5260. und die italischen von Ivrea n. 23. (mit dem
vermuthlich n. 34. übereinstimmt) Gotha, Modena und Blankenburg. Cod.
Par. 4995. hat eine doppelte, weiterhin neben anderen zu erörternde Ueber=
schrift; die Handschrift von La Cava, Chigi, St. Paul in Kärnthen und
Mon. 19415. entbehren hier der Rubrik.

salicam" gezielt wird, geht daraus hervor, daß in demselben Briefe und im Zusammenhange mit den vorerwähnten Worten das erste Kapitel unseres Capitulars allegiert und für Italien abgeändert wird.[1]) Wir sehen also, daß an diesen Stellen Karl selbst die fraglichen Kapitel nicht „in legem salicam mittenda," sondern „in lege addita" „in lege scripta" nennt, und es darf auch nicht etwa behauptet werden, daß hier nach „lege" das Wort „salica" zu ergänzen sei, da die lex Salica weder das Hauptrecht im Frankenreich, noch Karls eignes Recht war, der ja vielmehr nach ribuarischem Recht lebte, und da überdies eine solche Ergänzung ebenso unstatthaft erscheint in Kapiteln, welche den in das gesammte Reich ausgesendeten Missi (pag. 115. cap. 23. 29.) übergeben wurden, wie in einem Briefe, der an den König der Langobarden gerichtet war.

Den letzten Grund endlich gegen jene übliche Bezeichnung geben mehrere in Handschriften überlieferte Auf= und Unterschriften unseres Capitulars ab. So finden wir in der italischen Handschrift von Kloster Tegernsee, wie aus Amerpachs über dieser Handschrift entstandenen Capitularienausgabe p. 55. zu ersehen, die mit Karls eigener Bezeichnung übereinstimmende Rubrik: Capitula quae ad legem data sunt. Die demselben Kreise angehörigen Handschriften von Gotha und Modena ferner schreiben dem in einem Anhange wiederholten, ersten unserer Kapitel vor: Haec capitula quae domnus Karolus imperator instituit. Der ebenfalls Italien zugehörige cod. Paris. 4613. sodann, von dem wir schon oben gesehen haben, daß er die Entstehung unseres Capitulars richtig andeutet, giebt die Rubrik (L. I. 113. praefat.): Haec sunt capitula quae domnus Karolus magnus imperator iussit scribere in consilio suo et iussit ea ponere **inter alias leges**, womit durchaus im Einklange steht die Unterschrift des salischrechtlichen cod. Sangall. 728. (L. I. p. 114. not. .o.):

„**Ista XI. capitula ad omnibus legibus mittenda sunt.**"

---

1) l. c.: „De episcopis et sacerdotibus occisis sicut statutum habuimus et de reliquis quibuslibet causis. Verumtamen de presbiteris videtur nobis u. s. w."

Wie aber diese Kapitel ursprünglich genannt, und wie sie nachher auch die Bezeichnung „in legem salicam mittenda" erhalten, dies zeigt vortrefflich jene wahrhaft kostbare, im cod. Par. 4995. erhaltene und unserm Capitular vorgeschriebene Notiz. (L. I. p. 112. praef.). Denn im Eingange wird hier zunächst die ursprüngliche Bezeichnung vorangestellt: „In Christi nomine incipiunt capitula legis imperatoris Karoli." Alsdann wird erzählt, wie diese Kapitel dem in den Pariser Gau ausgesendeten Grafen Stephanus zugewiesen und von diesem an öffentlicher Gerichtsstätte publiciert und als ein integrierender Bestandtheil der dort herrschenden lex Salica vom Volk angenommen worden seien, sodaß nun jener Eingangs angeführten allgemeinen Rubrik die besondere folgen konnte: Capitula quae in legem salicam mittenda sunt.

Daß diese Kapitel früher von dem nach salischem Recht lebenden Volke als von andern Stämmen angenommen worden sind, darf, wenn man zumal an den dem salischen Gebiet ziemlich nahe gelegenen Entstehungsort des Capitulars, an Aachen, denkt, nicht Wunder nehmen, und hieraus ist es auch vielleicht zu erklären, daß die Ueberschrift „capitula in legem Salicam mittenda" auch in andere Gesetzeshandschriften übergegangen ist, deren Schreiber einen der zahlreichen salischen codices als Originale vor sich hatten. [1]

Den von mir vorgebrachten Argumenten, welche meine Ansicht, wie mir scheint, in evidenter Weise als richtig darthun, steht indeß, wie zum Schluß nicht verschwiegen werden soll, die im Eingange dieses Abschnitts angeführte Stelle aus der Einhardi vita Karoli entgegen. Der oben mitgetheilte Zusammenhang, in welchem Einhard von der legislatorischen Thätigkeit Karls nach der Kaiserkrönung berichtet: „pauca capitula et ea imperfecta legibus addidit," macht es unzweifelhaft, daß Einhard der Meinung war, die beiden Capitularia in legem und in legem Ribuariam mittenda seien nur den beiden von ihm kurz vorher erwähnten Gesetzen, nach welchen die Franken lebten, also dem salischen und ribuarischen, zugefügt. Aber wenn wir an das von Ranke in den Verhandlungen

---

[1] Vermuthungsweise hat auf den allgemeinen Charakter der capitula in lego addita bereits hingewiesen v. Daniels, Handbuch I. S. 285.

der Berliner Akademie a. b. J. 1854. S. 417 ausgesprochene und dort wohl begründete Urtheil über die Einhardi vita Karoli benken: „Ohne Zweifel war die Absicht Einhards mehr auf eine angenehm zusammenfassende Darstellung, als auf strenge Genauigkeit in den Thatsachen gerichtet. Das kleine Buch ist voll von historischen Fehlern," so werden wir nicht anstehen, gegenüber den oben geltend gemachten Gründen auch hier einen Irrthum Einhards, der ja frühestens 814 schrieb und seine Mittheilung aus einer Handschrift mit der häufig wiederkehrenden Ueberschrift unseres Capitulars geschöpft zu haben scheint, anzunehmen. Berichten doch auch die mit dem J. 803 abschließenden ann. Lauresham. nur allgemein von Karls Thätigkeit für die Volksrechte: „fecit emendare ubicumque necesse fuit."

Anders aber verhält es sich allerdings mit den „capitula in lege ribuaria mittenda." Sie finden sich, wie oben bemerkt, nur selten in andern Handschriften, als den die lex Ribuaria enthaltenden; in ihnen wird, unter Innehaltung der in diesem Volksrecht beobachteten Ordnung, dasselbe theils abgeändert theils mit Zusätzen vermehrt, ja sogar die Zahlen der Titel des ribuarischen Volksrechtes, zu welchen die neuen Kapitel ergänzend hinzutreten sollen, sind denselben vom Gesetzgeber überall beigefügt. Der Umstand, daß Karl selbst nach ribuarischem Recht lebte, im Gebiete dieses Rechts auch Aachen selbst gelegen war, war vielleicht der Grund, wegen dessen das ribuarische Recht vor andern eine Bereicherung erfuhr. Die Aufnahme aber dieses Capitulars auch in drei italische Handschriften geschah vielleicht mit Rücksicht auf die in Italien lebenden Ribuarier, während in dem Uebergang einzelner Kapitel auch in den liber legis Langobardorum die Wirkung der langobardischen Rechtsgewohnheit zu erkennen sein möchte.

Schon oben ist gelegentlich erwähnt worden, daß mit Ausnahme einer Handschrift, des cod. Sangall. 728, den „capitula in legem addita," wie sie also richtig zu nennen sein werden, in allen Handschriften die neunundzwanzig L. I. 114. 115. abgedruckten folgen. Daß diese Kapitel speciell den „missi nostri" übergeben werden, zeigen capp. 3. 25. 26., wie auch die capp. 23. 24. 26. 27. offenbar nicht gesetzliche Vorschriften enthalten, sondern, ähnlich wie in andern Gesandteninstructionen (S. c. §. 19.), die Aufmerksamkeit der Missi auf gewisse von ihnen besonders in das Auge zu fassende Dinge richten sollen.[1]) P. hat, mit Rücksicht auf eine im cod. Par. 4995 enthaltene Ueberschrift: „Incipit capitula minoris" die derselben folgenden Kapitel „Capitula minora" genannt. Ich bin jedoch wegen der vorhin angedeuteten Natur unserer Kapitel der Ansicht, daß jene Ueberschrift nach Analogie von ähnlichen Ueberschriften p. 216. 354. in „incipit capitula missorum" zu emendieren ist, eine Emendation, die den der Paläographie Kundigen (S. auch die 2. Schrifttafel in Leges I. nro. 5.) sehr naheliegend erscheinen wird. Daß jene Rubrik aber Karl dem Gr. zuzuschreiben sei, soll nicht behauptet werden. Vielmehr stimme ich durchaus mit v. Daniels (Handbuch I. S. 287. Anm. 2.) darin überein, daß die echte Ueberschrift des ganzen Capitulars in den von den Herausgebern gewöhnlich zum ersten Kapitel gezogenen Worten: De causis admonendis enthalten ist. Das Capitular deutet eben die gesetzlichen Vorschriften an, welche von den Missi in Erinnerung gebracht werden sollten.

Fünf Kapitel, die in einigen Handschriften diesen capitula missorum angehängt werden, (L. I. p. 116.) gehören gar nicht hieher, sondern sind von den Schreibern hier nur willkürlich hergesetzt. Das erste davon, „De inienuitate cartarum," ist, wie P. ganz entgangen ist, das erste eines p. 196. abgedruckten und dort Ludwig d. Fr. zugeschriebenen Capitulars. Die alsdann unter 1—4. aus zwei Handschriften gegebenen Kapitel sind, wie schon Baluze II. 1061. ganz richtig bemerkt hatte, entnommen einem von P. p. 120. 121. edierten Capitular, dessen Kapiteln 22. 20. 18. 19. jene entsprechen. (S. u. §. 31.).

In ähnlicher Weise folgt in einer Handschrift auch dem ribuarischen Capitular ein kleines von P. p. 118. abgedrucktes Kapitel, welches ebenfalls aus dem vorgenannten Capitular p. 121. cap. 22. excerpiert ist und mit dem ribuarischen Capitular nicht in Zusammenhang steht. In einigen andern langobardischrechtlichen Handschriften

---

1) Ebenso schon Waitz Verfgesch. III. 285: „Zu 802(?) kommen so auch die capitula minora p. 114., die weniger Beschlüsse des Reichstags als Notata für die Instruction der Missi zu enthalten scheinen."

endlich, der von Tegernsee, von Jvrea nro. 33,[1]) mit welcher nro. 34. vermuthlich wieder übereinstimmt, wird dem ribuarischen Capitular ein richterlicher Ausspruch über einen concreten Fall angehängt (p. 118.), welcher im Langobardenreich unter fränkischer Herrschaft („bannum nostrum") in Gegenwart des Königs zur Entscheidung gekommen sein muß. Aus der Jvreer Handschrift seien hier die bessern Lesarten „et iussit eum" am Anfang und „servumque mordritum" am Ende angemerkt; ferner, daß auch der Jvreer codex wie der von Tegernsee ganz richtig an beiden Stellen „dominos suos" liest. Die von P. an erster Stelle zu diesen Worten gegebene erläuternde Note „i. e. domino suo" ist sehr vom Uebel. Der juridisch nicht uninteressante Fall ist nämlich offenbar der folgende: ein servus, der sich in dem ungetheilten Nachlaß eines mit Hinterlassung von zwei infantes verstorbenen Mannes befindet, ist von einem Dritten überredet worden, seine Herren, jene beiden infantes, zu tödten; der servus hat dies ausgeführt und ist alsdann selbst vom persuasor ermordet worden. Es folgt darauf das Urtheil über die Strafe des persuasor und Mörders.

5. Die Capitularien von Dietenhofen und Nymwegen. a. 805. 806. p. 131—135. 143—145.

§. 21. Die beiden Dietenhofer Capitularien sind uns in sehr vielen Handschriften überliefert. Zu den zehn von Pertz mit Zahlen bezeichneten kommen noch die fünf von Montpellier 136, Middlehill 566, Jvrea 33 und 34 und Modena Ord. I. 2. Unter den italischen Handschriften besonders gehören außer den drei letzt genannten hieher die von Tegernsee, Gotha und Blankenburg; auch der cod. Par. 4613. würde diese Capitularien wahrscheinlich enthalten, wenn in demselben nicht jetzt ein ganzer Quaternio fehlte. Einzelne Kapitel, nämlich von der ersten Verordnung c. 2, von der zweiten c. 6. 8—13. 15. 16. 19. 20. 2. finden sich auch in der Handschrift von St. Paul in Kärnthen, dagegen fehlen beide Capitularien völlig,

---

1) Dies theilt mit Peyron in den Verhandlungen der Turiner Akademie, historische Abtheilung. Jahrgang 1846. S. 164. a. Anf.

wie dies nicht nur aus den für die Mon. Germ. besorgten Collatio=
nen, sondern auch aus den Beschreibungen Leges I. praef. p. XXVI.
XXVII. hervorgeht, in den Handschriften von Chigi und La Cava,
die also bei der Ausgabe dieser Capitularien nicht zugezogen sein
können, wie es Pertz angiebt.

Dietenhofen als Entstehungsort dieser Capitularien wird durch
zwei Handschriften übereinstimmend verbürgt. Rücksichtlich der Ent=
stehungszeit widersprechen sich die Handschriften. Denn der Ueber=
lieferung der einen Handschrift (c. Suppl. lat. 75. ist mit der Hand=
schrift des Baluze, S. Vincent. Mett. identisch; Vgl. oben S. 57.
Anm. 2.): Ad Tcotonem villam fuit datum in anno V. imperii
sui ante natale domini, steht entgegen die Rubrik der Blankenbur=
ger Handschrift: Capitulare dominicum datum anno domini DCCC.
VI. ad Theodonis villam anno imperii Karoli VI. Allein mit
Pertz halte auch ich das erstere Datum für das richtige: und zwar
nicht nur wegen der größeren Zuverlässigkeit der Pariser Handschrift,
sondern namentlich wegen einer unten erwähnten Bezugnahme des
Capitulars von Nymwegen (a. 806.) auf das erste von Dietenhofen.
Bei der Entscheidung für das J. 805 darf man dagegen nicht mit P.
die Entstehung der Capitularien in den Reichstag versetzen, da von
einem im J. 805 abgehaltenen Reichstage zu Dietenhofen nichts
constiert und nur für den Anfang des Jahres 806 in den Ann.
Einhardi berichtet wird: conventum habuit imperator cum prima-
tibus et optimatibus Francorum. Ueberdies deutet auch der Wort=
laut beider Capitularien durchaus nicht auf eine Entstehung im
Reichstage. Beide sind vielmehr lediglich Instructionen des Kaisers
für die zu jener Zeit ausgesandten Missi: die erstere betrifft kirchliche
Angelegenheiten und verräth ihren Charakter durch die inhaltslosen
Kapitel De lectionibus.[1] De cantu u. s. w. (Vgl. o. §. 3. 19);
die zweite hat eine generellere Bestimmung, bezieht sich, wie die mei=
sten Handschriften in der Ueberschrift sagen: ad omnes generaliter.
Zur richtigen Beurtheilung der letzteren führt namentlich die Bestim=
mung in c. 13: Si quid vero fuerit unde dubitetur, ad proxi-

---

1) Ein ausführlicherer Text, welchen P. aus der Ausgabe von Baluze
hat abdrucken lassen, ist möglicher Weise von Baluze selbst aus andern ähn=
lichen Bestimmungen ergänzt worden, da keine der vielen Handschriften den
Text des B. rechtfertigt.

mum placitum nostrum quod cum ipsis missis habituri sumus interrogetur. Nach diesen Worten sollen Zweifel, welche bei Ausführung der hier vorgeschriebenen Bestimmungen entstehen würden, erledigt werden, wenn die Missi über den Erfolg ihrer Botschaft dem Kaiser Bericht erstatten: da aber in diesem Kapitel von Missi vorher gar nicht die Rede ist, so kann die Bezeichnung ipsi missi kaum anders verstanden werden, als deutend auf diejenigen missi, welche mit der gegenwärtigen Instruction ausgesendet werden. Ebenso bekundet in c. 19. die Bestimmung: De heribanno volumus, ut missi nostri hoc anno fideliter exactare debeant, deutlich die Tendenz des Capitulars.

Unter den sechs italischen Handschriften, welche die Dietenhofer Capitularien vollständig enthalten, fügen fünf, und zwar die am besten geordneten, dem zweiten derselben mit fortlaufender Kapitelzählung die c. 13—15. der Rhispacher Statute (Leges I. p. 77.) hinzu: in der sechsten, der von Blankenburg, fehlen diese Kapitel hier vielleicht nur deshalb, weil die Statute in diese Handschrift vollständig übergegangen sind. Mir erscheint diese Uebereinstimmung der Handschriften so auffallend, daß ich glaube, man wird hier nicht Willkür der Schreiber vermuthen dürfen, sondern eine Bestimmung Karls selbst, der vielleicht den nach Italien gesandten Missi jene drei Kapitel zur Publikation daselbst übergab.

Völlig aber von dem Dietenhofer Capitular sind zu trennen die Stücke, welche allein in der Blankenburger Handschrift hier angehängt und von P. als c. 23. 24. des zweiten Dietenhofer Capitulars herausgegeben sind. Ihre Echtheit wird nicht zu bezweifeln sein, ihre Entstehungszeit muß ganz unentschieden gelassen werden: nach dem Wortlaute gehören sie zu einer vielleicht unvollständig erhaltenen Gesandteninstruction. Uebrigens muß das c. 24. nothwendig in drei, ganz verschiedene Gegenstände behandelnde Kapitel zerlegt werden: das erste bis zu pleniter discant, das zweite bis decretum est, das dritte bis zum Schluß.

Außer zwei salischrechtlichen Handschriften überliefert auch die italische von Tegernsee zehn p. 143. 144. herausgegebene Kapitel, von denen die c. 4. 7. 9.[1] auch in die in der St. Pauler Hand-

---

1) Leges I. 148. lin. 26. werden unrichtig benannt: cap. 5. 8. 10.

schrift enthaltene Sammlung von 92 Kapiteln übergegangen sind. In allen vier Handschriften wird als Entstehungsort dieses Capitulars Nymwegen, in einer überdies die Fastenzeit des Jahres 806, während deren Karl sich allerdings nach den Ann. Einhardi in jener Pfalz aufhielt, als Entstehungszeit angegeben. Da auch dieses Capitular eine Instruction für die ausgesendeten Missi ist, in welcher unter Anderm (c. 3.) die einzelnen Punkte des ersten Dietenhofer Capitulars wiederholt der Fürsorge der Missi empfohlen werden, so liegen uns hier jedenfalls die Ergebnisse jener im zweiten Dietenhofer Capitular c. 13. als proximum placitum angekündigten Versammlung der Missi vor. Die Mitwirkung eines wirklichen Reichstages hat aber auch bei Entstehung dieses Capitulars nicht stattgefunden.

In der Handschrift von Tegernsee gehen dem Capitular von Nymwegen unter der Ueberschrift: Rursus capitula imperatoris Karoli acht Kapitel voran, welche in den beiden salischen Handschriften, und entsprechend bei Ansegis, dem ersteren folgen. (p. 144. 145.) v. Daniels (Handbuch I. S. 289. Anm. 7.) hat Anstoß genommen an den in c. 1—6. enthaltenen Definitionen und Sentenzen über usura, cupiditas, avaritia, turpe lucrum und foenus und in denselben keine Bestandtheile von Capitularien, sondern eigene Bemerkungen der Handschriftbesitzer finden wollen. Man wird dem genannten Gelehrten darin beipflichten müssen, daß jene Definitionen und Sentenzen, die nach einem Sammelwerk wie Isidors Etymologieen schmecken, in Capitularien sehr ungewöhnlich sind. Gleichwohl wird man dem hieraus gezogenen Schluß nicht beistimmen können. Das Vorkommen der acht Kapitel in drei unter einander nicht verwandten Handschriften, die Aufnahme, welche dieselben in die Sammlung des Ansegis gefunden haben, spricht gegen jene obige Annahme ebenso, wie die innere Zusammengehörigkeit der acht Kapitel. Es kann nicht bezweifelt werden, daß in c. 8, welches wegen der herrschenden Hungersnoth eine Zwangstaxe für die Hauptlebensmittel vorschreibt, eine wirkliche Verordnung Karls enthalten ist: dieses c. 8. aber ist durch das „Consideravimus itaque" mit den ebenfalls unter einander zusammenhängenden vorangehenden Kapiteln offenbar verbunden, es enthält die Anwendung der erst allgemein ausgesprochenen Sentenzen auf einen concreten Fall. Wir werden uns deshalb durch die ja auch sonst in Karls Verordnungen nicht seltenen Bibelsprüche in c. 1 — 6. ebenso wenig wie durch die Definitionen bestimmen lassen dürfen, das Capitular dem Kaiser Karl abzusprechen.

Für die Entstehungszeit des Capitulars um das J. 806 spricht seine handschriftliche Verbindung mit dem von Nymwegen und der Umstand, daß die in c. 8. als herrschend erwähnte Hungersnoth wohl dieselbe sein kann, von welcher in c. 4. des zweiten Dieten=hofer Capitulars die Rede ist. Seiner Natur nach dürfte das Capitular unter die capitularia per se scribenda (§. 3.) gehören.

6. Die capitula per missos cognita facienda. p. 146. 147.

§. 22. Für die sechs Kapitel, welche bei Pertz als „Capitulare Aquense. A. 806." herausgegeben sind, kann m. E. weder der Entstehungsort noch das Entstehungsjahr mit einiger Gewißheit angegeben werden: auch halte ich es nicht für möglich, daß das Capi=tular in der Form, welche es bei P. hat, erlassen worden ist.

Ueber die Handschriften ist zunächst Folgendes zu bemerken. Alle sechs Kapitel finden sich in den drei Handschriften fränkischen Rechts Paris. 4404. 4995. und Lugdun. Voss. 119., [1]) in den drei bairischen Monac. lat. 19415. 5260. und 3519. [2]) und in einer italischen, der von Tegernsee. Nur die drei ersten Kapitel geben vier italische Handschriften: von St. Paul in Kärnthen, Chigi, La Cava und Blankenburg, [3]) denen überdies zuzuzählen sind die Samm=

---

1) Vgl. Pertz Archiv, VII. 739. — Nach Archiv VII. 788 enthält auch der cod. Montispess. 136. unser Capitular: es erhellt jedoch nicht, ob vollständig oder nur theilweise. 2) Archiv XI. 556 flg. 3) Nach der Ausgabe von Pertz hat die Blankenburger Handschrift allerdings alle sechs Kapitel, und zu Kapitel 6. wird sogar eine Variante aus derselben angegeben. Dem steht aber Merkels Zeugniß (Archiv XI. 581.) entgegen, der ausdrück=lich die Anwesenheit nur von cap. 1—3. bezeugt. Da Pertz nur eine von fremder Hand gefertigte Collation der Blankenburger Handschrift benutzt hat, Merkel dagegen dieselbe selbst in Händen gehabt und danach beschrieben hat, so habe ich geglaubt, auch hier der Autorität meines Lehrers folgen zu dürf=fen, dessen Sorgfalt in der Benutzung der Handschriften stets mustergiltig gewesen ist.

.lungen des Ansegis und des liber legis Langob., da in jener die cap. 1—3. im dritten Buch (c. 22—24.), das vierte im zweiten Anhange steht, in dieser dagegen cap. 1—3. an den Schluß der Gesetze Pippins gesetzt sind. Zwei Handschriften endlich, Paris. 4629. und Middlehill. 566.,[1]) haben nur die beiden ersten Kapitel.

Meine Behauptung, daß das Capitular unmöglich in der bei P. aufgenommenen Form verfaßt sein kann, gründet sich darauf, daß die Schlußworte des 6. Kapitels: „Et hoc missi nostri ante nativitatem Domini cognitum faciant omnes partes"[2]) nicht nur überflüssig erscheinen neben der Ueberschrift: „Haec capitula missi nostri cognita faciant omnibus in omnibus partibus," sondern auch in unvereinbarem Widerspruch stehen mit dem zweiten Kapitel. Denn aus den Worten des letzteren: „Quicumque post missam sancti Iohannis baptistae latroni mansionem dederit," geht zweifelles hervor, daß unser Capitular am 24. Juni publiciert sein sollte, während nach jenen Schlußworten der 25. December der Publicationstermin sein würde.

Diesen Widerspruch zu lösen, scheint mir in doppelter Weise möglich. Man könnte einmal im Hinblick auf die Handschriften, welche bald nur cap. 1—3., bald cap. 1—6. enthalten, die drei letzten Kapitel von den drei ersten ganz trennen und so das Capitular in zwei verschiedene zerlegen. Gegen eine solche Trennung kann aber mit Recht die Gleichartigkeit von cap. 3. und 4. geltend gemacht werden, welche in den Wendungen: aut de quo pago est vel ubi manet aut quis est eius senior (c. 3.) und: et de quale pago sunt et nomina eorum et qui sunt eorum seniores (c. 4.) von so gleichem Charakter sind, daß sie nicht wohl bei verschiedenen Veranlassungen entstanden sein können.

Deshalb entscheide ich mich für die andere Möglichkeit, jenen Widerspruch zu lösen. Diese liegt darin, daß wir in einfacher Wiederherstellung des Textes bei Baluze (I. 449.) die oben angeführten Worte: Et hoc missi nostri ante nativitatem Domini cognitum faciant omnes partes als Ueberschrift zu dem in den drei Münche-

---

1) Archiv VII. 746.   2) Wie diese Worte P. herausgiebt, stehen sie nur in einer Handschrift, ich habe oben die Lesarten der beiden andern Handschriften vorgezogen.

ner Handschriften sogleich folgenden bairischen Capitular (Leges I. 127.) auffassen, zu dessen Charakter eine solche Ueberschrift sehr wohl paßt.[1]) Eine Unterstützung findet diese Annahme darin, daß im cod. Par. 4995., in welchem das bairische Capitular nicht folgt, auch jene von P. als Schlußworte angesehenen Worte wirklich fehlen: wogegen allerdings die Schreiber der Handschriften von Tegernsee, Paris 4404 und Leyden die Ueberschrift des von ihnen nicht aufgenommenen bairischen Capitulars irrig als Unterschrift zu dem allgemeinen Capitular angesehen und abgeschrieben haben.

Welchen Geltungskreis nun hat unser Capitular gehabt? Die Worte des c. 5.: „Similes direximus missos in Aquitania et in Langobardia" zeigen deutlich, daß die uns hier vorliegende Ausfertigung weder für Langobardien noch Aquitanien berechnet ist, also wahrscheinlich, worauf namentlich auch die oben angeführten Handschriften deuten, für Francien und Baiern. Aber zugleich erhellt doch aus denselben Worten, daß gleichzeitig Missi mit gleichen Aufträgen nach Langobardien und Aquitanien abgefertigt worden sind. Diesen wird man natürlich nicht jenes c. 5. mitgegeben haben: man gab ihnen vielmehr, wie die vier italischen Handschriften darthun, nur die drei ersten Kapitel mit, welche in der That auch allein zur Bekanntmachung in omnibus partibus geeignet waren. Denn c. 4. und 6. enthalten nur Aufträge speciell für die Missi und c. 5. eine historische Notiz. Die Kapitel 4—6. halte ich deshalb nur für eine besondere Instruction der fränkischen und bairischen Missi, welche, ebenso wie die langobardischen und aquitanischen, mit Publication von c. 1—3. beauftragt wurden.

Die Entstehungszeit dieses Capitulars läßt sich mit einiger Gewißheit nicht genau angeben. Der in c. 2. genannte Termin macht die Abfassung im Frühjahr wahrscheinlich; für das Jahr darf aus dem Umstande, daß in einigen Handschriften und bei Ansegis die Capitularien von Dietenhofen und Nymwegen vorangehen, nur ein

---

1) Gleich c. 1. des bairischen Capitulars heißt: Primis omnium iubendum est. — Vielleicht ist dieses bairische Capitular gleichzeitig mit dem allgemeinen — nur mit einem andern Termin für die Publication — entstanden: deshalb kann in den Handschriften die Aufeinanderfolge und die ähnlichen Ueberschriften beider Capitularien.

Anhalt in der Weise gewonnen werden, daß die Entstehung vielleicht um d. J. 806 anzusetzen ist. Ueber den Entstehungsort läßt sich gar nichts bestimmen.

Für den Gebrauch der Missi scheinen auch die in dem Tegern=seeer codex folgenden capitula excarpsa de canone (p. 146. 147.) geschrieben worden zu sein: bei welcher Gelegenheit, ist ungewiß.

7. Das Aachener Capitular mit der Gesandten=instruction vom Jahre 809.
p. 155—157.

§. 23. In denjenigen Kapiteln, welche Pertz als Capitulare Aquisgranense a. 809 herausgegeben hat, sind in Wahrheit zwei von einander ganz verschiedene Capitularien enthalten. — In der Hauptsache waren diese beiden legislatorischen Acte bereits von Baluze (I. 465—472.) auf handschriftlicher Grundlage richtig gesondert: der späteren Kritik blieb hier nur vorbehalten, die Ausgabe des französischen Gelehrten im Einzelnen zu berichtigen und die beiden verschiedenen Stücke zu charakterisieren.

Nur eine Handschrift, cod. Paris. 4995, giebt in fortlaufender Reihe die 25 Kapitel, welche von P. als das ursprüngliche und einheitliche Capitular angesehen werden. Eine zweite, der bereits von Baluze benutzte cod. Par. 4628. A., enthält nur die Kapitel 1—14. 22. 24. Mit der letztern Handschrift stimmt überein die Samm=lung des Ansegis, in welcher cap. 1—14. — nur mit Ausschluß des cap. 9. (das als ecclesiasticum bereits im ersten Buche aufge=nommen worden war) und des anscheinend übersehenen cap. 12. (das im Anhange ergänzt wird) — im dritten Buche,[1]) die meisten der übrigen Kapitel dagegen im zweiten Anhange vorzufinden sind. Es stimmen mit jener zweiten Handschrift auch ferner überein die

---

1) In der von P. gegebenen Uebersicht der Capitularien, aus denen Ansegis seine Sammlung zusammengesetzt hat, wird p. 258. Zeile 32. gesagt, daß Ansegis III. 47—58. mit „809. Aquense praeter cap. 9. 12. 15. 16." correspondieren sollen. Dies ist richtig, wenn man diese Angabe auf die bei Baluze p. 469—472. befindliche Form bezieht; im Hinblick auf die von Pertz selbst angenommene Zusammensetzung des Capitulars hätte aber vielmehr gesagt werden müssen: „praeter c. 9. 12. 15—25."

Handschriften von Chigi und La Cava und der liber legis Langob., in welchem cap. 1—12. in der Reihe der Gesetze Karls d. Gr. die Kapitel 45—56. bilden, cap. 14. zu Karol. M. c. 28. geworden ist, und alle übrigen Kapitel gar nicht aufgenommen worden sind.

In dem cod. Par. suppl. lat. 75.[1]) dagegen steht ein Capitular, welches mit dem aus den zuvor angeführten Handschriften und Sammlungen sich ergebenden allerdings einen gemeinsamen Entstehungsgrund hat, aber doch keinesweges identisch ist. Dieses zweite Capitular, aus der zuletzt genannten Handschrift von Baluze (I. 465—468.) gesondert herausgegeben, besteht aus den von P. nach dem cod. Par. 4995 abgedruckten Kapiteln 15—25., ferner aus den unveränderten cap. 14. 1. 2. 4. 7. 12., aus einer wesentlich modificierten Fassung der übrigen cap. 3. 5. 8—10. 11. 13. und aus einer Anzahl ganz neuer Kapitel, welche von P. theils unter den kritischen Varianten, theils auf S. 156. als cap. 14. 15. 17. abgedruckt sind. Die Reihenfolge, in welcher diese Kapitel in jener Handschrift stehen, ist ungefähr aus der Note 1. Leg. I. 155, deutlicher aus dem Abdruck bei Baluze a. a. O. zu ersehen.

Kehren wir nun zunächst zu dem zuerst erwähnten Capitular zurück, so führt schon der vorhin mitgetheilte Befund der Handschriften und in Betracht zu ziehenden Sammlungen dahin, cap. 1—14. von 15—25. zu trennen. Aber auch innere Gründe sprechen dafür, daß cap. 15. sich nicht füglich an c. 14. anschließen kann, und daß überhaupt c. 15—25. mit den vorangehenden nicht zusammengehören. Obwohl nämlich, was den ersteren Punkt angeht, c. 14. und 15 gleichmäßig von Eiden handeln, so ist ihr Zusammenhang doch nicht von der Art, daß das zweite mit dem ersten durch das „Si vero advocatus sacramentum contra alium habuerit" mit Grund verknüpft sein könnte. Diese Worte deuten vielmehr darauf hin — wenn nämlich das „vero" logisch gerechtfertigt sein soll — daß schon in dem Vorangehenden vom advocatus die Rede gewesen ist und von demselben in dem nun Folgenden etwas Specielles bestimmt werden soll. Vom advocatus ist nun aber

---

1) Der von Baluze benutzte cod. S. Vincentii Mettensis wie öfters bemerkt, mit dem oben genannten identisch.

gar nicht in dem bei P. vorangehenden c. 14., wohl dagegen in dem Kapitel die Rede, welches S. 156. als c. 22. abgedruckt ist, und welches in dem zweiten, vollständig nur in der einen Pariser Handschrift (Suppl. lat. 75.) erhaltenen Capitular dem Pertzischen c. 15. wirklich unmittelbar vorangeht. Wie aber c. 15. mit c. 14. nicht in Verbindung gebracht werden darf, so sind auch alle dem ersteren folgenden Kapitel 16—25 von c. 1—14. zu trennen, weil sie von denselben an Charakter völlig verschieden sind. Während nämlich c. 1—14. ein vollständiges Gesetz enthalten, dessen Bestimmungen an sich und ohne weitere Ergänzung deutlich und erschöpfend sind, so hat dagegen das im cod. Par. Suppl. lat. 75. enthaltene Capitular unverkennbar den Charakter der bereits oft erwähnten Gesandteninstructionen, welche in kurzen Schlagworten ein Promemoria über die von den ausgesandten Missi insbesondre in ihrem Missaticum in das Auge zu fassenden Verhältnisse enthalten und in einer vorangehenden mündlichen Unterredung des Königs mit den Missi ihre Ergänzung finden sollten. Dieser Charakter ist klar erkenntlich in den kurzen, an sich inhaltlosen Kapiteln wie „De ecclesiis non bene restauratis. De homicidiis. De monetis sive mensuris u. s. w., ferner in Kapiteln wie „De hospitalitate et susceptione iterantium, tam missorum nostrorum quam reliquorum bonorum hominum." „Quod missos nostros ad vicem nostram mittimus," und tritt namentlich in den bei der Beurtheilung aller solcher Gesandteninstructionen besonders zu berücksichtigenden Worten: „hoc ex ore proprio locuti sumus" „sicut ore proprio diximus" (c. 24. 25.) hervor. Solche Worte sind ohne Zweifel auf die vorangegangene mündliche Instruction zu deuten.

Ein Zusammenhang der eigentlichen Verordnung mit der Instruction soll indeß hier nicht geläugnet werden: derselbe ist durch die Handschriften sowohl, als auch dadurch verbürgt, daß einzelne Bestimmungen der Verordnung, theils im Auszuge, theils mit erläuternden Zusätzen, in die Instruction aufgenommen worden sind. Die Aussendung der Missi und die Abfassung einer für dieselbe bestimmten Instruction geht hier ebenso neben dem Erlaß des Capitulare per se scribendum her, wie das Legationis edictum von 789 neben der Admonitio und wie die Capitula missorum de causis admonendis von 803 neben den Capitula in lege mittenda. (S. o. §. 20.)

Ueber Zeit und Ort unsrer beiden Capitularien giebt die Ueberschrift der Instruction „Capitula quae domnus imperator Aquis palatio instituit in anno nono" [1]) Auskunft: die Anwesenheit Karls zu Aachen wird für das Jahr 809, mit Ausnahme der in den Ardennen zugebrachten Sommermonate, durch die annales Einhardi bestätigt. Was die andre von P. mitgetheilte Ueberschrift „Item capitula quae propter u. s. w." angeht, so findet sich diese ausschließlich im cod. Par. 4995.: ihre Echtheit erscheint mir deshalb zweifelhaft, weil sie sich wörtlich ebenso vor dem von P. Leg. I. 174. herausgegebenen Capitular, dessen Inhalt sie auch besonders entspricht, vorfindet und also von dort vielleicht durch den Schreiber der angegebenen Handschrift vor das Capitular von 809 unrichtig versetzt worden ist.

Meine, wie mir scheint, durch die Handschriften wie durch den Wortlaut der Kapitel sicher begründete Ansicht über die Aachener Reichsgesetzgebung vom J. 809 fasse ich nun im Folgenden ergänzend zusammen. Das [2]) eigentliche zur Publication bestimmte Gesetz besteht aus Leges I. 155. 156. c. 1—14. Es ist erhalten in c. Par. 4995. Par. 4628. A. und der Ansegisischen Sammlung; mit Ausnahme der letzten beiden Kapitel auch in den Handschriften von La Cava und Chigi, und einzelne Kapitel endlich sind auch in die vollständig nur im cod. Par. Suppl. lat. 75. enthaltene Gesandteninstruction von dem Schreiber eingeschoben worden. Denn diese letztere bestand ursprünglich wohl nur aus den in der letztgedachten Pariser Handschrift und demnach auch bei Baluze p. 465—468. mit 1—28. und 35—37. bezeichneten Kapiteln, während c. 29—34, welche wörtlich mit dem eigentlichen Gesetz übereinstimmen, wohl kaum von Karl selbst in der Instruction wiederholt, vielmehr von dem nach Vollständigkeit des gesetzlichen Materials strebenden Schreiber in dieselbe eingeschaltet worden sind. Der Schreiber scheint

---

1) Die Worte „in anno nono" sind in der Ausgabe von P. ausgefallen: sie sind aber ebenso durch Baluze wie durch die für die Monumenta Germ. besorgte Collation des cod. Par. Suppl. lat. 75. beglaubigt.
2) Die nachfolgend gegebene Zusammensetzung der Capitularien wird sich aus der Ausgabe von Pertz nicht klar erkennen lassen, wohl aber nach der von Baluze deutlich werden.

nämlich, als er bis zu c. 28. der Instruction mit der Abschrift gelangt war, aus einem ihm in die Hände gefallenen Exemplar des wirklichen Gesetzes alle diejenigen Kapitel wörtlich aufgenommen zu haben, deren wesentlichen Inhalt er in der soeben abgeschriebenen Instruction noch nicht fand. Er fieng dabei mit dem letzten Kapitel des Gesetzes, c. 14, an und ergänzte dann der ursprünglichen Ordnung des Gesetzes folgend c. 1. 2. 4. 7. 12.: die andern Kapitel des Gesetzes nahm er nicht auf, weil sie von ihm schon vorher, wenn auch in modificierter Fassung, wie früher bemerkt, abgeschrieben worden waren. Einzelne Kapitel der Instruction haben sich auch in den beiden andern Pariser Handschriften als Anhänge des Gesetzes, so wie im zweiten Anhang des Ansegis erhalten.

8. Das angebliche Capitulare de exercitalibus. p. 169. 170.

§. 24. Im dritten Buche der Sammlung des Ansegis, daselbst c. 64—66., befinden sich zwischen den Capitularien, welche 810 zu Aachen und 811 zu Boulogne entstanden sind, (Leges I. 162. 172.) drei Kapitel, die als ein besonderes Capitular sonst nicht überliefert sind, wohl aber auch in dem liber legis Langob. Aufnahme als Karoli M. c. 29—32. (denn das Ansegisische c. 65. zerfällt hier in zwei Theile) gefunden haben. In der zuletzt erwähnten Sammlung folgt dann als c. 33. ein anderes Kapitel, dessen Anfangsworte richtig so gelesen werden müssen: „Sic quoque: Quaelibet persona" u. s. f. Pertz hat zu diesen vier, resp. fünf Kapiteln noch drei andre zugefügt und diese alle als ein „capitulare de exercitalibus" constituiert, aus dem Grunde, weil vor dem zweiten Kapitel im lib. leg. Lang. (Kar. M. 30.) die Ueberschrift „Kapitula de exercitalibus" handschriftlich vorkomme. Allerdings findet sich diese Ueberschrift an jener Stelle in den drei jüngsten Handschriften des langobardischen Rechtsbuchs, der ehemals Veroneser, jetzt Pariser, der Wiener und Estenser, (Vgl. o. §. 16.) und auf dieselbe Ueberschrift ist es auch zu beziehen, was der Verfasser des in einer Neapolitaner Handschrift erhaltenen Commentars zu jenem Kapitel sagt: Hoc capitulum usque ad „Quicumque liber homo" (lib. leg. Lang. Kar. M. 35.) ad hominem in hoste positum facta esse putandum est. Et supra hoc capitulum prooemium, quod hoc declarat, antiquissima capitula habuisse, apud Wilihelmum non dubium." Wäre jene Ueberschrift echt, so würde daraus zu folgern sein, daß mit c. 30., d. h. mit c. 2. in Leges I. 169, ein neues Capitular de exercitalibus beginne, von dem dann also das bei P. vorangehende c. 1. zu trennen wäre. Eine solche Trennung ist jedoch deshalb durchaus unzulässig, weil die Worte des c. 2. „Si vero servus hoc fecerit, sententiam superiorem accipiat" sich auf die Bestimmung des vorangehenden c. 1.: „Et si servus hoc fecerit, disciplinae corporali subiaceat" beziehen und darthun, daß c. 2. nicht Anfang eines **neuen** Capitulars sein kann. Daß aber mitten in einem Capitular eine solche Generalrubrik mehrerer Kapitel einge=schaltet sein sollte, läßt sich, weil eine solche ganz undeutlich sein würde, kaum denken und ist jedenfalls ohne Analogie. Erregt schon deshalb die Echtheit jener Rubrik Bedenken, so wird ihre Glaubwürdigkeit vollends dadurch erschüttert, daß jene in den vier ältern Handschriften der langobardischen Sammlung ganz fehlt, und daß der Inhalt des Capitulars überdies nichts enthält, was dasselbe allein auf exercitales zu beziehen geböte. Denn daß es im c. 4. heißt: „Si quis messes aut annonas **in hoste super bannum dominicum** rapuerit," zeigt, daß nur dieses vierte Kapitel von Exercitalen handelt: die hier durch den Druck hervorgehobenen Worte würden überflüssig sein, wenn das ganze Capitular mit der in jener Rubrik enthaltenen Beschränkung erlassen worden wäre. Wie aber die langobardischen Juristen darauf gekommen, die Kapitel 2. und folgende nur auf Exercitalen zu beziehen, das deutet der oben angeführte Commentator selbst an, wenn er fortfährt: Et si aliter intelligeretur, iam hoc capitulum Liuprandi legem, quae est „Si quis sine voluntate regis" (ed. Vesme. c. 35.) rumperet. Damit das Gesetz Liutprands nicht aufgehoben erschiene, erklärte man also das karlische Kapitel in der angegebenen Weise beschrän=kend: Karl selbst aber gab dasselbe ohne jede Rücksicht auf die Gesetz=gebung Liutprands und, wie aus der Aufnahme in die Ansegisische Sammlung hervorgeht, nicht einmal ausschließlich für Italien.

Meine Ansicht über die Leges I. 169. 170. herausgegebenen Kapitel ist nun diese: c. 1—4. gehören zu einem vielleicht nicht vollständig erhaltenen, allgemeinen Capitular Karls, dessen Entstehung man wegen der Stelle, die es bei Ansegis einnimmt, mit einiger

Wahrscheinlichkeit in die Jahre 810 oder 811 setzen darf. Das capitulum Langobardicum 5., da es bei Ansegis fehlt und im Lib. leg. Lang. mit den Worten „Sic quoque," zu denen wohl placuit vel convenit zu ergänzen, anfängt, möchte ich für einen nachträglichen, vermuthlich echten Zusatz halten. Das capitulum Langob. 6. aber, welches in den vier älteren Handschriften des liber leg. Lang. fehlt, scheint mir deshalb äußerst zweifelhafter Natur und ist vielleicht von dem Bearbeiter, welcher die Formeln gesam=melt und die Glossen in den Text geschoben hat, (s. o. §. 16.) erfun=den oder aus einer uns heute unbekannten Quelle in den lib. leg. Lang. aufgenommen. Endlich die von P. aus dem Anhange des Ansegis dorthin versetzten und „francica" genannten Kapitel stehen weder, wie schon Waitz Versgesch. III. 280. Anm. 1. hervorgeho=ben hat, mit den vorhergehenden in irgend einem Zusammenhange, noch sind sie überhaupt fränkische, vielmehr, wie Merkel am Schluß der Vorrede zu seiner Ausgabe der lex Saxonum andeutet, Theile eines verloren gegangenen sächsischen Capitulars.

Auch von den beiden p. 172. und 174. herausgegebenen Capi=tularien sind einzelne Kapitel in den liber legis Lang. aufgenom=men. Die von den früheren Herausgebern angenommene chronolo=gische Bestimmung ist für das erste Capitular handschriftlich verbürgt, für das zweite durch dessen Stellung in der einzigen Handschrift und bei Ansegis wahrscheinlich gemacht. Auch sonst geben beide Capitu=larien hier keinen Anlaß zu Erörterungen.

9. Zwei Kapitel unbestimmten Ursprungs.
p. 196.

§. 25. Die beiden unter der Ueberschrift constitutio de libe-ris et vassallis herausgegebenen Kapitel kommen in den Hand=schriften in folgender Verbindung vor: a) Beide Kapitel stehen 1. im cod. Epor. 33. am Schluß der Gesetze Karls und vor denen Lud=wigs des Frommen; 2. in den Handschriften von La Cava und Chigi unter Gesetzen Ludwigs. b) Nur das erste enthält 1. cod. Paris. 4632 nach den capp. Missorum des Jahres 803 (als deren Anhang es P. abermals hat abdrucken lassen) und vor dem salischen Capi=tular des J. 817; 2. die Sammlung des Ansegis unter Gesetzen des J. 803; 3. der liber legis Langob. unter den Kapiteln Ludwigs des Fr.

Pertz hat mit Rücksicht auf die Handschriften von La Cava und Chigi in den Kapiteln eine Verordnung Ludwigs des Fr. gesehen; ich glaube dagegen, daß wenigstens das erste Kapitel wegen der Stellung desselben bei Ansegis Karl dem Gr. zugeschrieben werden und es unentschieden bleiben muß, ob die innerlich nicht zusammenhängenden Kapitel überhaupt ein Ganzes bilden. v. Daniels[1]) bemerkt, diese beiden Kapitel scheinen aus einem Vermerk über die Gerichtspraxis geflossen zu sein. Im Inhalt der Kapitel ist, glaube ich, für diese Vermuthung kein Grund zu finden, und die Aufnahme derselben in nicht wenige an den verschiedensten Orten entstandene Handschriften und in die Sammlung des Ansegis dürfte sogar gegen jene Ansicht sprechen.

II. Die von Karl dem Großen für das Langobardenreich ausschließlich erlassenen Capitularien.

1. Die Notitia vom 20. Februar 781.
p. 241.

§. 26. Für die erste von einem fränkischen König in Italien erlassene Verordnung muß m. E. diejenige gehalten werden, welche der erste Herausgeber, Mabillon, ohne Datum gelassen, Pertz dagegen dem Kaiser Lothar I. zugeschrieben und in das Jahr 825 verlegt hat.

Mit der Ueberschrift „Item alia capitula" findet sich dieses Capitular mitten unter Gesetzen von Ludwig d. Fr. in den Handschriften von La Cava und Chigi; in den beiden Ivreer Handschriften steht es am Ende der Capitularien Karls und zwar in der einen vor zwei andern Kapiteln, über deren Zugehörigkeit der Schreiber ebenso wie über die unsres Capitulars im Zweifel gewesen zu sein scheint (§. 25.). Außerdem ist das erste Kapitel in der Samm-

---

1) Handbuch der Reichs- und Staatsrechtsgeschichte I. 288. Anm. 2.

lung von 92 Kapiteln der St. Pauler Handschrift und zwar am Anfange der vom Schreiber beliebig zusammengestellten einzelnen Kapitel (S. o. S. 31. litt. b.), aufgenommen worden; dasselbe Kapitel ist, wie es scheint, im Anschluß an die Handschriften von Chigi und La Cava auch in den liber legis Langob. als Ludow. Pii. c. 5. übergegangen, und nur in einer Handschrift dieser Sammlung (cod. Ambr.) hat sich auch das vierte Kapitel an den Schluß der Gesetze Lothars verirrt. Wenn dieser Handschriftenstand darauf hindeutet, das Capitular in die Zeit Ludwigs des Fr. oder in die letzten Jahre Karls d. Gr. zu setzen, so sprechen dagegen innere Gründe für eine viel frühere Entstehung.

Bei der Frage nach dem Alter unserer Verordnung haben sowohl Pertz wie Besme[1]) mit Recht es hervorgehoben, daß in derselben eine Hungersnoth erwähnt werde, durch welche Viele zur Verschenkung oder zum Verkauf ihrer Güter für einen Spottpreis, selbst zum Verkauf von Weib, Kind und ihrer selbst in die Knechtschaft gedrängt worden seien; die Verordnung sagt: wo Geschäfte dieser Art der Hungersnoth wegen abgeschlossen worden, solle Restitution erfolgen, die darüber ausgestellten Urkunden sollen ungiltig sein. Das erwähnte Factum einer Hungersnoth hat nun die beiden genannten Gelehrten veranlaßt, die karolingischen Annalen zu durchforschen, und durch die in denselben zu den Jahren 825 und 805 constatierten „fames validae" haben Pertz und Besme sich bestimmen lassen, in diese beiden respectiven Jahre die Entstehung unserer Verordnung zu verlegen. Hiebei ist indessen völlig außer Acht gelassen worden, daß die in der Verordnung erwähnte Hungersnoth nicht eine allgemeine und durch Miswachs oder Naturereignisse veranlaßt, sondern vielmehr nur durch das Eindringen eines feindlichen Heeres in gewisse Theile Italiens hervorgerufen war. Denn im vierten Kapitel dieser Notitia, wie sie dort genannt wird, wird ausdrücklich hervorgehoben, daß ihre Bestimmungen nur gelten sollen, oder: ut tantum illis partibus istum procedat iudicium, ubi nos aut nostra ostis fuerimus, und ebenso wird im zweiten Kapitel,

---

[1]) Edicta regum Langob. Einleitung S. CV. u. flg. — Della edizione delle Leggi Langobardiche ecc. lettera al Sign. Giov. Merkel, Torino 1847. p. 52. 53.

betreffend die Entscheidung der Frage, ob die verkaufte Sache um
einen zu geringen Preis veräußert worden sei, oder nicht, bestimmt:
„existimatores cum partibus litigantibus rememorent et appre-
tient res ipsa, sicut tunc valebat, quando res ipsae bene
restauratae fuerunt, antequam nos hic cum exercitu
introissemus." Ferner: wie die Notitia in denjenigen Gegen=
den nicht gelten soll, in welche das Heer nicht eingedrungen, ebenso
sollen auch die vor dem Eindringen des Heeres ausgestellten Urkun=
den der Anfechtung nicht unterliegen. Dies besagen die folgenden
Worte des vierten Kapitels: et hoc statuimus, ut cartulas illas
quae tempore Desiderio factae fuerant per districi-
tionem famis aut per qualecumque ingenio, ut ista causa non
computetur, sed iuxta legem ipsorum exinde procedat iudicium." Endlich aber wird angeordnet, daß alle nach Erlaß dieser
Notitia abgeschlossenen Geschäfte ebenfalls unwiderruflich sein sollen:
„Et hoc damus in mandatis, ut quicumque homo ab hac presenti die 20. mensis Februarii res suas vendere aut alienare
voluerint, in omnibus eorum pertineat potestatem: tantum sic
faciant sicut eorum fuerit lex."

Nach Erwägung aller dieser Umstände kann, wie mir scheint,
es wohl nicht bezweifelt werden, daß die in der Notitia mehrfach
erwähnte Hungersnoth entstanden war durch die Invasion eines gro=
ßen Frankenheeres in das Langobardenreich. Bei einer solchen Invasion
kann aber nicht entfernt an die Jahre 805 oder 825 gedacht wer=
den; vielmehr wird man sich, wie ich meinen sollte, des Gedankens
kaum erwehren können, daß mit jener Invasion auf die Jahre 773
und die folgenden gedeutet wird, auf die Vertreibung des Desiderius
und auf die Niederdrückung des bald darauf im J. 775 vom
Hruodgaudus dem Herzog von Friaul, organisierten Aufstandes.
Daß in Folge jener Ereignisse in einigen Theilen Italiens eine
Hungersnoth entstanden war, muß schon an sich sehr wahrscheinlich
sein und wird überdies noch in den folgenden auf die fränkische
Invasion der J. 773. 774 bezogenen Worten des Andreas von
Bergamo, eines im 9. Jahrh. schreibenden Priesters, bezeugt: tan-
taque tribulatio fuit in Italia: alii gladio interempti, alii fame
perculsi, alii bestiis occisi, ut vix pauci remanerent in vicos
vel in civitates. (Scriptt. III. p. 223. c. 5.) Wenn es aber

unmöglich ist, jene Invasion in die Zeit von 825 oder 805 zu verlegen, so kann auch die Notitia selbst nicht in einem jener Jahre entstanden sein. Man mache sich nur die horrende Rechtsunsicherheit klar, welche entstanden sein müßte, wenn alle innerhalb der Jahre 773 (post Desiderium) und 825 abgeschlossenen Rechtsgeschäfte der Anfechtung propter famis necessitatem ausgesetzt gewesen wären, man mache sich nur die Logik klar, von welcher Kaiser Lothar hätte erfüllt sein müssen, wenn er (nach Pertz) bestimmt hätte: weil jetzt, im J. 825, eine Hungersnoth herrscht, so sollen alle innerhalb der Jahre 773 und 825 der Hungersnoth wegen abgeschlossenen Rechtsgeschäfte anfechtbar sein — und man wird die Entstehung der Notitia im J. 825 durchaus in Abrede stellen müssen. Dieselben Gründe sprechen auch gegen das J. 805, in welches Besme die Notitia wegen der für dieses Jahr in den Annalen verzeichneten Hungersnoth und wegen der Stellung des ersten Kapitels in der Handschrift von St. Paul in Kärnthen verwiesen hat.

Wenn mir so ein negatives Resultat mit unumstößlicher Gewißheit gewonnen und auch nach der positiven Seite hin geboten erscheint, für die Entstehung der Notitia einen möglichst frühen Zeitpunkt nach der fränkischen Eroberung des Langobardenreichs anzusetzen, so wird dagegen eine nähere Bestimmung nicht mit derselben Sicherheit erfolgen können. Denn wenn auch die beiden Stellen: „antequam nos hic cum exercitu introissemus" und „ubi nos aut nostra ostis fuerimus" die Autorschaft des italischen Königs Pippin ausschließen und darthun, daß die Notitia von Karl und zwar in Italien selbst erlassen sein muß, so bleibt unter Berücksichtigung aller italischen Züge Karls und des im vierten Kapitel erhaltenen Datums, des zwanzigsten Februar, es zweifelhaft, ob 776, 781 oder 787 als Entstehungsjahr anzunehmen sei. Man könnte sagen, daß dieser Zweifel durch die Schlußworte: „Facta notitia anno dominorum nostrorum" zu Gunsten des letzten Jahres gelöst werde, weil in denselben angedeutet werde, daß zur Zeit des Erlasses bereits Pippin König gewesen, also die Notitia erst nach dem Monat April des J. 781 entstanden sein könnte. Allein die Echtheit der angegebenen Worte scheint mir äußerst zweifelhaft. Da der König in der ganzen Notitia ohne jede andere Mitwirkung allein als Gesetzgeber auftritt, wie z. B. das „suspendi iussimus, et hoc iubemus, et hoc damus in mandatis," zeigt, so würde das Schlußdatum, wenn es von Karl herrührte, wohl lauten müssen: „facta notitia anno regni nostri." Der Umstand überdies, daß in allen vier Handschriften die Jahreszahl fehlt,[1]) macht es mir wahrscheinlich, daß jene Worte unter der Regierung Pippins von einem Schreiber zugefügt worden sind, welcher ein Datum zuzusetzen beabsichtigte, dasselbe aber unvollendet ließ, weil er das Entstehungsjahr selbst nicht kannte. Dazu kommt, daß die Notitia am 20. Februar 787 deshalb kaum entstanden sein kann, weil zu dieser Zeit Karl sich auf dem Zuge gegen Capua in Unteritalien befand, und nicht anzunehmen ist, daß er sich dort mit dem nur auf Oberitalien bezüglichen Gegenstande der Notitia befaßt haben wird. Aber auch in das J. 776 wird unsere Notitia bei Berücksichtigung der uns über die italische Expedition dieses Jahres überlieferten Nachrichten nicht füglich gesetzt werden können. Das Weihnachtsfest des J. 775 feierte Karl nach den hier am ausführlichsten berichtenden Ann. Einh. noch in Schlettstadt. Hier wird ihm gemeldet, daß Hruodgaudus, Herzog von Friaul, in Italien einen Aufstand veranlaßt habe, und es heißt hierauf: Ad quos motus comprimendos, cum sibi festinandum indicaret, strenuissimum quemque suorum secum ducens raptim Italiam proficiscitur, Hruodgaudoque qui regnum affectabat interfecto civitatibus quoque quae ad eum defecerant sine dilatione receptis eadem qua venerat velocitate reversus est. Aus der Bearbeitung, welche P. als Annales Laurissenses bezeichnet, ersehen wir überdies, daß Karl damals überhaupt nur in die Gegend von Friaul und Treviso gelangt und die schnelle Unterbrückung des Aufstandes in der Zeit kurz vor und nach Ostern (14. April) erfolgt sei. Kaum werden

---

1) Für die Handschriften von La Cava und Chigi bezeugt dies Pertz in der Note z., für den cod. Epor. 33., mit welchem Epor. 34. durchgehend übereinstimmt, Peyron in der §. 10. erwähnten Abhandlung der Turiner Akademie. Pertz hat aus dem cod. Ambros. die Jahrzahl tertio aufgenommen. Dieses Datum wäre aber, weil das dritte Jahr Karls nicht zugleich das dritte Jahr Pippins ist, unvollständig und schon deshalb unzuverlässig. Da es überdies in den vier guten Handschriften fehlt, und das ganze vierte Kapitel ebenso willkürlich als ungehörig von dem Schreiber in den cod. Ambros. eingetragen worden ist, so halte ich das hier zugesetzte „tertio" für vollkommen werthlos.

wir unter biesen Umständen annehmen können, daß Karl am 20. Februar 776 schon in Italien gewesen, und kaum ist es glaublich, daß sich auf jenem ebenso hastig unternommenen als ausgeführten Zuge die Zeit für unsre Notitia gefunden haben sollte, welche übrigens vielmehr in der Gegend von Pavia als in Friaul zur Anwendung kommen mußte. Es bleibt also für die Entstehung der Notitia nur das Jahr 781 übrig, dessen Annahme in der That auch nichts im Wege steht: Weihnachten 780 finden wir Karl in Pavia, am 15. März 781 zu Parma, die Zwischenzeit war also sehr wohl zur Abfassung der Notitia geeignet. Es kann auch nicht auffallen, daß erst vom 20. Februar 781 an der Einwand der famis necessitas nicht mehr gegen die Giltigkeit der in der Verordnung beschriebenen Urkunden zugelassen werden sollte, da es sehr erklärlich erscheint, daß die Ereignisse der J. 773. 774. 776. noch längere Zeit nachgewirkt haben, und durch den in den eigentlichen Kriegsjahren entstandenen Vermögensverfall Langobarden auch nachher noch zu Verkäufen ihrer Güter unter deren wahrem Werth gezwungen worden sind.

Ueber Name und Charakter der Notitia ist bereits oben (§. 5.) das Nöthige bemerkt worden.

2. Capitulare episcoporum circa 781.
p. 237.

§. 27. Daß das nur in dem italischen cod. Sangall. 733 enthaltene und auf kirchliche Angelegenheiten bezügliche Capitular für Italien erlassen worden, darf man namentlich aus den Worten im c. 5.: „De ecclesiis quae ad mundium palatii pertinent" schließen, da die Bezeichnung „mundium" nur den langobardischen Rechtsquellen eigenthümlich ist. Im Uebrigen scheint das Capitular weniger den Bischöfen übergeben, wie Pertz meint, als vielmehr mit ihnen vereinbart, da bald der König zu den Bischöfen redend eingeführt wird (c. 6.: ut unusquisque in sua parrochia una cum consensu comitis sui hoc emendare studeat; c. 8.: et hoc pleniter per vestram monitionem et per iudicium comitis emendatum fiat; epilog.: quae necessaria sunt emendanda per vestram sanctissimam admonitionem emendanda), bald aber auch die Bischöfe selbst sprechend auftreten (c. 1.: „ut canonice secundum iussionem dominorum nostrorum vivere debeant;" ähnlich c. 4. 8. epil.)

Baluze hatte, er sagt nicht, aus welchem Grunde, das Capitular Ludwig dem Fr. und dem J. 819 zugeschrieben, Pertz dagegen hat mit Rücksicht auf die mehrfach vorkommenden Worte „dominorum nostrorum," welche auf Ludwig und Lothar zu beziehen seien, dasselbe in das J. 823 oder die Folgezeit verwiesen, da erst von diesem Jahre an Lothar seine Regierungszeit berechne. Diese letzte Voraussetzung, welche die von Böhmer, Regesta Karolorum p. 51. gemachten Bemerkungen adoptiert, erscheint mir zunächst als nicht begründet. Allerdings ist die Zählung der Regierungsjahre Lothars, wie Böhmer bemerkt, in den Urkunden nicht ganz gleichmäßig. Aber ich glaube doch, daß die ebenfalls von Böhmer gemachte Wahrnehmung, seit Beginn der kaiserlichen Regierung Lothars in Francien (840) würden die italienischen Regierungsjahre jedesmal 20 Jahre früher gerechnet wie die fränkischen, nicht eine Abweichung von der früheren Zählung der italischen Regierungsjahre enthält, sondern vielmehr mit derselben im Einklange steht, daß also die italischen Jahre zu allen Zeiten in der Regel von den ersten Monaten des Jahres 820 ab berechnet worden sind. So werden die im J. 825 zu Olonna erlassenen Verordnungen „anno sexto imperii anno" genannt (Leg. I. 248.) und in der Unterschrift des Paveser Capitulars des J. 832 heißt es: „anno imperii dominorum nonodecimo et tertiodecimo mense Februario." Hiemit stimmen auch die Urkunden überein. Ein Kaufbrief vom 19. Januar 824 wird datiert: anno imperii Hludowici et Hlotharii decimo et quarto, eine Urkunde vom 17. Mai 826: anno Hludowici et Hlotharii tertiodecimo et septimo, eine dritte des Jahres 830: anno Hludowici et Hlotharii decimoseptimo et undecimo. (Fumagalli, cod. diplomat. Ambrosiano pg. 143. 148. 151.) Dieser Berechnung der Regierungsjahre steht auch nicht die Ueberschrift der Olonnenser Capitularien von 823 entgegen, welche lautet (p. 232.): Incipit capitula quod primo anno imperii sui quod Italiam accessit statuit in curte Olonna. Denn „primo anno" steht hier nicht in absolutem Sinne als Regierungsjahrzahl, sondern ist mit „quod Italiam accessit" in Beziehung zu bringen, und da Lothar gegen das Ende des J. 822 zum ersten Mal nach Italien aufbrach), so durfte ein in der ersten Hälfte des J. 823 erlassenes Gesetz sehr wohl, wie oben in der Ueberschrift geschehen, datiert werden. [1])

Was nun weiter die Chronologie unseres Capitulars angeht, so ist von den Herausgebern auch nicht mit einem Worte angedeutet worden, weshalb dasselbe in das Zeitalter Ludwigs des Frommen gehören solle. Will man aus den Worten „dominorum nostrorum" den Schluß ziehen, daß die Entstehungszeit in eine Zeit fallen müsse, in welcher Italien mehr als einen Herrscher gehabt habe, so ist durchaus nicht abzusehen, weshalb jene Worte nicht eben so gut auf Karl und Pippin zu beziehen sein sollten, ja an diese zu denken, liegt sogar mehr Veranlassung vor, da es in c. 5. ausdrücklich heißt: „dominorum nostrorum regum," Ludwig und Lothar aber im J. 819 eben so wohl wie im J. 823 beide Kaiser gewesen sind. Es muß aber überhaupt entschieden in Abrede gestellt werden, daß die an vier Stellen (c. 1. 4. 5. 7.) vorkommenden Worte „dominorum nostrorum" auf eine Mehrheit gleichzeitiger Herrscher deuten, da jene Bezeichnung abwechselnd mit dem an drei andern Stellen (c. 6. 8. epil.) vorfindlichen „dominus noster vel eius posteri," [2]) gebraucht

---

1) Weshalb die Regierungszeit Lothars in Italien vom Jahre 820 an berechnet wird, vermag ich allerdings nicht anzugeben. Schon 818, nach einer Nachricht allerdings erst 819, war Pippins Sohn, Bernhard der König von Italien, gestorben. Lothar müßte, wie man meinen sollte, schon von diesem Zeitpunkte ab seine Regierungsjahre zählen. Für das Jahr 820 wird kein Ereigniß überliefert, welches den Anfangspunkt der Regierung bezeichnen könnte. Die Bemerkung Dümmlers (Geschichte des ostfränk. Reiches I. S. 25. 26.), im J. 822 sei das Königreich Italien Lothar vorläufig überwiesen, gründet sich anscheinend nur auf die Thatsache, daß zur angegebenen Zeit Lothar zuerst nach Italien entsandt worden ist: daß aber mit dieser Sendung der Regierungsantritt Lothars habe bezeichnet werden sollen, darf man wohl ohne Weiteres nicht annehmen. 2) Baluze, und nach ihm Pertz, hat allerdings die handschriftlich erhaltene Lesart „posteribus" in „proceribus" abändern zu müssen geglaubt: aber ich bin überzeugt, daß die Emendation jenes an zwei, vielleicht sogar an drei Stellen wiederkehrenden Wortes sehr mit Unrecht erfolgt ist. Denn unter posteri (die Form posteribus für posteris wird nicht befremden, wenn man an die nicht seltenen Bildungen wie episcopibus, diaconibus, patronibus, z. B. L. I. 111. c. 17. denkt) sind hier die successores zu verstehen, und wie es in den langobardischen Gesetzen nicht selten vorkommt, daß der jeweilige Gesetzgeber

wird, also auch selbst nicht anders verstanden werden kann als von dem damals regierenden Herrscher und dessen Nachfolgern.

Wird so das Gesetz Karl dem Gr. oder dessen Sohne Pippin zuzuschreiben sein, so werden sich für dessen Entstehung aber auch noch engere Grenzen ziehen lassen. Vergleicht man nämlich unser Capitular mit einem andern Pippins (Leg. I. 42—44.), so wird sich kaum verkennen lassen, daß zwischen beiden ein innerer Zusammenhang besteht, daß das eine bei Abfassung des andern theilweise zum Muster genommen worden ist. Dieser Zusammenhang in den beiderseitigen ersten Theilen wird erkennbar werden durch Vergleichung von

Capitulare episcoporum	mit	Pippini capitulare
c. 1.	=	c. 1.
c. 2.	=	c. 2.
c. 3. 5.	=	c. 3.
c. 4.	=	c. 4.
c. 7.	=	c. 5.

Nicht allein die Wiederkehr derselben Worte in beiden Capitularien, mehr noch die in beiden gleichmäßig beobachtete Anordnung bezeugt die Verwandtschaft, und zwar in der Art, daß Pippin das cap. episcoporum vor sich gehabt und die Bestimmungen des letzteren weiter ausgeführt, dem Stoffe nach Gleichartiges, aber der Anordnung nach Getrenntes mit einander verbunden zu haben scheint.[1]) Da nun

---

auch seine Nachfolger im Sinne hat, z. B. Liutp. ed. c.19. 30. 142.: „nos aut qui pro tempore princeps fuerit," so ist es auch hier der Fall. Im Epilog scheint allerdings die Handschrift zu haben: „dominorum nostrorum vel eius proceribus iudicio sustinere." Allein die Aenderung in den Singular „domini nostri" ergiebt sich schon aus dem nachfolgenden eius; und die Lesart proceribus, falls sie wirklich handschriftlich ist, muß nach den beiden vorhergehenden Stellen in posterioribus emendiert werden. Die Verweisung vor das Gericht der Könige und seiner proceres würde übrigens auch kaum eine Analogie haben, und jedenfalls wäre es sehr auffallend, wenn die proceres zwar an allen drei Stellen neben dem dominus, an keiner der vier Stellen aber neben den domini genannt sein sollten. 1) Nicht wegen dieses Zusammenhanges allein halte ich die von P. im c. 1. des Capit. episcop. vorgenommene Aenderung des handschriftlichen „conservare" in „conversare" für unrichtig. Denn „conservare," wofür conservari grammatisch

das Capitular Pippins innerhalb der Jahre 782 und 786 entstanden ist, so wird man nicht ohne Wahrscheinlichkeit das capitulare episcoporum vor jene Zeit setzen und Karl dem Gr. zuschreiben dürfen, der es entweder in Franken mit den dorthin berufenen langobardischen Bischöfen (Vgl. o. S. 19.) oder in Italien selbst im J. 780 oder 781 berathen zu haben scheint.

Mit diesem aus innern Gründen gezogenen Resultat steht nun aber auch durchaus im Einklange, was aus der Beschaffenheit der einzigen ausschließlich Capitularien des 8. Jahrhunderts enthaltenden Handschrift entnommen werden kann. Wie nämlich in Pertz, Archiv V. 306. berichtet wird, steht auf S. 88. des cod. Sang. 733. von späterer Hand „Sunt enim anni ab incarnatione domini usque ad hoc tempus id est XII. hludowici imperii annum." Diese Notiz ist also im J. 825 in die Handschrift eingeschrieben worden, und wenn hier in den Schriftzügen schon eine spätere Hand als diejenige, von welcher die Handschrift im Uebrigen herrührt, erkenntlich war, so wird es jedenfalls sehr bedenklich sein, ein in solcher Handschrift erhaltenes Capitular ohne gewichtigen Grund erst in das Jahr 823 zu setzen. Dazu kommt aber, daß unser Capitular inmitten der Verordnungen von 779 und 789 eingeschrieben ist, also auch hiernach in die Zeit zwischen 779 und 789 zu setzen sein, und der oben ermittelte Zeitpunkt eine neue Bestätigung erhalten würde.

3. Das Capitulare von Mantua. a. 781?
p. 40. 41.

§. 28. Drei Handschriften, die von St. Paul in Kärnthen, La Cava und Chigi, haben unter der Ueberschrift „De singulis capitulis qualiter Mantua ad placitum generale omnibus notum fecimus" dreizehn Kapitel bewahrt, welche in den Handschriften

---

richtig gesagt werden mußte, und wofür Pippin restaurare braucht, ist das zugehörige Verbum zu dem vorangehenden ecclesiae, wie vivere zu pontifices. Ebenso vermag ich die Nothwendigkeit der Emendation von sacri tecta in sarta tecta in c. 4. nicht einzusehen, wenn gleich zuzugeben ist, daß auch sarta tecta hätte gesagt werden können. Dagegen lag es wohl auf der Hand, die corrupten Worte im Epilog zu emendieren in: et (quae) necessarii sunt emendandi per vestram sanctissimam monitionem emendanda.

unter die Gesetze Karls des Gr. aufgenommen sind. Ein Grund gegen diese Autorschaft ist nicht ersichtlich, vielmehr scheint sie darin eine Bestätigung zu finden, daß die Worte: secundum iussionem domini nostri Caroli regis in Pippins Paveser Capitular (p. 70. c. 1.) wohl auf c. 1. des Capitulars von Mantua zu beziehen sind. Da aus dem Wortlaute beider Capitularien deren Entstehung vor der Kaiserkrönung Karls deutlich erhellt, so entsteht die Frage, bei Gelegenheit welcher der italischen Expeditionen Karls vor dem J. 800 das Capitular von Mantua entstanden sei. Das in der Ueberschrift des Capitulars erwähnte placitum Mantuanum schon in das J. 774 zu setzen, dürfte kaum möglich sein, da die Eroberung von Pavia erst im Mai oder Juni jenes Jahres erfolgte, und nicht anzunehmen ist, daß der König schon in seinem ersten Regierungsjahre, als er nur Zeit hatte, im Allgemeinen und „pro tempore" die Angelegenheiten Italiens zu ordnen, die meist das Gerichtsverfahren und Privatrecht berührenden Bestimmungen der Mantuaner Verordnung erlassen haben sollte. Weniger noch möchte hierzu während des kurzen Aufenthalts Karls in der Gegend von Friaul im J. 776 Zeit gewesen sein. (S. o. S. 103.) Gegen 787 als Entstehungsjahr scheint es zu sprechen, daß in c. 8. die Zahlung der Bannbuße an den missus regis, also doch wohl Karls, vorgeschrieben wird: hierin scheint die Andeutung enthalten, daß zur Zeit des Erlasses der König von Italien noch nicht in seinem palatium zu Pavia residiert habe, da in spätern italischen Verordnungen immer die Zahlung der Bannbuße ad palatium nostrum oder ad partem nostram anbefohlen wird (Leg. I. p. 44. c. 10. p. 70. 71. c. 4. 5. 14.). Demnach bliebe allein das J. 781 übrig, in dessen Monat März mit nicht geringer Wahrscheinlichkeit die Entstehung des Capitulars gesetzt werden kann. Denn Mitte März verweilte Karl zu Parma und erließ dort ebenso eine Verordnung über Zollangelegenheiten (Boehmer, reg. Karol. n. 104.), wie er hier in c. 8. über den gleichen Gegenstand eine Bestimmung trifft; aus c. 9. ergiebt sich überdies das Frühjahr für die Entstehungszeit, und endlich deutet auch der vorher angegebene Grund auf die Zeit vor Pippins Königskrönung, welche Mitte April erfolgte.

Endlich glaube ich auch aus der Bestimmung des c. 9. einen Grund gegen das J. 787 und für 781 entnehmen zu dürfen. Es heißt daselbst: Ut nullus post Kalendas Augustas istos dinarios quos modo habere visi sumus dare audeat vel recipiat. Ich glaube nämlich, daß durch diese Bestimmung die zuvor auch in Italien bestehende Goldwährung aufgehoben und die Ausprägung des Pfundes Silber in 20 solidi, des solidus in 12 Denare eingeführt wird. Diese Silberwährung wird zuerst in einem meist dem J. 779 zugeschriebenen Capitular (S. o. §. 18.) erwähnt, von ihr wird dann im Cap. Franconof. a. 794. c. 5. für das Frankenreich bestimmt (Leg. I. 72.): in omni empturio similiter vadant isti denarii novi et accipiantur ab omnibus; si quis contradicit eos, quindecim solidos (d. h. der bannus minor, wie wohl auch im cap. Mant. zu verstehen) componat, und jene Silberwährung ist zweifellos auch in Italien eingeführt worden.[1]) Soetbeer, der sich über das deutsche Münzwesen zuletzt öffentlich (Forschungen zur deutschen Geschichte, I. 277, flg. II. 374 flg.) ausgesprochen, hat anfangs (I. 291) in unserm c. 9. ebenfalls die angegebene Bedeutung gefunden, dann aber seine frühere Ansicht aufgegeben und sich über c. 9. wie folgt ausgesprochen (II. 381.):

„Die angezogene Stelle des Capitulare Mantuanum enthält „noch keine bestimmte Vorschrift wegen Einführung der Denare „und der Silberwährung, sondern zunächst nur eine Außercours= „erklärung der früheren leichteren fränkischen Denare, die ver= „muthlich auch in Italien schon circulirten, wenn es gleich dahin „gestellt bleiben muß, in welchem Verhältniß zum Goldsolidus. „Die Urkunden von Lucca und aus andern Gegenden Italiens „von 781—796 zeigen keine Spur von der Rechnung nach „Silbersolidi und Denaren."

Ich vermag mich aber nicht davon zu überzeugen, daß durch die Worte „ut nullus istos dinarios quos modo habere visi sumus dare audeat vel recipiat" nur einzelne im Umlauf befindliche schlechte Denare haben verboten werden sollen: vielmehr ist jene Bestimmung so allgemein gefaßt, daß sie nur von einer Außercourserklärung sämmtlicher damals umlaufender Denare verstanden werden kann, an deren Stelle dann natürlich eine neue Münze tre=

---

1) Näheres bei Heinrich Müller, deutsche Münzgeschichte Bd. 1. S. 94—125., wo jedoch auf Italien nicht eingegangen wird.

ten mußte. Es ist nun allerdings richtig, daß eine so durchgreifende Aenderung des Münzwesens sich leichter decretiren ließ, als sie in dem neu eroberten Reiche Eingang zu finden vermochte: in den zahl=reichen italischen Urkunden wird noch bis in den Anfang des 9. Jahrh. meistens nach Goldsolidi gerechnet [1]) und verhältnißmäßig selten die Silberwährung gefunden. Aber unrichtig ist es, wenn Soetbeer sagt, die Urkunden Italiens von 781 — 796 zeigten keine Spur von der Rechnung nach Silbersolidi; das Gegentheil erhellt aus den folgenden fünf Beispielen, welche ich in den mir zugänglichen Urkundensammlungen aus jener Zeit gefunden habe:

1. In Lupus, cod. diplom. Bergomat. I. 599. befindet sich eine Urkunde d. d. Bergamo 5. Mai 785, in welcher Folgendes zu lesen: „Manifesta causa est mihi Arioaldi de Casenatello quod ante hos annos..... (Lupus vermochte das folgende Wort nicht zu lesen) accepi quinque soldos auro. Modo recepi ego qui supra Arioald a iam dicto Gaidoaldo duodecim soldos argentos super illo pretio quod antea tultum habui.... qui sunt toti insimul soldi decem et septem." Die Stelle ist in sofern noch besonders interessant, als sie zeigt, wie einige Jahre zuvor noch der Goldsolibus, im J. 785 dagegen der Silber=solidus in Umlauf gewesen.

2. Memorie e documenti di Luca, doc. nro. CCXII. heißt es in einer zu Lucca im J. 787 ausgestellten Urkunde: „dedit episcopus unam libram de argento."

3. Historiae patriae Monum. Taurinensia, Chart. tom. I. p. 24 wird eine Asti, 16. Aug. 788 datierte Urkunde abgedruckt, worin die folgenden Worte: „accepi ad te Augustino clericus dinarios argenteos nomeri trigenta."

4. Fumagalli, cod. diplomat. Ambros. p. 74. wird eine Schenkung zu Mailand am 10. Juli 789 also beurkundet: „accepi laoneghild argentum dinarii in solidos dece, ad duodice denarius per soledus."

---

1) Siehe z. B. die Urkunden in Memorie di Luca tom. V. pars 2. p. 114. 116. 126 und öfters.

5. Lupus, a. a. O. I. 605 wird eine Urkunde d. d. Bergamo 10. Mai 795 herausgegeben und darin der Kaufpreis bestimmt: „precio placito et definito sicut inter eosdem convenit in argento solidos nomiro 43."

In der Folgezeit wird dann die Silberrechnung häufiger erwähnt, und seit dem Beginn des 9. Jahrh. verdrängt sie die Goldwährung völlig.

Sehen wir also den Silbersolidus schon seit 785 für Italien urkundlich beglaubigt, und darf man annehmen, daß in c. 9. unseres Capitulars die Goldwährung hat abgeschafft werden sollen, so wird auch hierdurch das J. 781 als Entstehungsjahr des capit. Mantuanum bescheinigt. Im Resultat stimme ich daher mit Pertz überein; dagegen vermag ich das einzige von demselben beigebrachte Argument als beweiskräftig nicht anzuerkennen, welches dahin geht: die in einem nicht lange vor 781 geschriebenen Briefe Karls an den Papst Hadrian constatierte Thatsache des Verkaufs von italischen Unfreien an die Sarracenen habe Anlaß gegeben zu dem Verbote solchen Verkaufs foras regnum nostrum in c. 5. des Mantuaner Capitulars. Denn Verbote, wie das hier ausgesprochene, kehren in den Rechtsquellen jener Zeit so oft wieder (z. B. Liutp. ed. c. 49. Cap. Heristall. a. 779. c. 19. Lex Alamann. 37. Lex Fris. 17, 5.), wurden also so oft übertreten, daß das zufällig in jenem Brief constatierte Factum keinenfalls sich so auszeichnet, als daß man damit das in unserem Capitular ausgesprochene Verbot in unmittelbaren Zusammenhang setzen dürfte.

Die Canones, welche in der Handschrift von St. Paul i. K. und bei P. dem Cap. Mantuanum angehängt werden, stehen mit diesem selbst außer innerem Zusammenhange: auch sonst liegt kein Grund vor, diesem Excerpt einen officiellen Charakter beizulegen.

4. Brief über kirchliche Angelegenheiten. a. 786? p. 81.

§. 29. Die Bestimmung dieses nicht datierten Briefes nur für Italien wird durch die sieben italischen Handschriften, welche allein denselben enthalten, verbürgt: es sind dies die codd. Sang. 733, Epor. 33. und 34, Tegerns., Blankenb., Goth. und Mutin. Für die Chronologie des Briefes giebt dieser selbst keinen andern

Anhalt, als daß die einleitenden Worte auf die Abfassung vor der Kaiserkrönung, 801, weisen. Bestimmteres kann vielleicht aus einem weiterhin noch zu erörternden Capitular gewonnen werden, welches Leges I. p. 109—111. abgedruckt ist. In dessen letztem Kapitel heißt es nämlich: De decimis ut dentur, et dare nolentes secundum quod anno praeterito denuntiatum est ad ministri reipublicae exigantur. Id est u. s. w. Hierauf wird genau beschrieben, wie die Zehnten für die Pfarrkirchen einzutreiben seien, und zwar unter Modalitäten, wie sie sonst nirgends weiter angeordnet werden. Deshalb wird man das Citat, welches in „secundum quod anno praeterito denuntiatum est" enthalten ist, nicht sowohl auf die mit id est eingeleiteten Modalitäten, als vielmehr auf die allgemeine Bestimmung „dare nolentes exigantur" beziehen dürfen: dann aber kann keine der vielen über Zehnten handelnden Stellen mit so vielem Recht als hier allegiert gelten, wie die folgenden Worte des italischen Briefes: „Si quis autem de nonis et decimis censibusque reddendis contradixerit, sciat se in conspectu nostro exinde dicere rationem." Nirgends anders wird in ähnlicher Weise eine Bestimmung über die den Zehnten weigernden Personen getroffen, und die Worte des Capitulars „secundum quod denuntiatum est" scheinen auch am besten grade auf unsre Verordnung in Briefform bezogen werden zu können. Kann nun, wie weiterhin zu zeigen sein wird, das allegierende Capitular in das J. 787 mit größter Wahrscheinlichkeit gesetzt werden, so müßte der Brief in dem vorangehenden J. 786 erlassen sein. Es kann indeß mit völliger Gewißheit in dieser Beziehung nichts entschieden werden, und es läßt sich sogar gegen das J. 786 geltend machen, daß im cod. Sangall. 733., in welchem im Uebrigen die Capitularien in chronologischer Ordnung einander folgen, unser Brief den Capitularien von 789 nachgesetzt wird. Doch scheint mir der für das Jahr 786 angegebene Grund zu überwiegen.

5. Das Doppelcapitulare von Mantua. Anfang 787.
p. 109—111.

§. 30. Die Kapitel, welche Pertz Capitulare langobardicum duplex überschrieben, dem italischen König Pippin beigelegt und fortlaufend gezählt hat, bilden den Anfang der Capitularien im cod. S. Paul. in Kar., den P. bei seiner Ausgabe zu Grunde gelegt hat; ferner werden sie in den Handschriften von La Cava und Chigi Karls Heristaller Capitular von 779 in fortlaufender Zählung angehängt und von einem Fragment von Karls Capitula in leges addita (L. I. 113.) gefolgt. Die Handschrift von Tegernsee hat uns drei dieser Kapitel aufbewahrt: das eine (p. 111. c. 19.) zwischen c. 7. und 8. des Heristaller Capitulars eingeschaltet, alsdann nach Karls Brief an Pippin (L. I. 150.) die beiden hier in fünf Abschnitte getheilten Kapitel 12 und 16., denen als sechstes ein sonst unbekanntes Kapitel folgt (L. I. 112.). In den Handschriften von Blankenburg und Chigi wird c. 18. einem römischen, in den Handschriften von Blankenburg und Jvrea 34. c. 19. einem olennischen Capitular Lothars angehängt: endlich sind im liber legis Lang. c. 12. 15—17 unter die Gesetze Karls, c. 18. im Einklange mit den codd. Blank. und Chis. unter die Lothars, c. 19. unter die Ludwigs des Fr. aufgenommen.

Wenn der hier angegebene Handschriftenstand auf einen Erlaß der Capitularien durch Karl d. Gr. hinweist, so soll dagegen nach Pertz aus c. 16. und der Schlußclausel hervorgehen, daß die betreffenden Kapitel Pippin ihre Entstehung verdanken. Wenn ich die kurze Bemerkung von P. richtig verstehe, so sollen wohl in der Schlußclausel die Worte: „nisi forte a rege aliter precipiatur" auf die Autorschaft Pippins deuten, da Karl bei Erlaß des Capitulars bereits Kaiser gewesen, wie aus den anscheinend von P. ebenfalls angedeuteten Worten des c. 16: „sicut in capitulare domno imperatori scriptum est" zu schließen sein soll. Hiegegen ist jedoch einzuwenden, daß die Worte des c. 16. nur in der Handschrift von St. Paul, wie angegeben, lauten,[1] die andern Handschriften von Chigi, La Cava und Tegernsee dagegen übereinstimmend lesen: „sicut in capitulare nostro scriptum est."[2] Mit der hier

---

[1] Mit der Handschrift von St. Paul stimmt hier allerdings auch der liber legis Langob. überein, welcher jedoch für die Kritik des ursprünglichen Capitularientextes von sehr geringer Bedeutung ist. [2] Mit diesen Worten dürfte auf c. 12. desselben Capitulars gedeutet sein, sodaß sich für c. 16. der Sinn ergäbe: wenn der Bischof durch seinen Vogt nicht selbst das Recht wiederherstellen kann, so soll die vorliegende Sache durch den bischöflichen Vogt vor den Grafen oder iudex gebracht und dort entschieden werden.

hervortretenden Differenz scheinen nun noch die handschriftlichen Ver=
schiedenheiten an zwei andern Stellen im Zusammenhange zu stehen.
In c. 2. lesen die beiden Handschriften von La Cava und Chigi:
monasteria ... que sub nostro regimine dominio sunt (was
wohl zu verstehen ist: m. q. s. nostri regiminis d. s.), die Pauliner
Handschrift dagegen: monasteria que sub nostro dominio sunt,
mit Auslassung des regimine. Sodann in der Einleitung die bei=
den Handschriften von La Cava und Chigi: Placuit nobis Karolo gloriosissimi regis, ut u. f. w., die Pauliner Hand=
schrift dagegen: Placuit primis omnium ut u. f. w. An dieser drit=
ten Stelle nun glaube ich mit Bestimmtheit zu erkennen, daß die
Lesart der beiden erst genannten Handschriften die echte, die der
Pauliner willkürlich geändert ist. Worte wie primis omnium, in
primis, primo stehen nämlich sowohl in den langobardischen Edicten
wie in Capitularien am Anfange eines ersten Kapitels außerordent=
lich oft, wie dies z. B. hervorgeht aus den ersten Kapiteln von ed.
Liutp. volumen 1. 3. 5. 6. 7. 11. 15., Aist. 1, ferner aus den
Capitularien Leges I. p. 106, c. 2. p. 110, c. 12. p. 122, c. 1.
p. 127, c. 1. p. 166, c. 1. p. 168, c. 1. u. a. m.: nie aber finden
sich solche Worte am Eingange eines Prologs, der eben keine erste
gesetzliche Bestimmung, sondern eine Notiz über Entstehung und Ten=
denz der nun folgenden Kapitel enthält. Ein Prolog dieser Art ist
auch die unserm ersten Capitular vorangeschickte Notiz: „Placuit....
ut vitia que nostris temporibus in ecclesia emerserunt radicitus evellantur." Diese Worte enthalten keine gesetzliche Bestim=
mung, sondern sprechen nur eine Absicht aus, die durch das ganze
folgende Capitular ausgeführt wird, das deshalb beginnt: „1. Cap.
Volumus igitur." Neben diesem „primum capitulum" würde
aber ein vorhergehendes „Placuit nobis primis omnium" ebenso
wenig am Orte sein, wie andrerseits die Lesart „Placuit nobis
Karolo gloriosissimi regis" der Natur des Prologes entspricht und
in dem Prolog des Capitulars Leges I. 42: Complacuit nobis
Pipino excellentissimo regi eine Analogie findet. Wie aber hier
im Prologe die beiden Handschriften von La Cava und Chigi den
echten Text enthalten, die Pauliner Handschrift dagegen gefälscht ist,
so scheint das gleiche Verhältniß auch bei den beiden andern zuvor
bemerkten handschriftlichen Differenzen obzuwalten. Vielleicht läßt sich

sogar als Tendenz des Paulinischen Schreibers oder seines Originals bei den hier hervortretenden Aenderungen erkennen, daß die Erwähnung der Königswürde Karls getilgt und an die erlangte Kaiserwürde erinnert werden sollte. Die Erwähnung des Königs in c. 18. und dem Epilog auch in der Pauliner Handschrift würde gegen die Annahme einer solchen Tendenz nicht anzuführen sein, da der Schreiber an beiden Stellen nicht ohne Grund an den König Pippin denken durfte. Will man aber auch eine solche Tendenz als vorwaltend nicht anerkennen, so steht doch so viel fest, daß der Paulinische Schreiber sich willkürliche Aenderungen erlaubt hat,[1]) daß die Erwähnung des imperator in c. 16. ganz unverbürgt ist, und daß der Autorität der Handschriften von La Cava und Chigi, welche unsere Capitularien ausdrücklich dem König Karl zuschreiben, nichts entgegensteht.

Werden wir demgemäß auf Karl als Autor und auf die Zeit vor 801 verwiesen, so läßt sich auch der Ort, an welchem unsere Capitularien entstanden sind, mit ausreichender Sicherheit bestimmen. Das neunte Kapitel eines Olonnenser Capitulars von Lothar (p. 249.), welches lautet: De decimis vero dandis statuimus, ut, sicut in capitulari continetur quod in Mantua[2]) factum est, ita qui eas dare nolunt distringantur atque persolvant, muß ganz gewiß auf die Bestimmung von c. 19. unseres zweiten Capitulars: De decimis ut dentur, et dare nolentes .... a ministris reipublicae districti singuli per caput sex solidos ecclesiae component et insuper decima dare cogantur bezogen werden. Dies geht nicht nur aus der theilweisen und wörtlichen Aufnahme der früheren Bestimmung in das neuere Capitular hervor, sondern wird mit noch größerer Sicherheit dadurch erwiesen, daß die Schreiber der Handschriften von Blankenburg und Ivrea 34. in der That auch dem Olonnenser Capitular jenes daselbst allegirte Kapitel des Mantuaner Capitulars

---

1) Die oben angeführten Aenderungen sind übrigens nicht die einzigen: so halte ich z. B. die nur in der Pauliner Handschrift in c. 2. und 17 stehenden Worte: si ei placet und: si vobis placet ebenso für glossierende Einschiebsel, wie im Epilog die Bestimmung: in civitate Papia. 2) Das andere Mantuaner Capitular (Leges I. 40.) enthält gar keine Bestimmung über die Zehntzahlung.

wörtlich angehängt haben. (Vgl. Leges I. 249. c. 11. und die Beschreibung oben S. 41.)

Es entsteht weiter die Frage, auf welchem der italischen Züge vor 801 Karl diese Capitularien zu Mantua erlassen hat. In dieser Beziehung ist darauf hinzuweisen, daß in einem Capitular Pippins (Leges I. 70.), welches jedenfalls bald nach der in die Jahre 786 und 787 fallenden italischen Expedition Karls entstanden ist, an drei verschiedenen Stellen Bestimmungen des Mantuaner Capitulars von Pippin bestätigt und wiederholt werden, wie mir scheint aus dem Grunde, weil die Mantuaner Capitularien nicht auf einem Reichstage erlassen und ihre Bestätigung oder Abänderung durch die Großen des Langobardenreichs vorbehalten worden war.[1]) Die in den beiden Capitularien einander entsprechenden Stellen sind die folgenden:

Karoli cap. p. 110. 111.

c. 13. Ut clerici seu monachi vagantes sive de ipsa parrochia sive aliunde supervenientes sine consensu episcopi a nemine suscipiantur.

c. 14. Ut ecclesiae baptismales ab his qui debent restaurentur et singulis, prout possivilitas fuerit, restaurandi mensura deputetur.

Pipini cap. p. 70. 71.

c. 2. Ut, sicut domnus rex Carolus demandavit de illis monachis qui de Francia vel aliunde venerunt...., nemo ex vobis secum deticeat ipsos.

c. 3. De presbiteris qui de alia parrochia veniunt, ut nullus eos debeat recipere sine dimissoria episcopi sui.

c. 7. Placuit nobis de ecclesiis baptismalibus, ut in omnibus debeant esse conservatae et restauratae, quomodo domnus rex Karolus demandavit et in suo capitulare continetur.

---

1) Vgl. den Epilog. S. 111.: Haec interim, ut supradictum est, servare convenit, quousque in sequenti conventu qui in medio Octubrio condictus est, nisi forte a rege aliter precipiatur, aliquit melius addendum mutandumve Deo duce invenitur. Vgl. oben §. 5.

c. 12. Volumus primo, ut
neque abbates et presbyteri
neque diaconi et subdiaconi
neque quislibet de cleros de
personis suis ad publica vel
secularia iudicia destringantur,
set a suis episcopis adiudicati
iustitia faciant. Si autem de
possessionibus u. ſ. w.

c. 8. Et hoc instituimus,
ut emunitates a iam dicto
domno nostro firmatas in omnibus sic conservatas esse debeant, sicut est iussio domni
nostri Caroli regis.

Es scheint mir daher durchaus gerechtfertigt, die Mantuaner Capitularien in die Zeit des dem Capitular Pippins unmittelbar vorangehenden italischen Zuges Karls, d. h. in den Frühling des J. 787 zu setzen. Karl befand sich zu dieser Zeit in Oberitalien, konnte aber dort wegen der Verhältnisse im Frankenreiche nicht lange verweilen, sondern mußte die Bestätigung und Ergänzung der kraft eigener Autorität erlassenen gesetzlichen Bestimmungen dem nächsten für den October berufenen Landtage überlassen, wie dieses der Epilog besagt.

Uebrigens hat man in den besprochenen Kapiteln nicht ein, sondern zwei, allerdings gleichzeitige, Capitularien zu erblicken: das erstere, kirchlichen Inhalts, besteht aus dem Prologe und den folgenden eilf, das zweite aus den übrigen acht Kapiteln. Denn wenn es in dem kurzen Prologe heißt: Placuit nobis K. gl. r. ut vitia quae in sancta Dei ecclesia emersa sunt radicitus evellantur, so tritt diese Absicht nur in den Bestimmungen der ersten Kapitelreihe hervor, während der Beginn von cap. 12. nach Pertz'scher Zählung (Volumus primo) natürlich den Anfang eines neuen Capitulars bezeichnet, dessen Prolog, wie dies öfters geschehen, von den Abschreibern als unnütz fortgelassen worden ist. Daß auch P. einmal bei Vorbereitung der Edition unsere Kapitel für zwei verschiedene Karl zuzuschreibende Capitularien gehalten, dann aber einer entgegengesetzten Meinung sich zugekehrt hat, ersieht man deutlich aus seiner Anmerkung 1. pag. 36: In codice Tegernseensi inseritur hic caput aliud de decimis quod infra in capitulari Karoli langobardico cap. 8. adlaturi sumus. Vergebens wird der Leser dieser Stelle die ganze Capitularienausgabe nach diesem cap. 8. des Capi-

tulare langobardicum Karls durchsuchen: denn das hier bezeichnete Kapitel De decimis ist bei P. c. 19. des Capitul. lang. Pippins, dagegen allerdings nach der hier von mir vertheidigten Ansicht das achte des zweiten Mantuanischen Capitulars Karls.[1)]
Was endlich das nur in der Tegernseeer Handschrift erhaltene und dort einem Auszuge aus unserm zweiten Capitular angehängte Kapitel Leges I. 112. c. 6. angeht, so läßt sich dasselbe nur soweit charakterisieren, als es mit unserm Mantuaner Capitular jedenfalls nichts gemein hat und, seine Echtheit vorausgesetzt, wegen der Worte: unusquisque procurator civitatis ex nostra imperiali parte ammonendo precipiat nicht vor 801 entstanden sein kann,

6. **Die capitula ad legem Langobardorum addita (c. 801.) und die von Pertz mit denselben verbundenen Kapitel.**
p. 83 — 86.

§. 31. Sämmtliche oben im zweiten Kapitel beschriebenen italischen Handschriften, mit Ausnahme der vaticanischen und sangallischen, haben sieben Kapitel überliefert, die der vorangeschickte Prolog als Zusätze zu den langobardischen Edicten genügend charakterisiert. Dagegen besagt derselbe Prolog keineswegs mit der von Pertz angenommenen Bestimmtheit, daß das Capitular im J. 801 in Italien überhaupt und namentlich in Pavia entstanden sein müsse. Ich vermag wenigstens aus dem Prologe nur herauszulesen, daß während des Aufenthalts Karls in Italien im Jahre 801 mehrere vor den Kaiser gebrachte Angelegenheiten und Streitigkeiten sofort geordnet und entschieden, die Entscheidung anderer dagegen auf gelegenere Zeit verschoben worden sei, „ad tempus dilata." Wann diese verschobene Entscheidung erfolgt sei, darüber sagt, wie ich glaube, der Prolog gar nichts. Die Form, welche für die Publication des Capitulars gewählt worden ist, die eines Erlasses oder offenen Briefes an die weltlichen Behörden, möchte vielmehr darauf deuten, daß

---

1) Falsche Allegate, welche in derselben Weise die wechselnden Meinungen des Herausgebers verrathen, sind in der Ausgabe von P. leider nicht selten: drei weitere Beispiele f. o. S. 92 Anm. 1, ferner §. 38, die letzte Anmerkung und §. 50. unter 2.

das Capitular gar nicht mehr in Italien von Karl publiciert, sondern vielleicht nach der Rückkehr von Francien aus den italischen Behörden zugeschickt worden ist, wie dies mit dem p. 81. abgedruckten Briefe der Fall gewesen. Ist aber die Abfassung wirklich, was immerhin möglich ist, noch in Italien erfolgt, so ließe sich im Hinblick auf die annales Laureshamenses, welche den Aufenthalt in Pavia gar nicht erwähnen und nur sagen: adpropinquante aestivo tempore direxit iter suum partibus Ravennae iustitias et pacem faciendo, und auf die Worte der annales Einhardi: imperator Ravennam venit et aliquot dies ibi moratus Papiam perrexit, Ravenna leicht mit größerem Rechte wie Pavia als Entstehungsort bezeichnen. Indessen wird man sich einer sicheren Entscheidung der angeregten Fragen zu enthalten haben und mit dem feststehenden Resultat begnügen müssen, daß das aus einem Prolog und sieben Kapiteln bestehende Capitular p. 83. 84. entweder in Italien selbst im J. 801 oder bald nach der Rückkehr von dort in Francien erlassen worden.

In den Handschriften von Tegernsee, La Cava und Chigi wird noch ein achtes Kapitel angehängt, welches, ebenfalls mit der Zahl VIII. bezeichnet, auch im codex Epored. 34. als Anhang zum Dietenhofer Capitular (pag. 131.) steht und im cod. S. Paul. in Kar. den Capitula per missos cognita facienda (§. 22.) zugefügt worden ist. Erregt so dieses Kapitel durch das Fehlen in fünf Handschriften und durch die unsichere Stellung in den übrigen Zweifel, so ist dagegen sein Inhalt unbedenklich, und da auch im liber legis Langob. capp. 7. 8. dieses Capitulars unter den Gesetzen Karls des Großen als 88. 89. auf einander folgen, so darf vielleicht cap. 8. noch dem langobardischen Capitular zugeschrieben, das durch die Handschriften angeregte Bedenken, auf Zufälligkeiten zurückgeführt werden.

Dagegen ist es völlig zweifellos, daß von den weiterhin als cap. 9—24. dem langobardischen Capitular von P. angehängten Kapiteln, so verschiedenartig sie sind, doch auch nicht ein einziges zu demselben wirklich gehört oder mit ihm auch nur in entfernter Beziehung steht.

Was zunächst cap. 9—13. angeht, so stehen diese allerdings in einer von den zehn Handschriften, der Paulinischen, nach dem

langobardischen Capitular: aber daß selbst der Schreiber dieser Hand=
schrift nicht daran gedacht hat, diese neue Reihe von Kapiteln mit
den vorhergehenden als ein Capitular zu betrachten, geht, wie ich
aus der für die M. G. genommenen Abschrift des codex ersehen
habe, deutlich daraus hervor, daß dem Kapitel 10. Leg. I. 84. die
Bezeichnung „cap. II." vorgesetzt worden ist, sodaß also selbst nach
dieser Handschrift mit cap. 9. ein neues Capitular zu beginnen
war. In der That stellen sich denn auch die im cod. Paul. folgen=
den fünf Kapitel sämmtlich als Gesetze Ludwigs des Fr. heraus,
und zwar c. 9—11. als ein vollständiges in das Jahr 814 oder
815 zu setzendes Capitular, von dem unten (§. 38.) noch zu spre=
chen sein wird, c. 12. und 13. aber als die beiden aus den Capitula
legibus addenda von 817 entnommenen Kapitel 12 und 11. (Vgl.
Leges I. 212.)

Ebenso wie in der Pauliner, findet sich auch in der Blanken=
burger Handschrift hinter dem langobardischen Capitular eine bunte
Reihe von Kapiteln, welche von P. als c. 14—24. dieses Capitu=
lars herausgegeben sind. Ihr ganz verschiedenartiger Charakter ist
indeß leicht zu erkennen. Die beiden ersten Kapitel, c. 14. 15.,
sind in Wahrheit der Anfang eines Capitulars, welches vollständiger
in einer Pariser Handschrift erhalten und danach von P., allerdings
mit Zerstörung seines individuellen Charakters, p. 121. als c. 16—
22. herausgegeben worden ist. Ich sage: der Anfang, denn in
beiden Handschriften ist deutlich die vorangehende Ueberschrift des
ganzen Capitulars zu erkennen: „Hoc nobis praecipiendum est
omnibus cognitum facere" oder, wie sie nach der Pariser Hand=
schrift besser lautet: „Hoc a nobis praeceptum est omnibus
cognitum facere" (S. ganz ähnliche Ueberschriften Leges I. 40.
146, Ueberschrift, und p. 147, c. 6. am Schluß, verglichen mit dem,
was hierüber oben §. 22. bemerkt ist). Freilich erscheint diese Ueber=
schrift in der Ausgabe bei P. (beide Mal gleich ungehörig) an erster
Stelle als Anfangsworte des ersten Kapitels, an zweiter Stelle gar
als Schlußphrase des vorangehenden, in der That einem ganz andern
Capitular angehörenden c. 15. Was Zeit und Charakter dieses in
der Blankenburger Handschrift nur in den beiden ersten Kapiteln
erhaltenen Capitulars angeht, so möchte man es, im Hinblick auf
die zweimal wiederkehrende Bezeichnung rex und auf die Anfangs=

worte des c. 1. „Ut infra regna Christo propitio nostra," für eine von Karl allgemein und vor dem J. 801 erlassene Verordnung halten, obwohl die auffallende Uebereinstimmung von:

cap. 1.	mit	Roth. 358.
Ut infra regna Christo propitio nostra omnibus iterantibus nullus hospitium deneget, mansionem et focum, similiter pastum nullus contendere faciat excepto pratum et messem.		Nulli sit licentia eterantibus erba negare, excepto prato intacto tempore suo aut messem.

möglicher Weise auf einen Ursprung in Italien deuten könnte.

Kehren wir nun zu dem Excerpt der Blankenburger Handschrift zurück, so sind weiter cap. 16. 17. 18. entnommen aus einem Capitulare Vernense Pippins des Kurzen vom J. 755. cap. 7. und 9., und es liegt bei dem Charakter dieser capitula per saturam congesta durchaus keine Veranlassung vor, etwa an eine erneute Publication der Vernischen Kapitel zu denken. Der Schreiber nahm eben auf, was ihm gut dünkte oder zur Verfügung stand.

Die Quelle der folgenden c. 19—23. vermag ich nicht anzugeben. Es ist immerhin möglich und hat sogar eine gewisse Wahrscheinlichkeit, daß uns in denselben die Bestandtheile eines einzigen, kirchenrechtliche Satzungen enthaltenden Capitulars erhalten sind. Doch würden in diesem Falle, um einen logischen Zusammenhang in das Capitular zu bringen, die einzelnen Kapitel anders zu ordnen sein, etwa so: c. 23. 21. 22. 20. 19. Das c. 19. hat übrigens auch Aufnahme in den liber legis Langob. und zwar unter die Gesetze Karls gefunden, ohne daß jedoch aus der Stelle, die es dort einnimmt, für die Herkunft sich etwas ergäbe.

Was schließlich c. 24. angeht, so ist dasselbe auch in der Tegernseeer Handschrift den Leg. I. 146. 147. herausgegebenen Kapiteln angehängt und in den beiden Ivreer Handschriften allerdings dem c. 7. unseres langobardischen Capitulars zugefügt. Mit den letztern stimmt auch der liber legis Lang. sofern überein, als hier unter den Gesetzen Karls des Gr. c. 89. 90 entsprechen dem oben erwähnten

c. 8. und der Ueberschrift dieses c. 24. Gleichwohl wird man aber auch dieses letztere Kapitel nicht für einen Bestandtheil des longobardischen Capitulars zu halten berechtigt sein, weil es in sechs Handschriften fehlt, in den vier andern an ganz verschiedenen Orten steht, und weil es vor Allem in den Ausgaben sowohl wie in sämmtlichen für die Mon. Germ. benützten Handschriften der lex Ribuaria den Titel 89., resp. 91. dieses Volksrechts bildet. Die Aufnahme dieses Titels in einige Capitularhandschriften auf eine offizielle Anordnung zurückzuführen, liegt durchaus keine Veranlassung vor.

7. Der Brief Karls an seinen Sohn Pippin c. 807. p. 150.

§. 32. Rücksichtlich desselben habe ich den von Pertz gemachten Bemerkungen nichts zuzufügen.

8. Das angebliche Capitulare Ingelheimense. p. 151.

§. 33. Das Leges I. p. 151. gedruckte Capitular steht vollständig in den Handschriften von Tegernsee und Ivrea n. 34.; die c. 6—9. 12. 13. haben auch in der Handschrift von S. Paul in K., die c. 6. 13. in denen von Chigi und La Cava, c. 13. im liber leg. Lang. als Karol. M. 97. Aufnahme gefunden. Da das Capitular also nur in italischen Handschriften vorkommt und hier überall unter Gesetzen Karls, so ist es wahrscheinlich, daß es auch von Karl für Italien erlassen worden ist. Mit dieser Annahme steht im Einklange, daß es im c. 9. heißt: „aut ad nos aut ad filium nostrum caput teneant" und c. 13: „exepto si de palacio nostro aut filii nostri missus veniat," da hier bei dem „nos" an Karl, bei dem „filius noster" an Pippin zu denken ist. Zwar hat die Pauliner Handschrift [1]) an beiden Stellen andre Lesarten, nämlich: „aut ad filios nostros" und „exepto si at palatio nostro

---

1) Durchaus unrichtig sagt P. in der Vorrede p. 151., daß auch die Handschriften von La Cava und Chigi mit der Pauliner übereinstimmen: vielmehr enthalten jene, wie die Handschriftcollationen ergeben, nicht die cap. 6—9. 12. 13, sondern nur die cap. 6. und 13., und den Text derselben fast buchstäblich übereinstimmend mit der Tegernseeer, nicht aber mit der Pauliner Handschrift. Die Ivreer Lesarten sind mir leider unbekannt geblieben.

aut ad filiis nostris missus veniat": ¹) aber biesen Lesarten stehen alle übrigen Handschriften entgegen, und zwar in c. 13. außer denen von Tegernsee, La Cava und Chigi noch die sämmtlichen sieben des liber legis Langob. Ich trage daher kein Bedenken, die vulgären Lesarten für die richtigen, die der Pauliner Handschrift auch hier, wie schon früher (§. 30.) für willkürlich geändert zu halten.

Daß auch dieses Capitular eine der vielen Gesandteninstructionen sei, geht aus dem ganzen Charakter desselben, namentlich aber aus so unvollständigen Bestimmungen hervor, wie sie sich finden in c. 3.: Quomodo marca nostra sit ordinata et quid per se fecerunt confiniales nostri specialiter istis preteritis annis, in c. 8.: De eo quod dicunt, se non posse habere homines ad marcam defendendam, si eos bene distringant, und c. 10.: De obsidibus quod bene non custodiunt et ab eis fugiunt. Auf die hier angedeuteten Verhältnisse sollten die Missi ihr besonderes Augenmerk lenken und über die gemachten Wahrnehmungen berichten.

Ort und Zeit der Entstehung dieses Capitulars können meines Erachtens mit Bestimmtheit nicht angegeben werden. Die von P. gemachte Ueberschrift „Capitulare Ingelheimense. A. 807." enthält zwei gleichmäßig unerwiesene Behauptungen, und wenn ich die in ihrer Kürze etwas räthselhafte Bemerkung des Herausgebers: Edictum hoc ex capite 13. intra annos 806 et 810 promulgatum recht verstehe, so erscheint mir höchstens der angegebene Endtermin richtig, da das p. 169. c. 6. herausgegebene Kapitel des Jahres 811 allerdings wohl eine Bestimmung, wie sie in unserm c. 13. getroffen ist, voraussetzt, wogegen ich in der Gesetzgebung des Jahres 805 nichts finde, was demselben c. 13. nothwendig vorangehen müßte. Die chronologische Bestimmung von Baluze „Capitulare incerti anni" wird auch heute noch die richtige sein oder nur dadurch begrenzt werden können, daß man die Entstehung des Capitulars vor die Zeit des 810 erfolgten Todes Pippins setzt.

---

1) So hat die für die Mon. Germ. aus der Pauliner Handschrift genommene Abschrift: die Ausgabe ist an dieser Stelle ungenau.

III. Die Capitularien des italischen Königs Pippin.

1. **Die drei etwa zwischen 782 und 792 erlassenen Capitularien.**
p. 42—44. 46. 47. 70. 71.

§. 34. Nachdem in den Ostertagen des J. 781 Pippin von seinem Vater Karl zum König Italiens oder des Langobardenreichs bestellt und vom Pabst Hadrian als solcher gesalbt worden war, erließ er in dieser Eigenschaft nach und nach eine Reihe von Verordnungen. Die erste derselben haben nur die Handschriften von La Cava und Chigi erhalten (p. 42—44.): in beiden steht sie unter den Capitularien Pippins an erster Stelle, und ebenso bildet sie auch im liber legis Lang. den Anfang der Gesetze Pippins. Sowohl in den genannten beiden Handschriften wie in dem langobardischen Gesetzbuch folgen jener die von Pippin zu Pavia erlassenen Capitula de diversas iustitias secundum sceda domni Caroli genitoris nostri, welche sich überdies noch in den beiden Handschriften von Ivrea, von St. Paul, Gotha, Modena, Paris 4613 und theilweise auch in der von St. Gallen 733 finden, in welcher letzteren einige Kapitel den Schluß der ganzen dort enthaltenen Sammlung bilden. Diesem zweiten Capitular folgt endlich als drittes in den Handschriften von Chigi, St. Paul und Paris, sowie auch im liber legis das bei P. auf S. 46. 47. gedruckte: dasselbe geht dagegen in den beiden Handschriften von Ivrea, Modena und Gotha jenem zweiten voran, hat in der von La Cava am Schluß, in denen endlich von Tegernsee und Blankenburg inmitten der Gesetze Karls seine Stelle.

Hinsichtlich dieses dritten Capitulars hat P., ähnlich wie oben bei dem von Heristall (§. 17.), eine doppelte Recension, eine fränkische von Karl und eine langobardische von Pippin herrührende, erkennen und herstellen zu dürfen geglaubt. Aber wenn bei jenem Heristaller Capitular die verschiedenartig in den Handschriften überlieferte Form jener Annahme eine gewisse Stütze verlieh, so läßt sich dagegen für die Unterscheidung einer doppelten Recension des hier in Rede stehenden Capitulars auch nicht der Schein eines Grundes anführen. In dieser Beziehung stimme ich vollständig dem bei, was schon Baudi di Vesme in einem offenen Briefe an Merkel „dell' edizione delle leggi langobardiche" S. 38. Anm. 1. wie folgt bemerkt hat:

„Ich glaube, daß hier nur ein einziges, und zwar langobardi=
„sches Capitular vorliegt. Weder das Vorhandensein der Rubri=
„ken in den einen, und Fehlen derselben in den andern Hand=
„schriften, noch die unbedeutenden Abweichungen in den Lesarten,
„die nur in offenbarem Irrthum oder Willkür der Abschreiber
„begründet sind, constituieren zwei Texte oder Ausgaben, eine
„fränkische und eine langobardische: und die beiden einzigen
„Handschriften, in denen man den angeblich fränkischen Text lesen
„soll, enthalten, ebenso wie alle übrigen, langobardische
„Capitularien, die Gothaner sogar das vollständige Edict."

Diesen Bemerkungen Vesmes will ich nur das noch hinzufügen, daß jene „unbedeutenden Abweichungen in den Lesarten" nur schein= bar, nicht wirklich vorhanden sind: denn, wie ich aus den für die M. G. besorgten Collationen ersehe, ist P. an den Stellen, an wel= chen der angeblich langobardische Text von dem fränkischen abweichen soll, in der Regel nur einer Handschrift gefolgt, während die Les= arten der übrigen „langobardischen" Handschriften mit dem „fränki= schen" Text übereinstimmen, aber als unerheblich nicht angemerkt worden sind. Nicht besser verhält es sich mit dem andern angebli= chen Charakteristicum des „langobardischen" Capitulars, den Kapitel= rubriken. In der Pauliner und Pariser Handschrift, welche doch ebenfalls den „langobardischen" Text enthalten sollen, fehlen, wie ich aus den Abschriften ersehe, die meisten Rubriken; für den „fränki= schen" Text dagegen hätte man dem Setzer nur vorschreiben dürfen, für die Anfangsworte der c. 1. 2. 3. 5. schräge Buchstaben anstatt der graden anzuwenden, ebenso wie es bei dem „langobardischen" Text geschehen, und das Characteristicum wäre hier sofort ver= schwunden.

Aber nicht die Unterscheidung einer doppelten Recension allein beruht auf einem Irrthum: es muß auch bestritten werden, wie es ebenfalls von Vesme in den mitgetheilten Worten geschehen ist, daß dieses Capitular jemals im Frankenreich publiciert worden. Schon daß dieses nur in italischen Handschriften erhalten ist, zeugt für seine ausschließliche Bestimmung für das langobardische Reich, welche überdies zweifellos bestätigt wird durch Bestimmungen, als da sind:

De diversis generationibus qui in Italia commanent volumus (c. 4.), Non est nostra voluntas ut homines Placentini de curte palatii nostri aldiones recipiant (c. 15.), De fugitivis qui partibus Beneventi sive Spoleti et Romaniae vel Pentapoli confugium faciunt (c. 16.). Die Beziehung dieses Capitulars nur auf Italien erhellt ferner daraus, daß die Bestimmung in c. 9.: De filia cuius pater per manum erogatoris omnes servos suos iussit fieri liberos, et quia contra legem esse videtur, instituimus, quod ipsa filia in tertiam portionem de praefatis servis iterum introire possit, in keinem der andern Volksrechte als im langobardischen (Edict. Liutp. c. 65. ed. Baudi di Vesme) ihre Rechtfertigung findet, und daß die c. 17. erwähnte consuetudo, sigillum et epistola prendere et vias vel portoras custodire, nirgends anders hervortritt als Rachis cap. in brevi 1. (Vesme ed. reg. Lang. p. 161. Walter corp. iur. germ. I. 830.). Baluze hatte also vollkommen Recht, wenn er unserer Verordnung die Ueberschrift gab: Capitulare de causis regni Italiae.

Wie das erste und zweite der in diesem Abschnitte erwähnten Capitularien in den vorangeschickten Vorreden Pippin zugeschrieben werden, so wird man die gleiche Autorschaft auch bei diesem dritten annehmen dürfen: das palatium nostrum, welches hier wiederholt erwähnt wird, kann kein anderes als das italische sein, in welchem Pippin residierte. Mit Recht wird also in der Handschrift von Chigi und in dem langobardischen Rechtsbuch das Capitular dem genannten König beigelegt.

Bei der Frage endlich, zu welcher Zeit die drei hier behandelten Capitularien entstanden seien, hat P. geglaubt, besonderes Gewicht auf c. 14. des dritten (p. 47.) legen zu dürfen, welches lautet: De rebus quae Hildegardae reginae traditae fuerunt volumus, ut fiant descriptae per breves, et ipsae breves ad nos fiant adductae. Aus diesem, sagt P., ergebe sich, daß das ganze Capitular unmittelbar nach dem im Mai 783 erfolgten Tode der Königin Hildegard entstanden sein müsse. Sowenig der schon von Goldast und Baluze hervorgehobene Zusammenhang jener Bestimmung mit dem Tode der Königin verkannt werden darf, so ist die hier vorgeschriebene Inventarifizierung (inbreviatio) doch nicht nothwendig als eine unmittelbare Folge des Todes der Königin anzusehen. Daß jene Bestimmung in einem langobardischen Capitular getroffen worden, zeigt, daß die hier berührte Schenkung an die Königin Hildegard in italischen Grundstücken bestand: sie war höchst wahrscheinlich im Jahre 781 erfolgt, als Karl mit seiner genannten Gemahlin und seinen beiden Söhnen Pippin und Ludwig sich in Italien aufhielt. Nach dem Tode der Königin mußten jene Grundstücke wieder dem palatium Ticinense zufallen, und in Folge dessen sollten sie auch in den gedachten breves aufgezeichnet und beschrieben werden, wie dies einer schon unter den langobardischen Königen bestehenden, durch eine Notitia Liutprands [1]) bezeugten Sitte entsprach. Eine Folge dieses Anfalls der res Hildegardae olim traditae an das italische Palatium, nicht aber eine unmittelbare Folge des Todes der Königin ist die Anordnung in c. 14., und es ist keineswegs nothwendig, daß die inbreviatio sofort nach dem Tode der Königin oder nach dem Anfall an das Palatium erfolgt ist: sie kann ebensowohl auch anfangs unterblieben und erst später vorgenommen worden sein. Ich sehe daher keinen zwingenden Grund, dieses Capitular mit P. in das Jahr 783 und das in den Handschriften vorangehende Capitular (Leges I. 42.) mit Bestimmtheit in das Jahr 782 zu verweisen, und halte vielmehr dafür, daß unsere drei Capitularien, namentlich das erste und dritte, bestimmten Jahren nicht zugeschrieben werden können. Die Reihenfolge, in welcher Pippin die drei Capitularien erlassen, scheint mir am besten und vollständigsten in der Chigischen Handschrift und dem langobardischen Rechtsbuch beobachtet. Die erste Stelle nimmt überall das Capitular Leges I. 42. ein. Dasselbe kann nicht früher als 782 entstanden sein, weil seine Promulgation nach c. 9. und dem Epilog in der Zeit vor Ostern erfolgt sein muß, Pippin aber erst am Ostertage des J. 781 zum König bestellt worden ist. Andrerseits ergiebt sich der späteste Termin für den Erlaß des ersten Capitulars durch Karls in den Jahren 786 und 787 erfolgten italischen Zug, weil das zweite Capitular Pippins (Leges I. 70.) in die Zeit

---

1) Ed. reg. Langob. ed. Vesme p. 194. c. 4.: quia pro cautella et pro futuris temporibus per omnes curtes nostras breves facimus de omni territuria de ipsas curtes pertinentes.

bald nach diesem Zuge fällt. Denn dies schließe ich allerdings mit P. aus dem Zusammenhange des c. 10.: „Placuit nobis de illis feminis, quarum mariti in Frantia esse videntur, ut eorum iustitias sic habeant sicut fuit iussio domni nostri" mit der in fast allen Annalen jener Zeit wiederkehrenden Nachricht, Karl habe im J. 787 (etwa im Mai) eine Anzahl der edelsten Langobarden als Geiseln nach Franken geführt. Vielleicht läßt sich dieses Capitular sogar genau in die Mitte des Monats October 787 setzen, weil Karl in einem Capitular, welches er auf jenem italischen Feldzuge erlassen, auf etwaige Zusätze oder Abänderungen verweist, welche geschehen könnten „in sequenti conventu, medio Octubrio qui condictus est" (p. 111. epilogus), und weil in der That dieses Capitular Pippins auf jene als Cap. Mantuanum nachgewiesene Verordnung Karls wiederholt Bezug nimmt.[1]) (S. o. §. 30.) Später als 787 wird man mit dem relativ meisten Recht das dritte Capitular Pippins setzen können auf Grund der Handschriften von St. Paul, Paris, Chigi und des langobardischen Rechtsbuchs, in denen es gleich nach demjenigen, welches ich für das zweite halte, steht, und vielleicht auch auf Grund der Tegernseer und beiden Joreer Handschriften, in denen es den Gesetzen des J. 789 folgt, also vielleicht nach diesem Jahre entstanden ist. Es ist indeß zuzugeben, daß die hier für das dritte Capitular rein aus der Anordnung der Capitularien in den Handschriften ermittelte Entstehungszeit keineswegs sicher begründet ist. Die Richtigkeit von Pertzens Annahme, nach welcher das Capitular pag. 46. für älter als das pag. 70. befindliche zu halten wäre, bleibt immerhin möglich: nur darf jenes erstere nicht grade präcis in das Jahr 783, und ganz gewiß nicht mit Pertz in die Tietenhofer oder Wormser Reichsversammlung, sondern, wie ver-

---

1) Wenn P. glaubt, die Vorschrift in c. 2. Pippins: „Instituimus, ut sicut domnus rex Carolus demandavit de illis monachis qui de Frantia vel aliunde venerunt" deute auf die Worte des Legationis edictum v. 789. De monachis gyrovagis (p. 67. c. 1.), und dann hieraus den Schluß zieht, daß das Capitular Pippins nicht vor 789 entstanden sein könne, so vermag ich dem nicht zuzustimmen, da ich nicht sehe, daß die Worte „De monachis gyrovagis" in jenem nur für die Missi bestimmten Memorial überhaupt irgend etwas „demandant." Vielmehr scheint mir auch hier das oben erwähnte Capitular von Mantua allegiert zu sein. (Vgl. §. 30.)

muthlich alle Capitularien Pippins, nach Pavia verlegt werden. — Baluze (II. 1040.), welcher das Capitular Leges I. p. 46. im J. 793 entstanden glaubt, gründet diese Ansicht nur auf einen vielleicht anzunehmenden Schreibfehler in der Handschrift, die Sirmond möglicher Weise gehabt haben könnte: der völligen Unsicherheit dieser beiden Voraussetzungen entspricht auch der Werth jener Annahme.

2. **Ein Capitulare episcoporum und eine Gesandteninstruction Karls. a. 792.**
p. 50.

§. 35. In dem einzigen cod. Paris. 4613. werden dem zweiten und dritten Capitular Pippins, die durch fortlaufende Kapitelzählung mit einander verbunden sind, eine Anzahl Kapitel angereiht, welche Baluze als einen Bestandtheil des dritten Capitulars Pippins, Pertz dagegen als ein Capitulare langobardicum des Jahres 786 angesehen hat. Die erstere Auffassung wird namentlich durch die zahlreichen übrigen Handschriften, in denen das dritte Capitular Pippins ohne jene Zusatzkapitel enthalten ist, widerlegt, gegen die Richtigkeit der anderen sprechen sehr gewichtige Gründe.

Wer diese bei P. Leges I. 50. herausgegebenen Kapitel ein wenig genau ansieht, wird, wie ich meine, in ihnen zwei ebenso ihrem Inhalt wie ihrer Form nach von einander verschiedene Verordnungen erkennen müssen. Die Kapitel 1—5. enthalten nämlich ein von langobardischen Bischöfen berathenes, vom König, wahrscheinlich von Pippin, bestätigtes Capitular. Die in demselben getroffenen Bestimmungen gehören ohne Ausnahme zu den kirchenrechtlichen Satzungen. C. 1. handelt von Nonnen, welche trotz ihres Eintritts in das Kloster das Keuschheitsgelübde brechen, c. 2. und 3. von allerhand Zauberei und Aberglauben, c. 4. vom Eheverbot wegen Blutsverwandtschaft, c. 5. von Ehebruch. Kanonische Strafen sind es, mit denen die angegebenen Vergehen überall bedroht werden (c. 1.: ad poenitentiae recurrant medicamentum; c. 2.: faciant eos agere poenitentiam; c. 4.: eos ad poenitentiae remedium faciant destinari): und erst in der Schlußclausel wird erwähnt, daß nach besonderer Vorschrift des Königs die Uebertreter in jenen Fällen überdies noch ihr Wergeld ad sacrum palatium zahlen sollen. Daß diese Kapitel von langobardischen Bischöfen aufgesetzt worden sind, glaube ich aus einer auffallenden theilweisen Uebereinstimmung des Capitulars mit Stellen der langobardischen Edicte schließen zu dürfen. Man vergleiche in dieser Beziehung

Edict. Liutpr. c. 30. (ed. Vesme) mit

De his feminis quae velamen sanctae religionis in se suscipiunt aut quae a parentibus suis Deo vovintur.... aut vestem monastiga induere vedentur.... et postea maritum se copolaverit.

c. 1. des Capitulars.

De his feminis qui se Deo voverant et se monastica veste induerant et postea se maritis copulaverunt.

Ferner Liutp. 84. 85. gleichen Inhalts mit c. 2.[1])

Liutp. 33. 34. mit c. 4.

ut nullus homo presumat relicta de consoprino aut insoprino suo uxorem ducere.... ubi autem inventi fuerint qui suprascripta inlicita coniugia contraxerint, de presenti separentur.

ubi factae sunt inlicitas coniunctiones, ita ut qui uxorem consobrino aut insobrino suo uxorem duxisset aut etiam qualibet parentem suam, sine omne moderatione eos ab invicem separentur.

Dieses von den Bischöfen abgefaßte, vom König bestätigte Statut (c. 5.: Sic placuit domno regi) schließt aber mit c. 5., dessen eigener Wortlaut schon (Et hoc etiam scribimus) andeutet, daß hier das Capitular zu Ende gehe.[2]) Die weiter in der

---

1) Ich verstehe nicht, weshalb v. Daniels, Handbuch der Reichs- und Staatenrechtsgeschichte I. 284. n. 2. mit Bezug auf unser Capitular bemerkt: die cap. 2. 3. machen die Beziehung auf Italien zweifelhaft, und auch der übrige Inhalt verräth eine solche nicht. — 2) In ähnlicher Weise wird der Schluß eingeleitet Leges I. p. 44. epilog; p. 241. c. 4.: Et hoc damus in mandatis; p. 75. c. 55. 56.

Handschrift und als c. 6—9. bei P. folgenden Kapitel sind von den vorangehenden völlig verschieden: ihren Charakter deutet die vorangeschickte Rubrik des neuen Capitulars an. Ich halte es nämlich für über allem Zweifel erhaben, daß die Anfangsworte von c. 6. die Ueberschrift einer neu beginnenden Gesandteninstruction sind, die Worte nämlich: De singulis capitulis, quibus domnus rex missis suis praecepit, qui nulla (dies corrupte Wort ist entweder in nunc, oder mit P. etwa in nova zu emendieren) sacramenta debeant audire et facere. Denn in der That enthalten die nun folgenden Kapitel eine Instruction für die in das Reich ausgesandten Missi, in welcher vorwiegend angeordnet wird, **welchen Personen und durch welche Personen der Fidelitätseid von Neuem abzunehmen sei.** Daß jene Worte ganz den Charakter einer Ueberschrift tragen, ergiebt ebenso ihr eigener Sinn wie eine Vergleichung mit andern, ähnlich lautenden Rubriken, z. B.: p. 40.: **De singulis capitulis, qualiter Mantua notum fecimus**, und p. 46.: **Capitulare quem domnus rex precepit de quibusdam causis.** Die Natur einer Gesandteninstruction aber ergiebt sich nicht nur aus der Ueberschrift, sondern auch aus den Anfangsworten von c. 6.: Quomodo illum sacramentum iuratum esse debeat ab episcopis et abbatis sive comitibus vel bassis regalibus necnon vicedominis archidiaconibus adque canonicis. Diese hätten als ein selbständiges Kapitel constituiert werden müssen, welches, entsprechend der oft wahrgenommenen Natur solcher Capitularia missorum, unvollständig und unter Bezugnahme auf die mündlich den Missi ertheilte Instruction redigiert worden ist. [1])

---

[1]) Zu dem oben im Text mitgetheilten Ergebniß war ich bereits selbständig gelangt, als ich die erfreuliche Wahrnehmung machte, daß im Wesentlichen mit mir übereinstimmend bereits Waitz die Leges I. 50. abgedruckten Kapitel in ihre Bestandtheile zerlegt hatte. In der Verfassungsgeschichte III. 251. Anm. 1. heißt es nämlich zu cap. 6.: „Ich bemerke, daß dies und das Folgende offenbar ein Capitular für sich ausmachen soll, dessen Ueberschrift die Worte sind: De singulis capitulis quibus domnus rex missis suis precepit; die folgenden: qui nulla(?) sacramenta debeant audire et facere scheinen wieder Ueberschrift des ersten Kapitels zu sein." In der Hauptsache mit Waitz im Einklange, habe ich mich dagegen jener zuletzt von demselben ausgesprochenen Vermuthung nicht anzuschließen vermocht, vielmehr die angeführten Worte ebenfalls zur Generalrubrik ziehen zu müssen

Was nun die Entstehungsgeschichte dieses zweiten Capitulars angeht, so ist hierfür dessen erstes Kapitel entscheidend, in welchem die erneute Abnahme des Fidelitätseides, der Hauptzweck des ganzen Capitulars, als nothwendig dargestellt wird, quia modo isti infideles homines magnum conturbium in regni Karoli regi voluerint terminare, et in eius vita consiliati sunt et inquisiti dixerunt, quod fidelitatem ei non iurasset. In der Thatsache, auf welche hier angespielt wird, vermag ich mit Baluze keine andere wiederzuerkennen als die, welche in den annales Laureshamenses. zum J. 792 also berichtet wird: et in ipso anno inventum est consilium pessimum, quod Pippinus filius regis ex concubina Himiltrude nomine genitus contra regis vitam seu filiorum eius qui ex legitima matrona geniti sunt inierat. Hierauf wird in den Annalen weiter erzählt, daß zu Regensburg von all der versammelten Christenheit über die Verschwörer Gericht gehalten worden sei. Von dieser Versammlung aus scheinen die Missi entsandt worden zu sein mit dem Auftrage, den Fidelitätseid abzunehmen. Pertz hat dagegen das in dem Capitular erwähnte conturbium auf die Verschwörung der Thüringer im J. 786 bezogen und demnach das Capitular in dieses Jahr gesetzt. Einen Grund für seine Abweichung von der Annahme des Baluze giebt er nicht an: man könnte jedoch für das Jahr 786 geltend machen, daß in den annales Nazariani nicht nur angeführt wird, daß die Thüringer damals dem König nach dem Leben getrachtet haben, sondern auch sogar erzählt wird: transmisit rex ipsos Thuringos aliquos in Italiam et ad sanctum Petrum, quosdam vero in Neustriam atque in Equitaniam per corpora sanctorum, scilicet ut iurarent fidelitatem regi liberisque eius. Allein hiegegen ist zu bemerken, daß alle übrigen Annalen weder von Plänen der Thüringer gegen das Leben des Königs, noch von der an jener Stelle gedachten Eidsabnahme etwas wissen, und daß die Glaubwürdigkeit der Nazarianer Annalen auch durch die große Weitschweifigkeit und die offenbaren Ausschmückungen, mit denen die Ereignisse der J. 786—788 hier

---

geglaubt: einmal, weil mir in diesen Worten das unentbehrliche Object zu praecepit enthalten zu sein schien, zum andern, weil dieselben Worte nicht nur den Inhalt von c. 6., sondern auch denjenigen des meines Erachtens in drei Kapitel zu zerlegenden c. 7. angeben.

berichtet werden, in Zweifel gestellt wird. Dann aber ist auch zu erwägen, daß selbst in den Nazarianer Annalen nicht von **allgemeiner Eidesabnahme**, wie sie das Capitular vorschreibt, die Rede ist, sondern nur von einem den **Verschwörern** abzunehmenden Eide. Allgemein wird der Fidelitätseid in der Zeit Karls des Gr. nicht früher als 789 im Legationis edictum (Leg. I. p. 68.) vorgeschrieben, und weil die Verschwörer in dem im Capitular angedeuteten Fall sich damit hatten entschuldigen wollen, daß sie den vorgeschriebenen Fidelitätseid nicht geleistet hätten, so sehe ich auch in diesem Umstande einen Grund, unser Capitular **nach** die Zeit von 789 setzen und also mit der Verschwörung von 792 in Beziehung zu bringen.[1)]

Das mitgetheilte erste Kapitel giebt endlich auch über die Autorschaft und den Geltungskreis der Instruction Auskunft. „In regno Karoli" war die Veranlassung zu diesem Capitular entstanden: in das Reich Karls überhaupt werden auch die Missi ausgesandt worden, Karl selbst wird der Aussendende gewesen sein. Ich vermag nicht abzusehen, wie ein am Rhein oder selbst in Thüringen gegen Karl gesponnener Hochverrath von Pippin geltend gemacht werden konnte, um die Nothwendigkeit eines neuen Fidelitätseides der Italiener zu begründen: ich vermag namentlich aber nicht abzusehen, wie im Hinblick auf einen in Thüringen oder dem sonstigen Austrasien ausgebrochenen Aufstand Pippin in Italien hätte sagen können: et quia modo isti infideles homines

---

[1)] Waitz, Verfassungsgeschichte III. 251 flg. 376. stimmt Pertz darin bei, daß das Capitular 786 anzusetzen sei, wie es scheint, wesentlich aus dem Grunde, um seine Ansicht, daß 786 zuerst eine allgemeine Abnahme des Fidelitätseides stattgefunden, dadurch zu stützen. Zu Gunsten dieser Annahme soll sogar das Legationis edictum, welches die Eidesformel angiebt, (Leges I. 67—69.) nicht 789, sondern 786 entstanden sein. Nach dem, was oben §. 19. ausgeführt ist, wird, wie ich glaube, Waitz seine Zweifel gegen die Zugehörigkeit des Edicts zum J. 789 fallen lassen müssen; dann aber möchte ich den von ihm S. 253. Anm. 2. a. a. O. gezogenen Schluß: „daß eine Eidesformel jetzt (also 789, nicht 786) bekannt gemacht, weist darauf hin, daß überhaupt jetzt erst ein Eid gefordert ist," dahin meinerseits in Anspruch nehmen, um das oben behandelte Capitular, in dem die Eidesabnahme schon als gesetzlich vorausgesetzt wird, erst **nach** das Jahr 789 zu setzen.

magnum conturbium voluerint terminare. Diese Worte scheinen mir in der That die Andeutung zu enthalten, daß das Capitular in Regensburg gleich nach Aburtheilung der Hochverräther und da man dieselben noch vor sich sah, verfaßt sein möchte. Wenn P. zu glauben scheint, daß wegen der Ausdrücke wie: domno regi denuntiatum fiat, regnum domni regis Karoli,[1]) nicht Karl sondern Pippin der Autor sein müsse, so ist dagegen auf andere Capitularien Karls zu verweisen (p. 39. 71. 75. 91.), in denen doch stets von Karl als von einer dritten Person gesprochen wird.

Ob das vorangehende Capitulare episcoporum unter Pippins oder Karls Autorität erlassen, wage ich nicht zu entscheiden und über das Alter wegen der Stelle, die es in der Handschrift einnimmt, nur die Vermuthung auszusprechen, daß es in das Jahr 792 oder in die vorangehende Zeit zu setzen sein möchte. Denn die in der Handschrift beobachtete Anordnung steht mit der Annahme, daß die beiden Capitularien um und in das Jahr 792 zu setzen seien, insofern im Einklang, als ihnen Gesetze der Jahre 779. 787. und der nächstfolgenden Zeit vorangehen, und solche von 801 und 803 folgen.

3. Ein Capitular aus der späteren Regierungszeit Pippins. a. 801—810. p. 103—105.

§. 36. Man kann mit Pertz darin übereinstimmen, daß die Leges I. 103—105 herausgegebenen Kapitel gegen die Autorität der beiden einzigen Handschriften von Chigi und La Cava[2]) und des langobardischen Rechtsbuchs, in welchen sie unter Gesetzen Karls des Gr. stehen, dem italischen Könige Pippin angehören und in die Zeit nach der Kaiserkrönung Karls verlegt werden müssen. Wendungen, wie sie enthalten sind in der Ueberschrift: Incipit kapitula,

---

1) Ganz richtig hat schon v. Daniels Handbuch I. 286. n. 4. aus diesen Worten geschlossen, daß das Capitular nicht Pippin, sondern Karl zum Autor habe: auch ist demselben Gelehrten die Natur des Capitulars als einer Gesandteninstruction nicht entgangen. 2) Cap. 14. hat sich auch in der Blankenburger Handschrift unter die Gesetze Lothars verirrt.

qualiter domnus rex ammonuit, in c. 19.: sicut saepius domnus imperator commendavit, in c. 3.: in servitio domni imperatoris nostrumque, und in c. 6.: praecipimus fidelibus domni imperatoris nostrique, zeigen deutlich, daß die Verordnung von einem Könige erlassen worden ist, über dem noch ein Kaiser stand, und diese Beiden können nur Karl und Pippin gewesen sein. Wenn dagegen P. das Capitular dem J. 802 zuschreibt, weil auch in den übrigen Gesetzen dieses Jahres Bestimmungen über Kleriker und Mönche vorkommen, und ein späteres Gesetz (vermuthlich p. 111. c. 19.) auf eine hier vorkommende Bestimmung über Zehnten Bezug nehme: so vermag ich dem erstern Argument gar kein Gewicht beizulegen, da es überhaupt nur wenig Capitularien giebt, in denen nicht die Erhaltung von Zucht und Ordnung unter Klerikern und Mönchen eingeschärft würde, und verweise für den zweit angeführten Grund auf meine Beurtheilung des angeblich spätern Gesetzes in §. 29. Für die Entstehungszeit können bestimmtere Grenzen nicht angegeben werden, als die Kaiserkrönung Karls (801) und der Tod Pippins, denn daß unser Capitular in den Handschriften hinter der Aachener Verordnung von 809 (L. I. 155.) steht, scheint mir selbst nicht hinreichend, um seine Entstehung in den Jahren 809 oder 810 wahrscheinlich zu machen.

Daß das cap. 21. Leges I. 105. nicht mehr zum Capitular gerechnet werden darf, hätte schon dessen in der Chigischen Handschrift erhaltene Rubrik Item alia kapitula zeigen müssen: in der That ist dasselbe auch das dritte Kapitel des p. 195. 196. abgedruckten Capitulars Ludwigs des Frommen.

4. **Die Kapitel mit der Ueberschrift** Secretiores.

§. 37. Baudi di Vesme hat in seiner Ausgabe der Edicta regum Langobardorum p. 197—199. aus der Ivreer Handschrift n. 34. sechs Kapitel herausgegeben, von welchen die drei ersten vordem ungedruckt, die drei andern schon früher als vereinzelte Excerpte aus zwei andern Handschriften bekannt geworden waren. Cap. 4. steht nämlich in einem bisher Ludwig dem II. zugeschriebenen capitulare saturum (vgl. §. 50. n. 10.) des cod. Ambr. (Leges I. 524. c. 5.); ebendaselbst findet sich auch die erste Hälfte unseres c. 5. (a. a. O. c. 22.), welche auch in der Florentiner Handschrift des langobardischen Rechtsbuchs an den Schluß der Geseze Karls des Gr. geschrieben ist, und dieselbe Florentiner Handschrift hat an derselben Stelle nur fälschlich vor jener Hälfte des c. 5. auch das letzte c. 6. erhalten. (Vgl. Leges I. 193. c. 12. von „De illis hominibus" an.)

Meiner Ansicht nach stehen die c. 1—3. kaum unter einander, jedenfalls nicht mit c. 4—6. in Zusammenhang, in welchen letzteren die Beschlüsse eines unter Pippin abgehaltenen italischen Placitum enthalten sind.

Was zuvörderst die Ueberschrift Secretiores angeht, so erscheint sie mir unerklärbar, und wenn etwa in Vesme's Bemerkung (a. a. O. p. 449.): quae inscriptio causam prodit, cur capitulare absit a plerisque capitularium codicibus die Andeutung enthalten sein soll, daß wir es hier mit irgend welchen geheimen Bestimmungen zu thun haben, so widerspricht es dem völlig, wenn in c. 5. von einer Bekanntmachung des Capitulars durch das ganze Reich gesprochen wird.

C. 1. lautet: Quod Deo miserante filii nostri aetatem habentes (so ist offenbar zu lesen statt des fehlerhaften habent et) excepto paterna consolatione per se caeteris hominibus praecellere debent. Vesme bemerkt a. a. O. mit Bezug auf dieses Kapitel: ex capitulo primo facile arguitur, capitulare esse scriptum anno 790 vel paulo post. So einleuchtend dieser Schluß für Vesme gewesen zu sein scheint, so unerklärlich ist er mir geblieben. Vergebens habe ich in dem historischen Material für die Ereignisse des Jahres 790 nach irgend einer Thatsache gesucht, mit welcher die Entstehung jenes Kapitels in Beziehung gebracht werden könnte. Ich bin zuletzt auf den Gedanken gekommen, Vesme sei deshalb auf das J. 790 verfallen, weil um diese Zeit der jüngste 777 geborene Sohn Karls, Ludwig, zu seinen Jahren gekommen war, also aetatem habens genannt werden konnte. Ist diese Vermuthung richtig, so wäre aber doch dagegen einzuwenden, daß aus dem ersten Kapitel doch durchaus nicht mit Nothwendigkeit geschlossen werden muß, daß alle Söhne Karls damals volljährig gewesen wären, und daß der jüngste damals eben erst die Volljährigkeit erreicht hätte. Für den Autor dieses Kapitels wird man mit Rücksicht auf die Stelle, welche das Kapitel in der Handschrift ein=

nimmt, wohl Karl halten dürfen, zumal Pippin nur einen Sohn, Bernhard, gehabt zu haben scheint.

C. 2. handelt von den consiliarii und bietet nichts charakteristisches für die Entstehung dieser und der übrigen Kapitel. Sein Zusammenhang mit dem vorangehenden ist nicht nothwendig, kann aber auch nicht entschieden in Abrede gestellt werden.

C. 3. lautet: Quomodo causam confinales nostri odio semper habent contra illos qui parati sunt inimicis insidias facere et marcam nostram ampliare. Ein Connex mit den vorangehenden Kapiteln ist nicht ersichtlich, dagegen besteht unzweifelhaft ein Zusammenhang jener Worte mit dem c. 3. einer Gesandteninstruction (Leges I. 151. S. o. §. 33.), welche in der Handschrift den Capitula „Secretiores" unmittelbar vorangeht. Der Wortlaut dieses letzteren Kapitels ist: Quomodo marca nostra sit ordinata et quid per se fecerunt confinales nostri istis preteritis annis. Eine Beziehung zwischen beiden Kapiteln waltet wohl unverkennbar ob; welche? ist nicht eben so klar, und daher gebe ich in dem Folgenden nur einer Vermuthung Raum. Karl hatte in dem angeführten Kapitel der Instruction angeordnet: die Missi mögen berichten, in welchem Zustande unsere Mark (hier jedenfalls Friaul) sich befindet, und was in den letztverflossenen Jahren unsere Grenznachbarn unternommen haben. Die Missi erledigen sich vielleicht dieses Auftrages in dem zufällig im cod. Epor. enthaltenen Kapitel und berichten im Anschluß an die Worte der Instruction: „Unsere Grenznachbarn hegen beständig Haß gegen diejenigen, welche bereit sind den Feinden nachzustellen und unsere Mark auszudehnen." Die Anfangsworte Quomodo causam sind jedenfalls corrupt und irgend wie zu emendieren; vielleicht ist Quomodo marca zu lesen und diese Worte als ein auf die Instruction bezügliches Allegat zu fassen, so daß die nun folgenden Worte den Bericht enthalten sollen über den mit Quomodo marca in der Instruction eingeleiteten Auftrag.

Mit cap. 4—6. gewinnen wir dagegen festern Boden: hier haben wir es mit den zusammenhängenden Beschlüssen eines placitum a rege et eius fidelibus factum (c. 5.) zu thun, deren Tendenz es ist, die Bestimmung des can. 3. des Concils von Nicaea zur Ausführung zu bringen. Im ersten Kapitel wird dieser canon, und zwar im offenbaren Anschluß an die Form, welche er in der collectio Dionysio-Hadriana erhalten hat, wiederholt:

Capitulare Langob.	Collect. Dionys. Hadriana Nic. c. 3.
De episcopis presbiteris diaconibus vel clericis interdixit per omnia magna sinodus, ut nulli episcopo vel presbitero atque diacono sive clerico liceat habere mulierem, **simul nec ancillam aut aldiam quae in opinione adulterii manet aut difamatur**, nisi forte matrem aut sororem aut amitam.	Interdixit per omnia magna synodus, non episcopo non presbytero, non diacono nec alicui omnino qui in clero est licere subintroductam habere mulierem: nisi forte matrem aut sororem aut amitam.

Schon der Zusatz, welchen der canon in der mitgetheilten Stelle des Capitulars erfahren, macht die Heimath desselben unzweifelhaft: die Erwähnung der aldia stellt die Entstehung desselben in Italien außer Frage. Auch die in c. 6. erwähnte Verweigerung des Zeugnisses per praemia vel parentellas erinnert an die Bestimmungen in Rachis 6. und Liutp. 28. Ist aber Italien die Heimath des Capitulars, und ist bei der wiederholten, zusatzlosen Bezeichnung regnum nostrum, bei der vorgeschriebenen Zahlung ad partem nostram an Italien und an den italischen Fiscus zu denken, so wird man eher Pippin als Karl für den Autor des Capitulars zu halten geneigt sein. Für die Zeitbestimmung gewährt das Capitular keinen Anhalt.

Von diesem kirchenrechtlichen Capitular die in der Handschrift vorangehenden drei Kapitel zu sondern, scheint mir nicht nur wegen des einheitlichen Charakters des erstern und des Mangels jeglicher Beziehung zu den letzteren nothwendig. Es dürfte für diese Sonderung auch das sprechen, daß zwar alle drei Kapitel 4—6. sich, wie oben angegeben, in einzlen Handschriften des langobardischen Rechtsbuchs finden, von den Kapiteln 1—3. dagegen keines. Denn es ist der Schluß hieraus nicht ohne Berechtigung, daß die Schreiber jener Handschriften Originalien vor sich gehabt haben, in denen nur c. 4—6. enthalten waren.

IV. **Die Capitularien Ludwigs des Frommen.**

1. Zwei Capitularien aus den Jahren 814—816.
p. 84. 85. c. 9—11. p. 195. c. 1—3.

§. 38. In den beiden Handschriften von Jvrea, von Chigi, La Cava und Ashburnham finden wir an der Spitze der Gesetze Ludwigs des Frommen die kurze Vorrede, welche Pertz p. 195. herausgegeben hat, alsdann die cap. 9—11,[1]) welche er Karls langobardischem Capitular von 801 angehängt hat, und endlich die cap. 1—3,[2]) welche p. 195. 196. ihre Stelle gefunden haben: alle diese sechs Kapitel sind in den Handschriften gleichmäßig als c. I—VI.[3]) fortlaufend gezählt. Von diesen sechs Kapiteln sind außerdem in der Handschrift von S. Paul in Kärnthen die drei ersten ohne alle Ueberschrift hinter Karls langobardischem Capitular von 801 gesetzt, und es folgen ihnen dort einige andere Stücke aus der Gesetzgebung Ludwigs vom J. 817. Die drei andern Kapitel dagegen unter den oben bezeichneten sechs haben auch in einer salisch-rechtlichen Handschrift, c. Guelf. inter Gudian., Aufnahme gefunden und haben hier die Ueberschrift: Incipiunt capitula quē domnus Hludowicus imperator anno tertio addere iussit.

Pertz hat, theils nur auf die beiden letztgenannten Handschriften Rücksicht nehmend, theils die in den Handschriften gegebenen Grundlagen völlig verlassend, c. 1—3. als einen Theil des langobardischen Capitulars von 801 herausgegeben und jene kurze Vorrede mit c. 4—6. zu einem Capitular Ludwigs von 816 vereinigt. Was den ersten Punkt angeht, so ist bereits oben (S. 121.) ausgeführt worden, daß die Verbindung von c. 1—3. mit dem langobardischen Capitular nicht einmal, wie P. geglaubt hat, durch die Handschrift von St. Paul gerechtfertigt wird; rücksichtlich des zweiten Punkts ist zu bemerken, daß weder in einer der vier Handschriften, über welchen P. seine Ausgabe construiert hat, noch in einem der drei später bekannt gewordenen codices die Vorrede p. 195. vor cap. 1. daselbst, sondern überall vor c. 9. p. 84. steht, wie

---

1) Im cod. Cav. fehlt c. 9.   2) Im cod. Cav. fehlt c. 3.   3) Im cod. Cav. natürlich als I—IV.

der im Eingange angegebene Handschriftenstand darthut. Ebenso wenig wie diesem Verfahren P.'s vermag ich der Ansicht Merkels zuzustimmen, welcher, wenn ich recht verstehe, Archiv XI, 552. 553. c. 1 — 6. für „ein zusammenhängendes Capitular" gehalten hat. Dieser Annahme steht entgegen, was schon P. richtig erkannt hat (p. 83. praefatio): daß nämlich die drei Kapitel p. 84. 85. theilweise in ihrem Wortlaut und mehr noch in ihrem Inhalt so sehr übereinstimmen mit den andern p. 195. 196. vorfindlichen, daß diese sechs Kapitel unmöglich demselben Capitular angehören können, die eine Reihe vielmehr als eine theilweise Wiederholung und theilweise Abänderung der anderen angesehen werden muß.

Nach meiner Ansicht nun sind in den sechs Kapiteln zwei gegen einander selbständige und je in sich vollständige Capitularien Ludwigs des Fr. enthalten, deren eines aus dem kurzen Prologe p. 195. und den drei Kapiteln 9 — 11. p. 84. 85., das andere aus den Incipiunt capitula que domnus Hludowicus imperator anno tertio addere iussit überschriebenen Kapiteln 1 — 3. p. 195. 196. besteht. Diese Annahme findet nicht nur darin ihre Begründung, daß zwei von den Handschriften nur je ein Capitular (nämlich die von St. Paul das erstere, jedoch, ihrer Weise entsprechend, mit Auslassung des Prologs, die von Wolfenbüttel das zweite) erhalten haben, sondern sie wird auch durch diejenigen der beide Capitularien vereinigenden Handschriften bestätigt, über welche mir nähere Angaben zugänglich gewesen sind. Wie nämlich Merkel im Archiv XI. 553. am Anfange berichtet, stehen vor dem p. 195. c. 1. herausgegebenen Kapitel im cod. Epor. 33.[1]) die Worte: „Item superscripta cāp. IIII." Hiermit stehen offenbar im Zusammenhange einige Worte, welche in den Handschriften von Chigi und La Cava an den Schluß von c. 11. p. 85. angehängt worden sind. Diese Worte, welche P. als unnützen Ballast angesehen und deshalb über Bord geworfen hat, die ich aber aus den von jenen Handschriften für die Monumenta genommenen Collationen wieder aufgefischt habe, lauten: „ita sicut supra scriptum est." Man wird leicht einsehen, daß

---

1) Wie mit größter Wahrscheinlichkeit anzunehmen, wird auch an dieser Stelle der cod. Epor. 34. mit dem andern von Jvrea übereinstimmen: die Lesarten des cod. Ashburnh. sind mir leider unbekannt geblieben.

diese Phrase am Schluß von c. 11. p. 85. keinen Sinn hat, und daß man sie deshalb auf den Anfang des in den Handschriften unmittelbar folgenden c. 1. p. 195. zu beziehen und in ihr das verderbte, vielleicht vermeintlich verbesserte „Item superscripta cap." der Ivreer Handschrift wiederzuerkennen hat. Was bedeutet nun: item superscripta capitula? Ich bin von der Richtigkeit der folgenden Erklärung überzeugt. Nachdem der Schreiber, auf dessen Abschrift die Handschriften von Ivrea, Chigi und La Cava hier zurückzuführen sind, den Prolog p. 195. und die c. 9— 11. p. 84. 85. abgeschrieben hatte, gieng er zur Aufnahme von p. 195. 196. c. 1 — 3. über. Er fand vor diesen eine ähnliche Rubrik, wie sie in der Wolfenbüttler Handschrift erhalten ist: Incipiunt capitula quae domnus Hludowicus imperator anno tertio addere iussit, und da er in dieser Ueberschrift wesentlich die Angaben des bereits abgeschriebenen kurzen Prologes (Hludowicus... augustus... Kapitula quae nobis addere placuit haec sunt) wiederfand, so erschien ihm die Wiederholung überflüssig, und er bemerkte vor dem zweiten Capitular nur mit Bezug auf den vorhergehenden Prolog: Item superscripta capitula (d. h. iam sequuntur.)

So scheint mir im engsten Anschluß an die handschriftliche Ueberlieferung als sicheres Resultat die Sonderung zweier verschiedener Capitularien Ludwigs des Fr. gewonnen. Daß in diesen beiden Capitularien theilweise ähnliche Bestimmungen vorkommen, kann nicht weiter auffallend sein. Das erste der Capitularien ist vielleicht nur für Italien erlassen worden, worauf die Handschriften und die für die Publication gewählte Form eines Briefes an die Behörden zu deuten scheinen;[1] das zweite, in welchem einzelne Bestimmungen des erstern theils wiederholt, theils aber auch modificiert werden, vielleicht für das gesammte Reich, woraus es zu erklären sein würde, daß nur dieses Capitular in die fränkisch-rechtliche Handschrift von Wolfenbüttel aufgenommen ist. Weil das zweite Capitular ausdrücklich in das Jahr 816 gesetzt wird, so wird man mit Grund das erste dem Jahre 814 oder 815 zuweisen dür-

---

[1] Bedenken gegen diese Annahme erregt allerdings die Erwähnung des Saxo vel Frisio in c. 3., da diese kaum in Italien gesucht werden dürften.

fen, da es in den Handschriften und dem liber legis Langob. jenem überall vorangeht.¹)

2. Die Aachener Gesetzgebung von 817.
p. 197—219.

§. 39. Schon in seinem vierten Regierungsjahre bestellte bekanntlich Ludwig d. Fr. seinen ältesten Sohn Lothar zum Mitkaiser und Nachfolger und überwies zugleich seinen beiden jüngeren Söhnen Theile des Reiches, „in welchen dieselben nach dem Tode des Vaters unter ihrem älteren Bruder die königliche Gewalt inne haben sollten." Diese die Reichsregierung ordnenden Bestimmungen — durch welche „keinesweges aus Zuneigung und Liebe zu den Söhnen die Einheit des von Gott zusammengehaltenen Reiches durch eine menschliche Theilung aufgehoben werden sollte," welche also mit Unrecht schon der Schreiber einer alten Handschrift als divisio imperii bezeichnet hat — sind getroffen worden, „als Ludwig im Jahre 817 der Fleischwerdung des Herren, in der zehnten Indiction, im vierten Jahre seiner Herrschaft im Monat Juli zu Aachen in seiner Pfalz nach alter Sitte den geweihten Klerus und die Menge des Volks versammelt hatte, um darüber zu verhandeln, was der Kirche und dem ganzen Reiche frommen könnte." Sowohl jene Bestimmungen über den Bestand und die Zukunft des Reiches (p. 198—200.) als die Verhandlungen, welche zum Nutzen der Kirche und des ganzen Reiches geführt wurden, sind uns, wie es scheint vollständig, erhalten. Ueber die damals zu Stande gekommenen legislatorischen Acte, sowohl die auf kirchliche wie die auf weltliche Angelegenheiten sich beziehenden, verbreitet sich der Kaiser in einer uns ebenfalls überlieferten Vorrede (p. 204—206.) wie folgt: „Quarto anno imperii nostri accersitis nonnullis episcopis abbatibus canonicis et

---

1) Auch Pertz hat übrigens einmal im Verlaufe seiner Ausgabe die cap. 9. flg. pag. 84. für ein besonderes Capitular Ludwigs des Frommen gehalten, aber dessen späterer Regierungszeit zugeschrieben. Denn, wenn es p. 213 Note w. heißt: in cod. B. 3. subiicitur hic caput 2. capitularis infra referendi: Si quis in aliena patria u. s. w., so kann damit kein andres Kapitel als p. 84. c. 10. gemeint sein. Nach Niederschreibung dieser Note hat also offenbar P. seine Meinung gewechselt, die Anmerkung aber nicht entsprechend berichtigt.

monachis et fidelibus optimatibus nostris studuimus... investigare, qualiter unicuique ordini communi voto communique consensu consulere studuerimus, ita ut quid canonicis proprie, quidve monachis observandum, quid etiam in legibus mundanis inducendum, quid quoque in capitulis inserendum foret adnotaverimus et singulis singula contraderemus.... placuit nobis ea quae congesta sunt ob memoriae firmitatisque gratiam in unum strictim congerere et subiectis capitulis adnotare et in publico archivo recondere."

Alle hier angedeuteten Capitularien sind uns in zahlreichen Handschriften, darunter auch in italischen, erhalten. Die Capitula proprie ad episcopos vel ad ordines quosque ecclesiasticos pertinentia (p. 206—209), welche in jener Vorrede mit den Worten: quid canonicis proprie observandum angedeutet werden, sind in die drei langobardischen Handschriften von Jvrea n. 34., Blankenburg und Gotha übergegangen.[1] Im liber legis Langob. haben nur wenige dieser Kapitel Aufnahme gefunden, und zwar nicht unter den Gesetzen Ludwigs, sondern unter denen Karls oder Lothars. „Quid monachis observandum esset," ist gesammelt in den p. 201—204. herausgegebenen Kapiteln, über welche am 10. Juli 817 im Lateran zu Aachen die Aebte mit ihren dort versammelten Mönchen übereingekommen sind. Da diese Bestimmungen ausschließlich auf das klösterliche Leben gerichtet und auch nicht unter dem Vorsitz der Kaiser entstanden sind, vielmehr nur in der oben erwähnten allgemeinen Vorrede die kaiserliche Sanction erhalten haben, so sind sie auch gar nicht in Capitularhandschriften, sondern nur in solchen von rein kanonistischem Inhalt überliefert. Dem entsprechend dürften diese Ergänzungen der Ordensregel auch aus einer Capitularienfammlung zu entfernen sein.

„Quid etiam in legibus mundanis inducendum esset," findet sich vereinigt in den Capitula quae legibus addenda sunt (p. 210—213.). Dieselben finden sich in den folgenden langobardischen Handschriften vor: von St. Paul in Kärnthen, Jvrea 33. und 34. (n. 33. bricht aber mit Kapitel 2. ganz ab), Chigi, La Cava, Gotha

---

1) Zu den von P. namhaft gemachten Handschriften kommen überdies noch die von Montpellier 136 und Middlehill 1737.

und Blankenburg.¹) Da in fast allen Handschriften diese Kapitel legibus addenda genannt und nirgends ausdrücklich auf die lex Salica bezogen werden, so scheint es nur auf einem Irrthum zu beruhen, wenn Baluze ihnen die Ueberschrift: Capitula addita ad legem Salicam post natale domini anno quinto gegeben hat. Ich vermuthe, daß diese irrthümliche Bezeichnung hervorgerufen worden ist durch die Nachricht in den annales Einhardi zum J. 819: Conventus Aquisgrani post natalem domini habitus, in quo multa de statu ecclesiarum et monasteriorum tractata atque ordinata sunt, legibus etiam capitula quaedam pernecessaria, quia deerant, conscripta atque addita sunt. Man kann kaum anders annehmen, als daß der Annalist hier an die Gesetzgebung des J. 817 (zumal zu diesem Jahre nichts über die legislatorische Thätigkeit des Reichstages berichtet wird) gedacht hat. Da aber durch die oben erwähnte Vorrede Ludwigs die Entstehung unserer Capitula legibus addita im J. 817 außer Zweifel gestellt wird, so wird man nicht anstehen dürfen, hier einen Irrthum des Annalisten anzunehmen.

Endlich: „Quid denique in capitulis inserendum esset," ist vom Kaiser in den capitula per se scribenda (p. 214. 215.) zusammengefaßt, die unter anderen in den italischen Handschriften von St. Paul in Kärnthen, Ivrea 34, Chigi, La Cava, Blankenburg und Gotha erhalten sind. Als wirkliche Bestandtheile des Capitulare per se scribendum sind aber nur die von P. mit 1—8. bezeichneten Kapitel anzusehen: weder das vorangeschickte cap. 1*, noch die angehängten c. 9—15. haben mit jenem Capitular in seiner echten Gestalt etwas zu thun, sind vielmehr nur von einzelnen Schreibern willkürlich vor- oder nachgesetzt worden. Das in vier (unter sechzehn) Handschriften vorangeschickte c. 1* ist, wie P. selbst bemerkt, wörtlich aus c. 6. des kirchenrechtlichen Capitulars von 817 entnommen. In denselben vier Handschriften sind c. 9. 10. angehängt. Ob diese Kapitel vielleicht aus Quellen des kanonischen Rechts entnommen, ob sie ein Product der Gerichtspraxis

---

1) Außer den obigen sind den von P. aufgeführten Handschriften noch zuzuzählen: cod. Montispess. 136., cod. Ashburnham. und Paris. suppl. lat. 65., welcher c. 1. 19—21. 10. enthält.

oder der Rechtsgewohnheit, ob sie Theile irgend eines sonst unbekannten Capitulars sind, dies sind Fragen, die sich nicht werden entscheiden lassen. Cap. 9. ist im liber legis Langobardorum unter die Gesetze Lothars (ed. Murat. c. 81.), cap. 10. wenigstens in einzelnen Handschriften an den Schluß der Gesetze Ludwigs des Fr. (ed. Murat. c. 59.) gerathen: das letztere muß aber dem Rechtsbuch gegenüber als Extravagante angesehen werden und ist deshalb auch nicht in die Lombarda übergegangen. Was fernerhin c. 11. der angehängten Kapitel angeht, so ist es in drei Handschriften vorfindlich: es ist auch in den liber legis Langob., aber unter die Gesetze Karls des Gr. (ed. Murat. c. 37.), übergegangen und kann seiner Entstehung nach nicht näher charakterisiert werden. Nur in einer Handschrift folgen c. 12. 13.: c. 12. ist ganz ungewisser Natur und c. 13., wie von P. angemerkt, eine Stelle aus dem Baierngesetz, deren Verbindung mit dem Capitular nur auf Schreiberwillkür beruht. Keinen andern Grund endlich hat die in einer Handschrift erfolgte Einschaltung der beiden von P. als c. 14. 15. abgedruckten Stücke, welche den Capitula missorum von 817 entnommen sind.

Das achte Kapitel des capitulare per se scribendum fehlt in vier Handschriften, und es ist deshalb sehr wohl möglich, daß es erst nach Abschluß des Capitulars, und zwar, wie der Inhalt andeutet, zu der Zeit zugefügt worden ist, in welcher Ludwig die Missi in das Reich entsandte und diese mit den „Capitula ad legationem ob memoriae causam pertinentia" (p. 216—219.) ausstattete. Denn daß diese Aussendung der Missi und die Entstehung der capitula missorum den soeben besprochenen Capitularien nicht ganz gleichzeitig ist, geht einmal daraus hervor, daß in der oben erwähnten generellen Vorrede der capitula missorum keine Erwähnung geschieht, ferner aus den beiden p. 219—223. abgedruckten Briefen, in welchen gesagt wird, daß die Aussendung der Missi nach Beendigung des Reichstages und nach Ausfertigung sämmtlicher daselbst gepflogener Verhandlungen erfolgt sei, endlich aus den Worten des cap. 5. des Capitulare missorum: „sicut nuper constitutum est," die auf die Capitula legibus addenda deuten. Das Capitulare missorum hat sich in den folgenden italischen Handschriften erhalten: von St. Paul in Kärnthen, Jvrea 34.,

Gotha und Chigi;[1]) das letzte Kapitel 29 allein findet sich auch im cod. Paris. 4613, in welchem alle übrigen Capitularien von 817 mit einem ganzen Quaternio von Blättern ausgefallen sind. Die beiden Kapitel, welche P. als 29[b] und 30[b] aus der Handschrift von St. Paul hier angehängt hat, haben mit dem Capitulare missorum nichts gemein und sind von dem Schreiber nur deshalb hier ergänzt worden, weil sie in den Capitula legibus addenda und per se scribenda, zu welchen sie eigentlich gehören, zuvor ausgelassen worden waren.

Von drei weiteren Capitularien Ludwig's, p. 228—231., sind das erste und dritte in der Blankenburger Handschrift erhalten und einzelne Kapitel des ersten und zweiten auch in den liber legis Langob. aufgenommen worden. Rücksichtlich des zweiten und dritten Capitulars ist gegen das von P. angenommene Datum nichts einzuwenden: dasjenige des dritten findet sogar eine Bestätigung in dem p. 243. unter n. 6. herausgegebenen Kapitel Ludwigs. Was das erste Capitular (p. 228. 229.) angeht, so ist das Jahr 820, wie es Baluze und Pertz angenommen haben, jedenfalls das richtige: dagegen kann für die Entstehung im Monat Januar nicht der zu dieser Zeit in Aachen versammelt gewesene Reichstag geltend gemacht

---

1) Es ist, wie die Handschriftcollationen mir deutlich ergeben haben, nicht begründet, wenn P. p. 216. lin. 39. 40. bei Aufzählung der Handschriften berichtet: „cod. S. Pauli, cui Chisianus et Cavensis concordant. Chisianus totum capitulare repetit inter Illotharii leges fol. 106 sqq." Denn in beiden Handschriften von Chigi und La Cava fehlt das Capitular unter den Gesetzen Ludwigs, so daß es also überhaupt nicht in der Handschrift von La Cava und nur einmal als Anhang (S. o. S. 53.) in der von Chigi enthalten ist. P. scheint aber von der Gleichartigkeit der Handschriften von Chigi und La Cava mit derjenigen von St. Paul so überzeugt gewesen zu sein, daß, wenn er ein Capitular in der letzteren vorfand, er zu wiederholten Malen, ohne dessen Anwesenheit auch in jenen beiden andern Handschriften zu constatieren, der Notiz über den Inhalt der Handschrift von St. Paul hinzufügte: cui et Chisianus et Cavensis concordant oder ähnlich. Denn nicht nur bei dieser Gelegenheit, sondern bei noch zweien anderen (S. o. S. 86. a. Anf. und S. 123. Anm.) ist aus dem angedeuteten Grunde die Benutzung der Handschriften von Chigi und La Cava für Capitularien oder einzelne Stücke angegeben worden, welche sie in der That gar nicht enthalten.

werden, weil das Capitular nirgends auf die Mitwirkung eines Reichstages deutet.

3. Die Wormser Capitularien von 829. p. 350—355.

§. 40. Der große Reichstag in Worms war zwar von den Großen Italiens, wie aus den denselben vorbereitenden Verhandlungen (p. 327. 332.) hervorgeht, nicht besucht: er wurde aber in Gegenwart des Kaisers Lothar abgehalten, und da dieser gleich nach dem Reichstagsschluß in sein Reich Italien zog, so scheint er dort die auf dem Reichstage zu Stande gekommenen Capitularien publiciert zu haben. Deshalb vielleicht werden im liber legis Langobardorum die Bestimmungen derselben dem Kaiser Lothar, nicht dessen Vater Ludwig beigelegt. Vollständig sind die eigentlichen Wormser Capitularien nur in eine der italischen Handschriften, die von Tegernsee, übergegangen: doch fehlen auch in dieser heute wegen des Ausfalls zweier Blätter die meisten der capitula pro lege habenda. In den Handschriften von Paris 4613, Modena, Gotha und Blankenburg finden sich nur ausgewählte Kapitel, nämlich diejenigen, welche im J. 829 zum ersten Male erlassen worden sind und nicht bloß theilweise Republicationen älterer, in den betreffenden Handschriften bereits aufgenommener Verordnungen enthalten. Andrerseits haben die Handschriften von Blankenburg, Modena und Gotha nicht nur die zu Worms getroffenen gesetzlichen Bestimmungen, sondern auch die zur Vorbereitung derselben gepflogenen Verhandlungen uns überliefert p. 332—349.

Ihrem Charakter nach kann man auch unter den Capitularien von Worms zwei Capitularia per se scribenda, ein kirchenrechtliches p. 350. 351. und ein auf causae mundanae bezügliches p. 351—353., ferner ein Capitulare pro lege habendum p. 353. 354. und ein Capitulare missorum p. 354. 355. unterscheiden.

4. War die Capitulariensammlung des Ansegis in Italien im Gebrauch?

§. 41. In den Wormser Capitularien werden zuerst frühere Bestimmungen unter Bezugnahme auf die von Ansegis zusammengestellte Sammlung allegiert, und es entsteht daher die Frage, ob der liber legiloquus des Ansegis auch in Italien Eingang gefunden hatte? Der Umstand, daß keines der ausschließlich auf Italien bezüglichen Capitularien in der Ansegisischen Sammlung aufgenommen worden ist, zeigt, daß dieselbe von Anfang an auf Italien auch gar nicht berechnet war, und da jene Compilation in keine der oben beschriebenen italischen Handschriften übergegangen ist, [1]) so ist man auch dazu berechtigt, die aufgeworfene Frage zu verneinen. Eine Folge jenes Nichtgebrauches ist es, daß, wo in den liber legis Langobardorum Kapitel übergegangen sind, welche ursprünglich auf die Sammlung des Ansegis Bezug nahmen, die Zeichen dieser Bezugnahme, d. h. die dem Ansegis eigenthümlichen Buch- und Kapitelzahlen, getilgt wurden. [2])

V. Die Capitularien Lothars.

1. Die gelegentlich des ersten italischen Zuges erlassenen Verordnungen. a. 822. 823. p. 232—236.

§. 42. Da den beiden jüngeren Söhnen Ludwigs des Fr. schon im J. 817 Aquitanien und Baiern als ihre Königreiche überwiesen worden waren, so fiel das Langobardenreich nach dem im J. 818 erfolgten Tode König Bernhards, des Sohnes Pippins, [3]) an des Kaisers erstgeborenen Sohn und Mitkaiser Lothar. Erst im J. 822 aber entsandte Kaiser Ludwig seinen Sohn Lothar „in Begleitung des Wala und Gerung, welche dem jungen Kaiser in seinen Privatangelegenheiten wie zu Nutz und Frommen seines Reichs als

---

1) Der liber legiloquus Ansegisi findet sich allerdings in der Gothaner Handschrift: doch ist schon oben (S. 38.) bemerkt worden, daß diese aus vier Theilen zusammengesetzt ist, von denen nur zwei auf eine Entstehung in Italien weisen. 2) Vgl. z. B. Lothar. c. 58. 61—63. ed. Murat. mit den Kapiteln Leges I. p. 353. c. 1. 5. 3) Scriptt. I. 205. 313. Von diesem Bernhard, welcher im J. 813 durch Karl an Stelle seines schon 810 verstorbenen Vaters zum Könige Italiens bestellt worden war, sind Gesetze nicht überliefert.

Rathgeber dienen sollten, nach Italien. Als Lothar dem väterlichen Auftrage gemäß dort für Kräftigung des Rechtszustandes Sorge getragen hatte und sich schon zur Heimkehr rüstete, empfieng er am Ostertage vom Pabst Paschalis zu Rom des Reiches Krone und den Namen des Imperator und Augustus, kehrte dann nach Pavia zurück und traf im Monat Juni (823) bei dem Kaiser (zu Frankfurt) wieder ein." Daß bei Gelegenheit dieses ersten italischen Zuges Lothars auch gesetzliche Verordnungen erlassen worden sind, wird durch die Handschriften als unzweifelhaft bezeugt: dagegen halte ich die von Pertz p. 233—236. vorgenommene Zusammensetzung der Capitularien nicht für die richtige.

Meiner Ansicht nach ist das eigentliche und Hauptgesetz des Jahres 822—823 das aus den Kapiteln 1—6. p. 235. 236. bestehende Capitulare per se scribendum. Es ist in den vier Handschriften von Ivrea n. 34., Modena, Gotha und Blankenburg überall an die Spitze der Gesetze Lothars gestellt worden, im liber legis Langobardorum aber unter dieselben als c. 84—88. (ed. Murat.) aufgenommen. Es trägt in der Blankenburger Handschrift die Ueberschrift: Incipit kapitula quae domnus hlotharius imperator suo tempore Olonna constituta sunt, in denen von Modena und Gotha: Capitula quae anno primo imperii domni Hlotharii gloriosissimi imperatoris olonna sunt constituta, eine Zeitbestimmung, welche durch weiterhin aufzuführende Rubriken noch deutlicher erläutert wird. Für die von P. ausgesprochene Vermuthung, diese Kapitel seien vielleicht den Missi übergeben, bietet der Wortlaut des Capitulars keinen Anhalt, und eine Vergleichung desselben mit wirklichen Capitularia missorum spricht sogar gegen eine solche Annahme. Mit diesem Hauptgesetz in Beziehung steht ein zweites Capitular, dessen ursprüngliche Gestalt mir am besten in der Handschrift von St. Paul bewahrt zu sein scheint, in welche von einer der Zeit Lothars angehörigen Hand die c. 1—14.[1]) p. 234. 235. eingetragen worden sind. Dieselben vierzehn Kapitel, vermehrt um

---

1) Was P. als c. 15. aus dem cod. S. Paul. hat abdrucken lassen, gehört nicht zu dem Capitular und ist eine jedenfalls nur von dem Schreiber veranlaßte wörtliche Wiederholung des cap. 5. aus dem Capitul. per se scribendum a. 817. (Vgl. p. 215.)

zwei andere, (bei P. als 17. 18. bezeichnet) sind auch in die Blan=
kenburger Handschrift übergegangen, und an den letztgenannten codex
schließt sich die Sammlung des liber legis Langob. an, in wel=
chem die obigen c. 1—12. 17. 18. an den Anfang der Gesetze
Lothars als c. 1—14. gestellt werden.[1]) Während in der Hand=
schrift von St. Paul das zweite Capitular die Ueberschrift trägt:
Memoria quod domnus imperator suis comites praecepit, haben
dagegen zwei dem liber legis zuzurechnende Handschriften die Rubrik:
Incipiunt capitula quae domnus hlotharius imperator primo
anno imperii sui eo (i. e. quo) in italia accessit in suum generale placitum curte olonna instituit. Wesentlich die gleiche Ru=
brik finden wir auch in den Handschriften von Chigi und La Cava,
aber hier vor den etwas anders geordneten und nicht vollständig
wiedergegebenen, übrigens aber wörtlich gleichlautenden Bestandthei=
len unseres zweiten Capitulars. Es folgen nämlich in den beiden
Handschriften jener Rubrik die cap. 12, 2—8, ein Auszug aus
c. 17., dann c. 1.[2]) und zuletzt vier, in andern Handschriften
selbständig vorkommende Kapitel 11—14. p. 233. 234. Aus
diesen vierzehn Kapiteln hat Pertz ein drittes Capitular p. 232—
234. constituirt. Wie aber unten auszuführen sein wird, sind jene
vier letzten Kapitel von den vorangehenden ganz zu trennen, und
die c. 1—10., welche demnach allein als die Bestandtheile des
angeblich dritten Capitulars übrig bleiben, schrumpfen dann nur zu einer
unvollständigen, in der Anordnung etwas abweichenden Form unseres

---

1) Den Handschriften des liber legis ist auch zuzuzählen das von P.
als cod. 2. bezeichnete und von Carolus Dati a. 1675. herausgegebene
fragmentum Florentinum. Die Ausgabe Dati's ist mir nicht zugänglich
gewesen: aus dem in der Capitulariensammlung von Baluze II 321—328.
befindlichen Abdruck scheint es mir aber sehr wahrscheinlich, daß jenes fragm.
Flor. nur ein Excerpt aus den in dem liber legis verarbeiteten Kapiteln
Lothars ist und den in meiner Ausgabe mit 1—22. 70—80. zu bezeich=
nenden Stücken entspricht. — Mit den Handschriften des liber legis steht
es ferner im Einklange, wenn die oben genannten c. 12. 17. im cod. Paris.
4613 auf einander folgen, und zwar als Zusatz zu den Wormser Capitula=
rien p. 351. 352. 2) Die hier ausgelassenen Kapitel des zweiten Capitu=
lars sind am Schluß der Chigi'schen Handschrift aus dem cod. S. Paul.
nachträglich noch ergänzt worden, mit Zufügung des seiner Entstehung nach
ungewissen c. 16. p. 235.

obigen zweiten Capitulars zusammen. Daß nun aber Lothar an
demselben Orte und in demselben Jahre zwei wörtlich dieselben Bestimmungen enthaltende Capitularien erlassen haben sollte, dies ist
an sich so unwahrscheinlich und gradezu unerklärlich, daß eine solche
Annahme weder durch die in den verschiedenen Handschriften verschiedene Ueberschrift, noch durch die in zwei Handschriften etwas
abweichende Anordnung gerechtfertigt werden dürfte. Um so weniger
werden die verschiedenen Ueberschriften als ein Grund für die Annahme verschiedener Capitularien gelten können, als, wie oben mitgetheilt, die Ueberschrift des von Pertz constituierten dritten Capitulars in zwei Handschriften vor unserem, angeblich von jenem
verschiedenen, zweiten Capitular steht. Und was die andere
Verschiedenheit angeht, so entspricht es nur der wiederholt gemachten
Bemerkung, daß in den Handschriften von Chigi und La Cava die
Capitularien nicht sowohl mit historischer Treue als mit Rücksicht
auf den praktischen Gebrauch wiedergegeben werden, wenn auch hier
einige Kapitel ausgelassen werden, zwei andere (c. 1. und 12.) ihren
Platz vertauschen und das eine (c. 17.) nur in einem Auszuge
erscheint.

Was nun den Charakter unseres zweiten, neben dem Capitulare per se scribendum hergehenden Capitulars betrifft, so scheint
mir derselbe am besten in der durch die Handschrift von St. Paul
bewahrten Ueberschrift: Memoria quod domnus imperator suis
comites praecepit seinen Ausdruck gefunden zu haben. Wir haben
bereits wiederholt gesehen, daß neben dem zur Bekanntmachung
an alles Volk bestimmten Capitulare per se scribendum öfters
noch ein nur für die Missi verfaßtes Capitular erlassen wurde, (S.
besonders v. S. 94.) in welchem einzelne Bestimmungen des Haupt-
gesetzes nochmals wiederholt, durch kurze Andeutungen die Missi
überdies auch auf andre ins Auge zu fassende Verhältnisse hingewiesen werden. Solche Capitularien sollten dem Gedächtniß der Missi
zu Hilfe kommen, sie waren „memoriae causa data" (Leges I.
216. 321.). Ganz ebenso verhält es sich mit unserm zweiten Capitular, nur daß dieses ein Memorial für die comites, nicht für die
Missi, sein sollte. Denn nur aus diesem Zweck des Capitulars
läßt es sich erklären, wenn die cap. 2. 1. 6. 3. der Memoria die

Bestimmungen von cap. 3—6. der zur Publication bestimmten Verordnung nur in anderer, theilweise kürzerer Fassung wiederholen, und wenn die Bestimmungen der Memoria so unvollständig lauten wie in c. 3.: Volumus ut comites nostri licentiam habeant inquisitionem facere, oder wenn, wie in c. 8. 10. 13. 14., über gewisse Punkte nur ganz allgemein die Beobachtung der bisher geltenden Bestimmungen (sicut lex continet) in Erinnerung gebracht werden. Was die ursprüngliche Gestalt der Memoria angeht, so erscheint mir dieselbe in c. 1—14. anfänglich beschlossen gewesen zu sein. Die cap. 15. 16. stehen, wie bereits oben (S. 150. Anm. S. 151. Anm. 2.) beiläufig bemerkt, gar nicht mit ihr im Zusammenhange, und die cap. 17. 18. dürften für nachträgliche Zusätze zu halten sein, weil sie nicht nur in der ältesten Handschrift (von St. Paul) fehlen, sondern sich auch weniger an c. 14. als vielmehr an c. 12. anschließen. Für einen ähnlichen im Hinblick auf c. 14. verfaßten Zusatz läßt sich vielleicht das c. 11. p. 233. halten, dessen Zusammenhang mit c. 13. 14. p. 235. mir der folgende zu sein scheint. In c. 13. wird die Bestimmung von c. 83. edict. Liutprandi (edid. Vesme) bestätigt, wonach die comites eine bestimmte Anzahl der unter ihrem Aufgebot stehenden Personen vom Heerdienst dispensieren (excusatos habere) konnten. Wenn es dann in c. 14. weiter heißt: Volumus ut homines talem consuetudinem habeant, sicut antiquitus Langobardorum fuit, so wird man hierin nicht eine allgemeine Bestätigung des langobardischen Gewohnheitsrechts, die kaum einen Sinn hätte, finden dürfen, sondern im Anschluß an c. 13. eine Bestätigung der meist auf Gewohnheit, nicht auf constantem Gesetz begründeten (S. o. S. 12.) sonstigen Normen über die Verpflichtung zum Heerdienst. Die so verstandene consuetudo Langobardorum würde aber bestens erläutert werden, wenn sich an c. 14. das c. 11. p. 233.: Quicumque enim liber homo a comite suo fuerit ammonitus aut ministris eius ad patriam defendendam et ire neglexerit u. s. w. unmittelbar anschlösse. In den Handschriften findet diese meine Vermuthung allerdings nur insofern eine Bestätigung, als jenes c. 11. Quicumque enim in zwei Handschriften der veränderten Form der Memoria überhaupt folgt, wogegen es speciell hinter c. 14. dieser Memoria in keiner der Handschriften steht.

Wie schon früher erwähnt, folgen nun aber in den Handschriften von Chigi und La Cava auf c. 11. noch drei andre Kapitel: und dieselben vier Kapitel 11—14. p. 233. 234. finden sich unter Gesetzen Lothars auch an anderer Stelle in der Handschrift von Blankenburg und als Lothar c. 71—74. im libor legis Langobardorum wieder. Mir erscheint es unzweifelhaft, daß wir in diesen c. 12—14. eine selbständige, ihrem Charakter nach von den sonstigen Capitularien von Olonna sehr verschiedene Verordnung zu erkennen haben. Die erste Hälfte von c. 12., von „Cum enim in tam parvo spatio" bis „erga nos servaverunt conservent" enthält die Vorrede zu der ganzen Verordnung in dem etwas wortreichen Styl, welcher auch den Prologen der alten langobardischen Könige eigenthümlich ist.[1]) Daraus, daß jenes Stück nur eine Vorrede ist, und Vorreden häufig von den Abschreibern ausgelassen worden sind, ist es zu erklären, daß die erste Hälfte des Pertzischen c. 12. nur in zwei Handschriften erhalten ist, die übrigen codices erst bei „Volumus hoc beneficium" oder „ut si cuiuscumque," d. h. mit dem eigentlichen ersten Kapitel der Verordnung anfangen. In diesem Prologe sagt der König, er wünsche seine benivolentia zu zeigen: und dieser Absicht entspricht es auch, wenn in allen Kapiteln der Verordnung Vorrechte, welche dem König nach langobardischem Recht zustanden, aufgegeben werden und zwar mit der wiederkehrenden Phrase: concedere volumus, nostra liberalitate concedimus. So hatte König Liutprand (c. 24. ed. Vesme) verordnet, daß eine Freie, welche mit einem Unfreien in die Ehe getreten, dem königlichen palatium zufallen solle, wofern sie nicht binnen Jahresfrist von ihrer eigenen Familie dafür Züchtigung erfahren hätte: Lothar dagegen bestimmt im ersten Kapitel der Verordnung, daß die Frau in dem angegebenen Fall dem Herren ihres unfreien Ehemannes zugehören solle. Wenn ferner nach dem Edict König Rothari's

---

[1]) Es spricht nicht gegen meine Annahme, wenn der von mir so genannte Prolog mit Cum enim anfängt: das enim im Anfang ganz neu anhebender Gesetze ist grade in langobardischen Gesetzen häufig z. B. Liutp. 64. 118. 147. 156. Rachis 2. 3. 6. Aistulf. 1. 3. und findet sich, ganz ebenso wie oben, am Anfange des neunten Prologes Liutprands: Iam enim octo vicibus.

c. 250. 251. Pfändung an Zugvieh stattfinden durfte mit Erlaubniß des Königs und unter Zuziehung der öffentlichen Beamten, so verordnet dagegen Lothar im c. 2. (13.), daß hinfort die öffentlichen Beamten Pfändung an Zugvieh gar nicht mehr vornehmen sollten. Es wird dann zur Erleichterung der gemeinen Lasten die gesetzliche Bestimmung eingeschärft, daß Niemand öfter als dreimal jährlich bei den gesetzlichen Gerichtstagen zu erscheinen verbunden sein solle, ferner den Vasallen des Königs ein Ehrenvorrecht vor andern Freien eingeräumt. Im letzten Kapitel endlich wird verzichtet auf das nach Rothar. 375. dem König zustehende Privilegium, alle diejenigen Vermögensobjecte an sich zu ziehen, welche die Verwalter königlicher Höfe, wenngleich mit ihrem eigenen Gelde, durch Kauf oder andern Vertrag erworben hatten. Niemand wird verkennen mögen, daß die hier vorgeführten Bestimmungen unter sich ebenso gleichartig sind, wie sie sich von den bei P. vorangehenden c. 1 — 11. und der ganzen Memoria comitum unterscheiden. Wir haben es in c. 12 — 14. offenbar mit einem von Lothar allein ausgehenden privilegium gratiae zu thun, dessen Entstehung wir mit Grund in die Zeit der kurzen ersten italischen Expedition Lothars werden setzen können, wenn wir die Worte des Prologs: Cum enim in tam parvo spatio temporis iuxta quod potuimus hoc tota intentione laborare, und die Stellung des Capitulars in den Handschriften von Chigi und La Cava berücksichtigen.

Ebenso endlich, wie dieses Privilegium von der Memoria comitum, sind auch von dem capitulare per se scribendum die nur in der Blankenburger Handschrift demselben zugefügten cap. 7. 8. p. 236. zu trennen, da wir in ihnen eine selbständige Instruction der zur Visitation der Klöster von den competenten Bischöfen zu delegierenden Aebte erkennen müssen. Das Kapitel 7 bei Pertz enthält die Einleitung dieser Instruction, deren eigentliche Vorschriften nur in c. 8. enthalten sind und hier mit dem „Primo" anheben. Die Abfassung dieser Instruction auf Veranlassung und zur Zeit Lothars ist sehr wohl möglich, aber mit Sicherheit nicht zu behaupten.

2. **Die auf dem zweiten italischen Zuge Lothars entstandenen Verordnungen. a. 824. 825. p. 239. 240. 242. 248—253. 355. 356.**

§. 43. Wenig über ein Jahr war nach der ersten Rückkehr Lothars aus Italien verflossen, als Kaiser Ludwig seinen Sohn abermals dorthin entsandte, diesmal namentlich um die Beziehungen zwischen dem Frankenreich und dem neuen Pabst Eugen dem zweiten zu regeln. Mitte August 824 brach Lothar nach Italien auf, im Monat November finden wir ihn schon in Rom, und es unterliegt keinem Zweifel, daß zu dieser Zeit die in den Handschriften von Chigi, La Cava und Blankenburg bewahrten Capitula ad limina beati Petri a domno Hlothario imperatore tempore Eugenii instituta (p. 239. 240.) entstanden sind. Sie beschäftigen sich hauptsächlich mit der Stellung des Kaisers zu Rom und dem Pabst sowie mit der Pabstwahl. Im Monat Februar 825 hielt sich Lothar nach den Urkunden (Boehmer, regesta Karolorum p. 51.) in der königlichen curtis zu Marengo auf, und man wird wiederum kein Bedenken tragen, die in den Handschriften von Chigi und La Cava überlieferten, aus dem angegebenen Orte und Jahre datierten Kapitel über einen Heerzug gegen die Insel Corsica (p. 242.) in jenen Monat zu verweisen, während dagegen grade den zwanzigsten Februar als Entstehungstag für das Capitular anzunehmen, kein Grund mehr vorliegt, da die von diesem Tage datierte Notitia weder zu Marengo noch im Jahre 825 entstanden ist (S. o. §. 26.). Aus den Urkunden erfahren wir wiederum, daß Lothar im Monat Mai des nämlichen Jahres in der königlichen curtis zu Olonna geweilt habe, und wir sind durchaus berechtigt, die Entstehung der p. 248—253. herausgegebenen drei Capitularien mit P. in jene Zeit zu verlegen. Für das erste Capitular wird Jahr und Ort des Erlasses durch die Ueberschrift, für das zweite überdies noch das Datum des Maimonats durch die Unterschrift verbürgt: für das dritte Capitular fehlt es an einem solchen directen Zeugniß, allein da dasselbe in den Handschriften sich regelmäßig jenen beiden anschließt, und es anzunehmen ist, daß Lothar zu jener Zeit neben den beiden Capitularien kirchenrechtlichen Inhalts auch de causis mundanis Bestimmungen getroffen haben wird, so werden wir mit gutem

Grund diese civilrechtliche Verordnung in dem Capitular p. 251. 252. erkennen dürfen.

Das erste dieser drei Capitularien von Olonna 825 ist erhalten in den Handschriften von Jvrea 34, Chigi, La Cava, Gotha und Blankenburg, cap. 10. überdies noch im cod. Vatican. 5359 und Vercell. 175.[1]) Das Capitular in seiner ursprünglichen Gestalt besteht nur aus den bei P. als 1—10. bezeichneten Kapiteln. Das c. 11. daselbst ist von den Schreibern der Blankenburger und Jvreer Handschrift aus dem Mantuaner Capitular nur deshalb hier angehängt worden, weil c. 9. des Olonner Capitulars auf dasselbe Bezug genommen hatte (S. o. S. 116.). Ebensowenig gehören aber die nur in der Gothaschen Handschrift folgenden drei Kapitel (11—13 bei P.) zu unserm Capitular: dieselben sind vielmehr, wie aus dem „si domino nostro placet" zu schließen, gar nicht in Gegenwart Lothars erlassen und enthalten eine Instruction für Visitation von Klöstern.

Das zweite Capitular, welches übrigens in einer Verordnung Ludwigs des zweiten (p. 432. c. 6. 7.) als mit dem ersten ein Ganzes bildend angesehen wird, ist überliefert in den Handschriften von Jvrea 34., Chigi, La Cava und Blankenburg. Es ist ebenfalls kirchenrechtlichen Inhalts und dürfte aus den bei P. mit 1—6 und 7* bezeichneten Kapiteln bestehen: das letzte aber ist in den beiden Handschriften von Chigi und La Cava fortgelassen und durch ein andres (c. 7. bei P.) ersetzt worden, welches sich dadurch als späterer Zusatz erweisen dürfte, daß es nach dem Muster des vorangehenden c. 4. ebenfalls mit den Worten: De senodochiis precipimus anfängt.

In der Handschrift von Gotha und theilweise auch in der von Blankenburg finden sich inmitten der Capitularien von Olonna vier Kapitel, welche einen Theil des zweiten Capitulars von Olonna, allerdings mit Zusätzen, ziemlich wörtlich wiederholen. Pertz hat in dieser Wiederholung eine neue authentische Recension, welche Lothar auf seiner dritten italischen Reise (a. 829. 830.) vorgenommen

---

1) Dieser cod. Vercell., den P. in der Vorrede p. 248. nicht erwähnt, scheint gemeint zu sein, wenn p. 249. Zeile 57. 58. Varianten aus einem cod. Vercell. angeführt werden.

hätte, erblickt und die Kapitel demnach p. 355. 356. abdrucken lassen. Mir scheint diese Annahme mindestens zweifelhaft und es sehr wohl möglich, daß wir es auch hier nur mit einer durch einen Schreiber vorgenommenen Redactionsänderung zu thun haben. Es wäre jedenfalls sehr auffällig, wenn in die angebliche Republication c. 2. die Fristbestimmung: infra dies quinquaginta post hoc synodale concilium, welche einen ziemlich individuellen Charakter zu haben scheint, aus dem Capitular von Olonna wörtlich herüber genommen sein sollte. Unter allen Umständen müßte die Entstehungszeit jener etwaigen zweiten Recension unentschieden gelassen werden.

Das dritte laienrechtliche Capitular von Olonna endlich ist uns in den acht Handschriften von St. Paul, Jvrea 34, Paris 4613, Modena, Gotha, Chigi, La Cava und Blankenburg, die cap. 10. 11. 2. 3. überdies auch in der angeführten vaticanischen Handschrift erhalten. Zwischen cap. 4. und 5. ist in den Handschriften von Chigi und La Cava willkürlich das p. 235. c. 18. abgedruckte Kapitel eingeschaltet, im cod. Cavensis dagegen c. 9. ausgelassen worden.

3. Die Pavefer Verordnung und die Gesandten=instruction des Jahres 832.
p. 360—362. 437. 438.

§. 44. Aus den annales Bertiniani (Scriptt. I. 424. 425.) erfahren wir, daß Lothar im Sommer des Jahres 831 nach Italien gegangen sei und dort bis zum Frühjahr des folgenden Jahres verweilt habe. Während dieses Aufenthalts, und zwar, wie wir aus einer Unterschrift in der Chigischen Handschrift erfahren, im Februar, sind in der Pfalz zu Pavia die vierzehn p. 360—362. vorfindlichen Kapitel publiciert worden, welche uns in den Handschriften von Jvrea 34, Tegernsee, Paris 4613, der vaticanischen Bibliothek 5359 und Chigi erhalten sind. Eine in allen codices wiederkehrende Ueberschrift nennt das Capitular: Capitula excerpta de capitulis Karoli et Hludowici. Diese Bezeichnung paßt zwar für die meisten, aber keineswegs für alle Kapitel der Pavefer Verordnung: denn in c. 1. und 11. werden nicht Vorschriften Karls oder Ludwigs, sondern, und zwar mit neuen Zusätzen, Bestimmungen von Lothar selbst aus den Olonnischen Capitularien wiederholt, und die Kapitel 3. 12. 13. 14. werden hier überhaupt zum ersten Mal erlassen. Die Neuheit dieser Kapitel ist auch der Grund, aus welchem der Schreiber der Blankenburger Handschrift nur die c. 13. 3. 11. 12. 14. des Paveser Capitulars aufgenommen, die in diesem Jahre nur republicierten Kapitel dagegen fortgelassen hat.

In der Handschrift von Chigi werden der Verordnung von Pavia noch drei Kapitel aus andern Capitularien angehängt, weil sie bisher in diesem codex noch nicht aufgenommen worden waren. Pertz hat diese drei Kapitel als c. 15—17. des Paveser Capitulars herausgegeben. Das Unrichtige dieses Verfahrens ergiebt sich aber nicht nur daraus, daß jene Kapitel in allen übrigen Handschriften an dieser Stelle fehlen, sondern namentlich aus dem Wortlaut des c. 14., welches zweifellos nach der Absicht des Gesetzgebers den Schluß des ganzen Capitulars bilden sollte. In gleicher Weise hat die in der Pariser Handschrift erfolgte Zufügung der p. 362. in den Noten abgedruckten drei Kapitel nur in der Willkür des Schreibers ihren Grund.

Ueber die angeblich zweite Paveser Verordnung (p. 362—365.) ist an dieser Stelle nicht zu handeln (vgl. u. §. 50. n. 6.), wohl aber gehört hieher die Gesandteninstruction, welche Pertz p. 437. 438. herausgegeben und dort Ludwig dem zweiten und dem J. 856 zugeschrieben hat. Diese Instruction ist uns allein in der Blankenburger Handschrift erhalten, wo sie unter der nichtssagenden Ueberschrift: Item alia capitula den Schluß sämmtlicher im Index recensierter Kapitel bildet. Weil ihr in jener Handschrift Capitularien Ludwigs des zweiten vorangehen, so hat sie P. diesem Kaiser beigelegt: allein die gesetzlichen Bestimmungen, für deren Beobachtung Sorge zu tragen, hier die Missi mit Verweisung auf ein bestimmtes Capitular angewiesen werden, finden sich in keinem Gesetz Ludwigs des zweiten. In c. 2. der Instruction heißt es nämlich: De monetis inquiratur.... et noviter a nobis instituta figurari precipiantur. Verumtamen usque missa sancti Iohannis denarium argenteum et non fractum cuiuscumque monetae recipiatur. Reiectoribus autem iuxta capitulare castigatio adhibenda: vel 60 solidos componat vel totidem ictus accipiat. Ebenso wird in c. 12. den Missi u. A. anbefohlen:

Similiter et de conspirationibus nocivis iuxta capitulare emendent. Wer im Lesen von Capitularien und namentlich von Capitularia missorum Uebung hat, wird sich sagen können, daß die hier vorliegende Gesandteninstruction gleichzeitig mit einem Capitular entstanden sein muß, in welchem über die so angedeuteten Punkte Bestimmungen getroffen worden sind. Iuxta capitulare heißt nicht: in irgend einem Capitular, sondern: nach demjenigen Capitular, welches soeben zu Stande gekommen, und welches ihr, Missi, veröffentlichen sollt. Nun ist in keinem der Gesetze Ludwigs über jene beiden Punkte irgend etwas bestimmt worden, und unter allen auf uns gekommenen Capitularien enthält nur die Paveser Verordnung von 832 beide allegierte Vorschriften, diese aber in einer Weise, daß kein Zweifel darüber obwalten kann, welches Capitular der Verfasser der Instruction im Sinne gehabt habe. Es heißt nämlich in c. 9.: Quicumque liber homo denarium merum et bene pensantem recipere noluerit, bannum nostrum, id est 60 solidos, componat; si vero servi ecclesiastici aut comitum aut vassallorum nostrorum hoc facere presumpserint, sexaginta ictus vapulent. Ebenso in c. 6. derselben Verordnung: de conspirationibus quicumque facere praesumpserit et sacramento quamcumque conspirationem firmaverint triplici ratione iudicentur...., worauf nun ausführlich die Bestrafung solcher conspirationes nocivae vorgeschrieben wird. Unter diesen Umständen ist es mir unzweifelhaft, daß im Februar[1]) des J. 832 gleichzeitig mit dem Paveser Capitular auch Missi ausgiengen, denen die in der Blankenburger Handschrift erhaltene Instruction mitgegeben wurde.

VI. Die Capitularien Ludwigs des zweiten.

1. Synodalstatut und Capitular des Jahres 850. p. 395—407.

§. 45. Obwohl auch nach dem Jahre 832 und bis zum Jahre 840 Kaiser Lothar wiederholt Züge nach Italien unternahm,

---

1) Mit dem Monat stimmt auch der in der Instruction für die alte Münze angegebene Präclusivtermin des 24. Juni bestens überein.

so ist doch von Gesetzen, welche bei solchen Gelegenheiten entstanden wären, nichts bekannt. Als aber im Jahre 844 Lothars Sohn Ludwig vom Pabst Sergius als König Italiens gekrönt worden war, erließ er mehrere Verordnungen, welche, wie es scheint, bei Lebzeiten des Vaters noch unter dessen Autorität publiciert wurden.[1]) Unter den gesetzgeberischen Acten Ludwigs, welche heute noch vorhanden, dürfte der Zeit nach die erste Stelle einnehmen ein Fragment eines Capitulars unbekannten Datums, welches in der Handschrift von Chigi erhalten und auch in den liber legis Langobardorum übergegangen ist (p. 388.). Die Ueberschrift Item capitula domno Loudowigi regis macht es wahrscheinlich, daß das betreffende Capitular noch vor der 850 erfolgten Kaiserkrönung Ludwigs des zweiten erfolgt sei.[2])

Bald nach dieser Kaiserkrönung, nämlich noch im Jahre 850, ist zu Pavia eine Synode italischer Bischöfe abgehalten worden. Es läßt sich darüber streiten, ob die Beschlüsse dieser Synode in eine Capitulariensammlung gehören: jedenfalls aber ist es nicht gerechtfertigt, daß P. dasselbe fast fünf Folioseiten lange Synodalstatut zweimal wörtlich gleichlautend hat abdrucken lassen, zuerst aus einer Handschrift als Vorschläge der Bischöfe p. 396—400 und dann aus einer andern als Gesetz des Kaisers p. 400—405. Was p. 396—400. mitgetheilt wird, ist nichts weiter als die Beschlüsse einer unter dem Vorsitz des Erzbischofs Angilbert von Mailand ganz unabhängig von weltlicher Autorität im J. 850 abgehaltenen italiänischen Synode. Die p. 396. gegebene Ueberschrift spricht dies deutlich aus, und der ganze Inhalt des Synodalstatuts zeigt, daß hier von etwaigen Vorschlägen an den Kaiser nicht die Rede ist, da es stets heißt: Decrevit sancta synodus, statuimus u. s. w.

---

1) Vgl. die Ueberschrift aus der Gothaer Handschrift p. 405. 2) Böhmer in den regesta Karolorum n. 625 registrirt den Erlaß eines Gesetzes Ludwigs II. im J. 847 und verweist dabei auf Archiv V. 245. Da an dieser Stelle aber nichts von Gesetzen Ludwigs berichtet wird, so vermuthe ich, daß das Citat „V. 275." heißen soll, und daß Böhmer die dort aus dem cod. Ambr. mitgetheilten Worte: factum anno dominorum nostrorum tertio auf Lothar I. und dessen Sohn, das Datum aber auf das dritte Regierungsjahr Ludwigs bezogen hat. Vgl. aber über das so datirte Kapitel oben S. 103. Anm.

Ich glaube deshalb auch, daß die in einer Handschrift befindliche Ueberschrift: Rescriptum consultationis sive exortationis episcoporum ad domnum Hludowicum imperatorem, weil sie zu dem Charakter des Statuts gar nicht paßt, nur von dem Schreiber und zwar in wörtlicher Wiederholung der Ueberschrift eines 829 an Ludwig I. von den Bischöfen erlassenen Rescripts fingiert worden ist. Das Original dieser Ueberschrift findet sich p. 332 [1]): nur die Worte quod in Papia fuit actum sind am Schluß vom Schreiber angehängt worden, auf Grund der in der Ueberschrift des cod. Sangall. erhaltenen Nachricht, daß die Synode abgehalten worden sei in urbe regia Ticino. Die Ursache, welche die Synode veranlaßte, das Statut dem Kaiser mitzutheilen, hat man vielleicht nur in c. 16. desselben zu suchen, welches lautet: Suggerendum est beatissimis imperatoribus, quia hi qui monasteria et sinodochia sub defensione sacri palatii posuerunt ideo fecisse probantur, quod a nullo melius quam a summis potestatibus protegenda crediderint..... et cavendum summopere est principibus, ut qui a nemine nunc inde iudicantur, ne in futuro iudicio ab omnipotente Deo gravius iudicentur. **Nos vero qui debitores sumus ut fideliter annuntiemus idcirco humiliter suggerimus, quod silere non audemus.** Dies ist die einzige Stelle des Statuts, in welchem sich die Synode an den Kaiser wendet, und es liegt wohl auf der Hand, daß grade sie einer Aenderung bedurft hätte, wenn der Kaiser die Beschlüsse der Synode zum Gesetz erheben wollte. Die Gedankenlosigkeit Ludwigs und seiner Räthe wäre geradezu beispiellos, wenn jene durch den Druck ausgezeichneten Worte in die „leges ipsae ab imperatore promulgatae" (p. 395.) aufgenommen worden wären. Die Ueberschrift, welche in der Blankenburger Handschrift dem Synodalstatut vorgesetzt ist: Item alia capitula domni hlotharii de ordinibus ecclesiasticis, ist offenbar, wie immer, von dem Schreiber des codex willkürlich und noch dazu unrichtig erfunden und kann keinen Grund für die von P. vorgenommene Sonderung abgeben.

---

1) **Dieselbe Ueberschrift** wird von demselben Schreiber zum dritten Male wiederholt in dem S. 165. in der Anmerkung erwähnten Fall.

Daß neben dieser geistlichen Synode des Jahres 850 gleichzeitig auch die weltlichen Großen zur Berathung versammelt gewesen, ist nicht unwahrscheinlich. Man wird diesen Berathungen mit P. die p. 405 — 407. herausgegebenen Kapitel zuschreiben dürfen, welche in den beiden Handschriften von Gotha und St. Gallen an jenes Synodalstatut angehängt und in der zweiten sogar durch die Ueberschrift: De rebus vero saecularibus haec statuit piisimus imperator Hludowicus u. s. w. mit jenem verbunden werden. Ebenso ist auch die von P. gewählte Bezeichnung der beiden Capitularien als „Capitula comitibus ab imperatore proposita" und „leges ab imperatore promulgatae" durch ihr ganzes Verhältniß zu einander und namentlich durch c. 1. des ersten Capitulars hier gerechtfertigt.

2. Die nach dem Jahre 850 entstandenen Gesetze.
p. 430 — 437. 504 — 506.

§. 46. Die Capitularien, welche Pertz einem zweiten und dritten Paveser Reichstage von 855 zuweist, sind, wie mir scheint, weder chronologisch genau bestimmt, noch richtig zusammengesetzt worden.

Wenn wir mit dem p. 435. herausgegebenen Capitular beginnen, so finden wir in der Vorrede desselben als chronologisches Datum: annus incarnationis 854, imperii nostri (Hludowici II.) VI, indictio IV. Das sechste Regierungsjahr Ludwigs des II. begreift die Zeit vom 6. April 855 bis dahin 856, die vierte Indiction die Periode vom 1. September 855 bis dahin 856 in sich. Nach diesen beiden Daten müßte also das Capitular nicht im Juli 855, wie P. angiebt, sondern in der Zeit zwischen dem 1. September 855 und dem sechsten April 856 entstanden sein, womit allerdings im Widerspruch steht das außerdem angegebene Jahr 854. Daß dieses letztere aber unrichtig ist, wird man daraus schließen dürfen, daß es weder zu dem sechsten Regierungsjahr Ludwigs, noch zu der vierten Indiction paßt, welche beide Bestimmungen mit einander im Einklange stehen, und es ist ein ferneres Zeugniß gegen das Jahr 854, daß in dem Capitular nur nach Regierungsjahren Ludwigs, nicht, wie sonst bei Lebzeiten Lothars der Fall war, auch nach dessen Regierungsjahren gezählt wird. Da Lothar aber am 28. September 855 gestorben ist, so wird aus dem zuletzt angedeuteten

Grunde das Capitular zwischen October 855 und April 856, wahrscheinlich, da es nahe liegt, 854 in 856 zu emendieren, in den Anfang 856 zu setzen sein. Aus der Vorrede p. 435. erfahren wir den Charakter dieses aus fünf Kapiteln bestehenden Capitulars als „capitula pro lege tenenda."

Dem bisher beschriebenen Capitular folgen nun im cod. Par. 4613, welchem sich P. hier angeschlossen hat, die Worte: Concessas denique petitiones vestras', consideravimus etiam ea quae ad nos iam pridem pervenerunt ad resecandas malorum insidiationes iisdem adiungere capitulis. Die Kapitel, welche hier als adiuncta bezeichnet werden, sind zweifellos diejenigen welche P. mit der Vorrede In nomine sanctae u. s. w. p. 435. 436. herausgegeben hat. Dies geht nicht nur daraus hervor, daß in der Pariser Handschrift diese Vorrede mit den Kapiteln unmittelbar folgt, sondern auch daraus, daß die Worte in jener Uebergangsphrase: „ad resecandas malorum insidiationes" mit der in der Vorrede angegebenen Tendenz des folgenden Capitulars: ut quorundam hominum pravorum hominum insidiae impediantur, und ut talem resecaremus nequitiam in deutlichem Zusammenhange stehen. Als Datum dieses folgenden Capitulars ist durch die Schlußworte des Prologs: „Anno imperii domni et genitoris nostri Hlotharii pii imperatoris trigesimo sexto, nostro etiam sexto, 13. Kal. Aug. sub indicione 3." der 20. Juli 855 durchaus verbürgt, und der Charakter auch dieses Capitulars erhellt aus den Worten des Prologs: capitula infra regnum nostrum italicum populo commoranti in legem dare praevidimus.

Es fragt sich nun aber, was ist mit den Worten „concessas denique petitiones vestras" am Anfang jener Uebergangsphrase gemeint, welche petitiones sind dem Capitular vom 20. Juli 855 voranzuschicken? P. hat im Anschluß an die Pariser Handschrift die angegebenen Worte auf das daselbst unmittelbar vorhergehende, zuvor besprochene Capitular p. 435. bezogen, und es läßt sich zur Begründung dieser Ansicht noch anführen, daß es in der That im Prolog dieses letzteren Capitulars heißt: inter reliqua populus noster quasdam petiones obtulit, quas nos libenter suscepimus atque ideo subter annotata capitula conscribi fecimus.

Aber wenn es schon sehr auffallend erscheinen muß, daß Ludwig auf
demselben Reichstage zwei verschiedene capitularia pro lege tenenda
oder in legem data erlassen haben sollte, so steht die für die bei=
den Capitularien ermittelte chronologische Bestimmung ihrer von P.
angenommenen Verbindung direct entgegen. Denn das Capitular
p. 435. ist frühestens im October 855 (wahrscheinlich Anfang
856) entstanden, dasjenige p. 436 schon am 20. Juli 855: die in
dem letzteren erwähnten Concessae petitiones können also unmög=
lich in dem ersteren Capitular enthalten sein. Bessere Auskunft über
die Concessae petitiones erhalten wir aber, wenn wir hier der
Blankenburger Handschrift folgen, welche die Gesetzgebung von 855
am vollständigsten erhalten hat. In dieser geht dem Capitular vom
20. Juli 855 unmittelbar voran die institutio domni Hludowici
imperatoris p. 434, und dieser das in der Gothaer Handschrift
so genannte Rescriptum consultationis¹) p. 430—433. Die=
ses Rescriptum consultationis ist undatiert und steht auch mit
den bei P. nachfolgenden und von ihm so genannten Leges ab imperatore promulgatae weder in innerem noch in äußerem, d. h.
durch die Handschriften verbürgten Zusammenhange. Es steht daher
nichts im Wege, die fraglichen petitiones in dem Rescriptum
zu erblicken, und es spricht sogar direct für eine solche Annahme,
daß sich die Paveser Synode in dem rescriptum regelmäßig mit
Ausdrücken wie: imploramus, expetimus, petimus, obsecramus,
exposcimus (vgl. c. 10—17.) an den Kaiser wendet. Die Auf=
forderung, solche petitiones über bestimmt bezeichnete Gegenstände zu
formulieren, war an die Synode in dem in der Gothaer Handschrift
dem Rescriptum unmittelbar vorangehenden kaiserlichen Anschreiben
De conversatione episcoporum u. s. w. (p. 430.) ergangen; die
wirkliche „concessio" der petitiones scheint in der dem Rescript in
der Blankenburger Handschrift sogleich folgenden Institutio domni
Hludowici (p. 434.) erfolgt zu sein, welche in c. 1. 2. nicht, wie
P. meint, auf die Verhandlungen der 850 abgehaltenen Synode

---

1) Auch dieser Titel ist durch den Schreiber der Gothaer Handschrift,
ebenso wie bei dem im vorhergehenden §. erwähnten Fall, von dem Rescript
des J. 829 (p. 332.) wörtlich übernommen worden.

bestätigend Bezug nimmt, sondern auf das kurz zuvor (im Juli 855) mit dem Clerus abgehaltene placitum verweist.¹)

Welchem Jahre endlich die sog. leges ab imperatore promulgatae (p. 433. 434.) zuzuschreiben sind, ist mit vollkommener Sicherheit nicht anzugeben, da das zu Anfang angegebene Datum sowohl in den beiden Handschriften,²) wie in der editio princeps einen Widerspruch enthält. Denn der 4. Februar der indictio XIII. fällt nicht in das Jahr 855, welches daneben angegeben ist, sondern in das Jahr 865. Man kann also zweifelhaft sein, ob man, um beide Angaben in Einklang zu bringen, indictio III. oder anno incarnat. dom. DCCCLXV. zu lesen hat. Mir erscheint das letztere wahrscheinlicher, weil im Februar 855 Lothar noch am Leben war und dessen nirgends mehr im Capitular Erwähnung geschieht, weil in den beiden Handschriften das Capitular am Ende der sämmtlichen Gesetze steht, namentlich aber, weil am 20. Juli 855 zweifellos ein längerer Reichstag zu Pavia geschlossen worden ist und nicht angenommen werden kann, daß derselbe einem am 4. Februar 855 ebendaselbst abgehaltenen Reichstage so schnell gefolgt sein sollte. Die Aussendung der Missi und die Abfassung des p. 434. abgedruckten legationis edictum ist, wie aus c. 7. des Capitulars und aus einer Vergleichung von c. 3. des Capitulars mit c. 4. der Gesandteninstruction erhellt, gleichzeitig mit dem Capitular oder sehr kurze Zeit nach demselben erfolgt.

Die p. 430—437. herausgegebenen Stücke sind demnach, wie ich glaube, also zu vertheilen:

1. Gelegentlich eines am 20. Juli 855 geschlossenen Reichstages sind entstanden:

a) Die Vorlage an die Bischöfe p. 430.
b) Die Anträge der Bischöfe p. 430—433.
c) Die Bestätigung (institutio) dieser Anträge p. 434.
d) Die capitula in legem data praefatio und c. 1—3.³) p. 436. 437.

---

1) Das „preterito" p. 434. lin. 32. giebt an dieser Stelle keinen Sinn und ist hierhin wahrscheinlich nur durch ein Versehen gesetzt worden, welches durch das eine Zeile später richtig folgende preterito veranlaßt sein mag. 2) Vgl. Merkel im Archiv XI. 603. 612. 3) Das cap. 4., welches hier in der Blankenburger Handschrift und demnach bei P. angehängt ist,

Die Verhandlungen dieses Reichstages hat fast vollständig (b. c. d.) und in richtiger Reihenfolge überliefert die Blankenburger Handschrift, nur die kirchenrechtlichen (a. b.) die von Gotha, nur die capitula in legem data die von Paris 4613. und der liber legis Langob.

2. Auf einem im Anfange des Jahres 856 (vor dem 6. April) ebenfalls zu Pavia abgehaltenen Reichstage sind berathen worden die capitula pro lege tenenda p. 435. 436., praefatio bis cap. 5.[1]) Dieselben finden sich in der genannten Pariser Handschrift und in einem cod. Sangallensis, cap. 1—3. 5. auch im liber legis.

3. Am 4. Februar 865 promulgierte Ludwig das aus der Vorrede und sieben Kapiteln bestehende Capitular p. 433. 434., und zur selben Zeit stellte er auch die Gesandteninstruction p. 434. aus. Beide Stücke sind in den Handschriften von Modena und Gotha erhalten.

In der Handschrift von Paris 4613 werden den capitula in legem data vom 20. Juli 855 noch andere Kapitel mit fortlaufender Zählung angehängt, von denen jedoch, da die Handschrift am Schluß defect ist, heute nur zwei erhalten sind. (p. 437.) Aus der Ueberschrift derselben: Alio tempore dictus serenissimus Augustus instituere praevidit capitula ist zu entnehmen, daß auch sie Ludwig dem zweiten zuzuschreiben sind: im Uebrigen bleibt Zeit und Grund ihrer Entstehung ungewiß.

Endlich hat eine Handschrift von Monte Casino ein Capitular Ludwigs über eine gegen Benevent zu unternehmende Heerfahrt uns erhalten, welches für die Kenntniß des Heerwesens jener Zeit von großer Bedeutung ist. Da diese Verordnung erlassen ist sub indictione quintadecima, und die Osterzeit als unmittelbar bevorstehend

---

gehört nicht zu diesem Capitular, wie nicht nur aus dem Fehlen desselben in der Pariser Handschrift und im liber legis Langob., sondern namentlich aus dem vorangeschickten Prologe hervorgeht, in welchem nur die Bestimmungen von c. 1—3. als der Inhalt des nachfolgenden Capitulars angegeben werden. Ueber die Entstehungszeit und Zugehörigkeit dieses c. 4. ist nichts Gewisses anzugeben.   1) Cap. 5. fehlt in der Pariser Handschrift, sein Inhalt giebt aber keinen Grund, dasselbe von den vorhergehenden zu trennen.

(c. 10. 13.) bezeichnet wird, so würde die Entstehung in den Anfang des Jahres 867 fallen. Im Hinblick auf die Nachrichten des chronicon Casinense, nach welchem der Heerzug gegen Benevent bereits im Beginn des Jahres 866 seinen Anfang nahm,[1]) hat man aber in der Ueberschrift vielleicht zu emendieren: sub indictione quartadecima.

VII. Die italische Gesetzgebung in der Zeit vom Tode Ludwigs des zweiten bis zum Regierungsantritt Ottos des ersten.

a. 875—961.

§. 47. Als Ludwig der zweite am 12. August des J. 875, der letzte männliche Nachkomme aus dem Stamme seines Vaters, verschied, gieng das langobardische Reich nach Erbrecht auf die väterlichen Oheime des verstorbenen Kaisers, Ludwig den Deutschen und Karl den Kahlen über. Beide wurden auch von den Großen Italiens zur Einnahme des erledigten Thrones eingeladen, beide leisteten der Einladung Folge, aber nur Karl, Lothars jüngerer Bruder, erreichte durch Ränke, Meineid und Waffengewalt sein Ziel und wurde, an demselben Tage, an welchem fünfundsiebzig Jahre zuvor sein Großvater die Kaiserkrone empfangen hatte, von Pabst Johannes dem achten als römischer Kaiser ausgerufen.[2]) Kaiser Karl der zweite kehrte bald darauf nach Pavia zurück, wo er vom größeren Theil der italischen Großen auch als König des Langobardenreichs anerkannt wurde und den Treueid entgegennahm. Zur selben Zeit, das heißt im Februar des Jahres 876, wurden auch eine Anzahl auf kirchliche Angelegenheiten bezüglicher Kapitel mit den Bischöfen, Großen und übrigen Getreuen vereinbart. Das Capitular nebst den auf die Königswahl bezüglichen Verhandlungen s. bei Pertz, S. 528—532.

---

1) Scriptt. III. 223. c. 7. Vgl. Dümmler, Geschichte des ostfränkischen Reichs Band I. S. 375. Anmerk. 2) Dümmler, a. a. O. S. 824—837.

Im Monat August des J. 876 starb auch Ludwig der Deutsche, und sein ältester Sohn Karlmann zog, um sein Erbrecht auf das langobardische Reich geltend zu machen, im J. 877 über die Alpen. Kaiser Karl, der eben zu Pavia verweilte, wurde durch die Nachricht von diesem Eindringen so erschreckt, daß er eiligst die Flucht nach Frankreich ergriff. Kaum auf französischem Boden angelangt, erlag er einem Fieber am 6. October 877. Karlmann wurde nun ohne Widerspruch als langobardischer König anerkannt, aber schon zwei Jahre später, wahrscheinlich im November 879, durch seinen jüngern Bruder Karl den Dicken verdrängt. Karlmann starb, schon seit längerer Zeit contract, im März 880. Weder von ihm, noch von Karl dem Dicken sind Gesetze auf uns gekommen.

Fast das ganze Jahrhundert, welches dem Tode Ludwigs des zweiten folgte, war für das langobardische Reich eine Zeit unsäglichen, in steter Zunahme begriffenen Leidens, dessen Hauptquelle die beständigen Kämpfe um die eiserne Krone waren. Als Karl der Dicke im J. 887 von den Großen der ihm untergebenen Reiche abgesetzt wurde, trachteten Wido und Berengar, beide langobardische Herzoge und beide dem karolingischen Geschlecht cognatisch verwandt, nach der Herrschaft über Italien und setzten beide auch die Königskrönung durch. „Nach furchtbaren Kriegen und den schimpflichsten Niederlagen, bei welchen Berengar zweimal nur durch die Flucht entkommen, wie ein Rauch verschwunden war und die Langobarden, gleichwie Schaafe denen der Hirte fehlt, im Unglück verlassen hatte" (so wird in der Wahlcapitulation Widos berichtet), erlangte Wido den Sieg und die Anerkennung als König und Herr Seitens des größten Theiles der langobardischen Großen. In welchem Jahre dies geschehen, wird weder aus der Wahlcapitulation (p. 554—556.), noch aus den Annalen jener Zeit völlig klar.[1]) Wido starb schon im J. 894 und hinterließ das Reich seinem bereits zwei Jahre zuvor zum Mitkaiser gekrönten Sohn Lambert. Als auch Lambert 898 mit Tode abgieng, war Niemand mehr, der dem Berengar, welcher nicht aufgehört hatte, in einzlen

---

1) Da in einer weiterhin zu erwähnenden Urkunde Wido am 21. Februar 891 bereits das dritte Jahr seiner königlichen Regierung zählt, so müßte die Wahl vor dem 21. Februar 889 erfolgt sein.

Theilen Italiens sich als König zu gerieren, die Königskrone noch ferner streitig machte. Nach dessen 924 erfolgtem Tode war Lango=
bardien zwei Jahre hindurch ganz ohne König (denn König Rudolf von Burgund bemühte sich zu jener Zeit ohne Erfolg um die ita=
lische Krone), bis Ugo, Graf in Niederburgund und dem Geschlecht der Karolinger cognatisch anverwandt, den erledigten Thron in Folge der Wahl durch die langobardischen Großen einnahm. Ugo (926—946) theilte seine Herrschaft bald (931) mit seinem Sohne Lothar, welcher 950 Thron und Leben durch Berengar den zweiten, den Enkel Berengars des ersten, verlor. Der Thronräuber und sein Sohn Adelbert wurden dann von Otto dem ersten, dem Gemahl Adelheids, Lothars nachgelassener Witwe, 961 endlich ihrer Herr=
schaft entsetzt.

Der Bischof Liutprand von Cremona berichtet, zum großen Theil als Zeitgenosse, ausführlich, wie Italien seit der Zeit Karls des Dicken nur der Schauplatz von Krieg, Raub, Mord und Ver=
brechen aller Art gewesen. Da im Waffengetöse die Gesetze schwei=
gen, so ist über die Geschichte des langobardischen Rechts in den angegebenen Zeiten nur sehr wenig zu berichten. Von der Wahl=
capitulation Widos, in welcher das schon zu jener Zeit in Italien herrschende Elend mit grellen Farben geschildert wird, ist bereits früher kurz die Rede gewesen: da dieselbe nur auf die Wahl des Königs Bezug hatte und das von Wido eidlich abzulegende Versprechen ent=
hielt, Recht und Freiheit des langobardischen Volks und der Kirche zu achten und zu schützen, so ist sie in das langobardische Rechtsbuch nicht übergegangen. Dagegen finden sich in allen Handschriften des liber legis neun Kapitel Widos (p. 556—558.), welche in den beiden ältesten codices von Mailand und London die folgende Ueber=
schrift haben: Incipiunt capitula quae domnus Wido imperator addidit in Kalendas Madii civitate Ticinensi anno imperii eius primo indicione IIII. (cod. Lond.: VII.). Der erste Mai, weder der vierten, noch der siebenten Indiction, welche in das J. 886, resp. 889 fallen, steht aber im Einklang mit dem Datum der kai=
serlichen Regierung Widos: anno imperii eius primo. Denn eine durchaus unverdächtige von Wido ausgestellte Urkunde (Murat. antiquit. ital. medii aevi, editio Aretina II. 871, und danach Böhmer, regesta Karolorum no. 1270.) hat das folgende Datum:

Data IX. Kal. Martii ind. VIIII. anno incarnationis domini 891, regnante domno Widone in Italia anno regni eius III., imperii illius die prima actum Romae. Die chronologischen Angaben dieses Datums ergeben deutlich und übereinstimmend den 21. Februar 891 als den Anfang der kaiserlichen Regierung Wido's, und mit dieser Annahme stimmen auch die Daten der andern Urkunden dieses Kaisers überein. Pertz, der das angegebene Datum im Sinne gehabt zu haben scheint, indem er die Wahlcapitulation des Königs in die Zeit vor dem 21. Februar 889 datiert, hat gleichwohl derselben Urkunde entgegen das Jahr 889 als den primus annus imperii Widonis angenommen, wie es scheint, geleitet durch die Ueberschrift des Capitulars nach der Lesart der Londoner Handschrift und vielleicht auch durch die annales Vedastini. In den letztern wird nämlich zum J. 888 erzählt (Scriptt. I. 525.): Cumque Wido Berengerum e regno fugere compulisset Romam ivit, imperator efficitur. Allein der Annalist berichtet hier offenbar, ohne auf die Zeitfolge genau Rücksicht zu nehmen: er trägt an dieser Stelle über Wido zusammen, was ihm von demselben bekannt war, und kommt für die folgenden Jahre gar nicht mehr auf ihn zu sprechen. Daß Wido die Königsherrschaft mit der Kaiserwürde fast gleichzeitig erlangt habe, steht mit der Jahrzählung in den Urkunden aus Wido's Zeit in directem Widerspruch. Was dann aber die Capitularüberschrift nach der Londoner Handschrift „indictione VII." angeht, so steht ihr die Mailänder Lesart „indictione IIII." entgegen, sobaß also die Indictionenzahl überhaupt ungewiß ist, und wir bei der chronologischen Bestimmung des Capitulars nur der Angabe: „anno imperii primo" folgen und als Entstehungstag desselben den ersten Mai 891 annehmen müssen.

Das Capitular ist durch seinen Inhalt von großer Bedeutung für das langobardische Recht, erregt indessen hinsichtlich seiner Entstehung keine weiteren Bedenken. Wenn aber P. dasjenige, was er p. 557. Zeile 57. 58. aus einigen Handschriften herausgegeben hat, eine Inhaltsangabe des cap. 6. nennt, so ist dies ganz offenbar unrichtig. Denn das cap. 6. handelt von dem Fall, wie die Echtheit einer Urkunde zu erweisen, einmal, wenn sowohl der Notar als die bei Ausstellung der Urkunde zugezogenen Zeugen noch am Leben sind, zum andern, wenn der Notar zwar gestorben ist, die Zeugen aber noch leben: die vermeintliche Inhaltsangabe dagegen behandelt den Fall, wie die Echtheit der Urkunde zu erweisen, wenn im Gegensatz zu c. 6. der Notar noch am Leben ist und die Zeugen verstorben sind. Jene beiden in den Noten mitgetheilten Zeilen wiederholen aber wörtlich den größeren Theil einer von Ludwig dem zweiten früher (p. 436. c. 5.) getroffenen Bestimmung und sind offenbar von einigen Schreibern zur Ergänzung des c. 6. Wido's zugefügt worden. Was dann weiter die p. 558. aus der Mailänder Handschrift mitgetheilte Stelle angeht, so ist sie nicht etwa ein Gesetz, sondern eine auf Grund von Edict. Rothari 204. und Liutp. 22. verfaßte Glosse zu Wido c. 8.[1])

Die Verhandlungen einer in Gegenwart des Pabstes Johannes des neunten und Kaiser Lamberts 898 zu Ravenna abgehaltenen Synode (p. 562—564.) gehören mit minderem Recht in eine Sammlung von Capitularien, als in eine solche von Concilienschlüssen und haben daher auch in der Mansi'schen Sammlung an richtiger Stelle (XVIII. 221.) Aufnahme gefunden. Ein jedenfalls von einem Kaiser in Italien (c. 3—6.: arimanni) erlassenes Capitular (p. 564. 565.) kann im Hinblick auf die von P. aus einem codex Thuaneus mitgetheilte Notiz wohl dem Kaiser Lambert beigelegt werden: in den liber legis Langobardorum ist es nicht übergegangen. Von Capitularien der oben genannten Nachfolger Lamberts habe ich nichts aufzufinden vermocht.

VIII. Die Capitularien seit der Zeit Ottos des ersten.
a. 961—1050.

§. 48. Nachdem der deutsche König Otto im J. 961 die langobardische Königskrone und im darauf folgenden Jahre die römische Kaiserwürde erlangt hatte, war er eifrig darauf bedacht, dem

---

1) Merkel, Geschichte des Langobardenrechts S. 49. Anm. 14., berichtet, daß bisher ungedruckte Gesetze Widos sich auch in dem im Uebrigen eine langobardische Canonensammlung enthaltenden cod. Vaticanus 1339. (Vgl. auch Theiner, disquisitiones criticae in praecipuas can. et decret. collectiones p. 278.) befinden: die Abschrift, welche Merkel davon genommen, ist mir aber unzugänglich geblieben.

Treiben der Parteien in Italien ein Ziel zu setzen, einen gesicherteren
Rechtszustand endlich wieder herzustellen und die in tiefen Verfall
gerathenen öffentlichen Sitten womöglich zum Bessern zu wenden.
In diesem Bestreben dachte er auch darauf, eine Abnahme der Mein=
eide, welche im gerichtlichen Verfahren sehr häufig geworden waren,
dadurch herbeizuführen, daß der bisher dem Beklagten in den mei=
sten Fällen zustehende Reinigungseid überall, wo es sich um causae
maiores handelte, nicht mehr zulässig sein und durch das Beweis=
mittel des Zweikampfes ersetzt werden sollte. Dies ist die Haupt=
tendenz des im October des J. 967 zu Verona in einem sehr zahl=
reich besuchten Reichstage zu Stande gekommenen Gesetzes, welches
uns durch den liber legis Langobardorum überliefert ist. (Leges II. p. 32. 33.) Muratori hat, jedenfalls dadurch veranlaßt,
daß in dem von ihm benutzten codex Estensis vor dem ersten
Kapitel die Ueberschrift Otto secundus sich findet, das Capitular
in das J. 983 gesetzt, in welchem allerdings ebenfalls zu Verona
ein Reichstag versammelt gewesen ist. Allein abgesehen von der
Unterschrift, bezüglich Ueberschrift des Capitulars, welche P. a. a. O.
S. 33. aus den beiden Handschriften von London und Florenz mit=
theilt, und welche die Entstehung des Capitulars im J. 967 aus=
drücklich berichtet, passen die im Prolog mehrfach erwähnten histori=
schen Ereignisse nur zum J. 967, nicht zum J. 983. Dieser Pro=
log ist aber allerdings in den bisher vorliegenden Ausgaben von
Muratori und Pertz mehrfach fehlerhaft herausgegeben, und da einer
von diesen Fehlern geeignet ist, die Chronologie des ganzen Capitu=
lars in Frage zu stellen, so sei es mir gestattet, schon an dieser
Stelle die erforderliche Emendation vorzunehmen. Die Worte, auf
welche es ankommt, lauten nach den bisherigen Ausgaben:

Tempore igitur quo piissimus rex Otto Romae unctionem
suscepit imperii, residente in synodo summo et universali
papa domno Iohanne tertio decimo anno ab Italiae proceribus est adclamatum, ut imperator sanctus mutata lege
facinus indignum destrueret. Iudicio itaque domni papae
piissimique augusti expectatum est ad illam usque synodum quae parva post intercapedine habita est Ravennae.

Die historischen Ereignisse, auf welche hier Bezug genommen
wird, sind die Kaiserkrönung Ottos des ersten, welche im J. 962

Pabst Johann der zwölfte vollzog, ferner eine zu Rom abgehaltene Synode und eine andere Synode von Ravenna, welche nach anderweiten Nachrichten im Mai oder April des J. 967 versammelt gewesen ist. Muratori und Pertz haben nun geglaubt, daß in den mitgetheilten Worten die Kaiserkrönung unrichtig auf Johann den dreizehnten, welcher im Jahre 967 auf dem päbstlichen Stuhle saß, bezogen werde. Um diesen historischen Fehler zu heben, hat Muratori vorgeschlagen, zu lesen: residente in synodo summo et universali papa domno Iohanne XII. I. anno ab Italiae u. s. w., und das dadurch entstehende primo anno auf die kaiserliche Regierungszeit Ottos zu beziehen. Allein gegen diese Conjectur ist einmal einzuwenden, daß die Worte „primo anno" in der Verbindung, in welche sie gebracht sind, nicht füglich auf Otto bezogen werden könnten, und daß noch weniger die Synode von Ravenna des Jahres 967 mit Bezug auf die Synode des Jahres 962 hätte genannt werden können: parva post intercapedine habita. Pertz hat die Conjectur Muratoris ebenfalls verworfen, weil „der Verfasser der Vorrede Johann den zwölften und Johann den dreizehnten gar nicht unterscheide und Johann dem dreizehnten gleichmäßig die Kaiserkrönung Ottos und die Synode von Ravenna zuschreibe;" im Uebrigen hat P. jene Stelle als verderbt und mit Hilfe der Handschriften auch nicht wiederherstellbar bezeichnet. Meines Erachtens wird aber der Verfasser des Prologs, welcher nach der Nachricht eines von mir herauszugebenden Commentars kein anderer als der Bischof Leo von Vercelli war, ohne Grund jener groben Gedankenlosigkeit beschuldigt, und die Stelle leidet in den bessern Handschriften auch nicht an der gerügten Unverständlichkeit.

Der Prolog fehlt völlig in der ältesten Handschrift des liber legis, der von Mailand, und ist also nur vorhanden in denen von London, Florenz, Padua und in der Bearbeitung, welche die drei Handschriften von Paris, Wien und der Bibliothek Este gewähren. In den beiden ältesten und besten dieser Handschriften, der von London, welche ich nach Pertz nochmals benutzt habe, und der von Florenz, welche Merkel verglichen hat, fehlt nun aber das Wort „anno," welches bisher allein die Stelle unverständlich gemacht hat, und von einem Schreiber, auf welchen die Handschrift von Polirone und die genannte Bearbeitung zurückzuführen sind, willkürlich zu tertiodecimo zugesetzt worden zu sein scheint. Nun ist aber unter der ersten Synode, welche mit den Worten residente in synodo u. s. w. angedeutet wird, diejenige zu verstehen, welche nach einer von Otto ausgestellten Urkunde (Murat. antiquit. Ital. med. aev. ed. Arezzo V. 465. und Iaffé reg. pontif. p. 327.) etwa am 10. Januar 967 in Gegenwart Ottos und Johanns des dreizehnten in der Peterskirche zu Rom gehalten worden ist. Dieser Synode folgte dann im März 967, also in der That: parva post intercapedine die zweite von Ravenna und dieser wiederum im October desselben Jahres der Reichstag von Verona. Die Bestimmung: Tempore igitur quo piissimus Otto rex Romae unctionem suscepit imperii bleibt freilich immer eine sehr ungenaue und nachlässig ausgedrückte Zeitbestimmung, wenn nicht etwa mit jenen Worten Leo nur hat ausdrücken wollen, daß Otto kraft seiner kaiserlichen Würde an jenen Synoden Theil genommen und das Gesetz erlassen habe.

In einer Bamberger, im Uebrigen die Institutionen Justinians enthaltenden Handschrift ist ein einziges Kapitel erhalten, welches nach der Ueberschrift von Otto dem ersten 971 zu Pavia erlassen worden sein soll. (Leges II. p. 35.) Wenn der Ort, an welchem allein uns das Kapitel entgegentritt, Zweifel an der Echtheit hervorrufen könnte, so ist dagegen dessen Inhalt durchaus unverdächtig und offenbar darauf berechnet, Bestimmungen des Veroneser Capitulars zu ergänzen. Während nämlich in c. 1. 2. des letzteren der Zweikampf nur für den Fall Beweismittel sein soll, wenn einer der beiden streitenden Theile das Eigenthum an Grundstücken auf Grund von formelleren oder minder formellen Urkunden behauptet, so soll nach der Bestimmung von 971 der Zweikampf in sämmtlichen Processen, in welchen es sich um Grundstücke handelt, das alleinige Beweismittel sein, und außerdem wird ganz neu bestimmt, daß derjenige, welcher es gar nicht wagt, den Zweikampf anzunehmen, nicht nur in der Sache selbst unterliegen, sondern überdies noch Confiscation seines Vermögens erleiden soll. Aus diesem Verhältniß wird man übrigens ersehen, wie wenig richtig P. das Kapitel von 971 durch die Behauptung charakterisiert, daß es sich dem Sinne nach kaum von dem ersten Kapitel des Veroneser Capitulars unterscheide.

Von Otto dem zweiten sind uns keine Capitularien erhalten, drei dagegen von Otto dem dritten. Das eine am 20. September 998 erlassene verordnet, daß, wenn Kirchengüter zum Nachtheile der Kirchen emphyteutisch oder als Precarien verliehen worden seien, die Verwalter des Kirchenvermögens an solche Verträge nicht gebunden sein sollen (Leges II. p. 37.). Diese Vorschrift führt nur weiter aus, was schon früher, namentlich zur Zeit Lothars (Loth. c. 21. 51. 84. ed. Murat.) wiederholt bestimmt worden war, sodaß der Inhalt des Capitulars gar keine Bedenken erregen kann. Ueber die Zweifel, welche Pertz gegen die Echtheit desselben erhoben hat, verweise ich auf die Bemerkungen von Giesebrecht, Geschichte der Kaiserzeit, 2. Ausgabe I. 838. 839., denen ich mich durchaus anschließe und deshalb das Capitular selbst für echt halte.

Die Entstehungszeit der beiden andern Edicte Ottos des dritten kann nicht näher begrenzt werden als durch die Kaiserkrönung (21. Mai 996) und den Tod (23. Januar 1002.) Ottos. Das eine (Leges II. p. 36.) ist in den liber legis Langobardorum aufgenommen worden und bestimmt, an welchen Tagen Gericht gehalten werden könne, an welchen nicht; das andre ist nur in einer Handschrift des liber legis, der von Florenz, anhangsweise erhalten. Pertz hat das letztere (II. p. 34.), er sagt nicht weshalb, als ein Gesetz Ottos des ersten und zweiten herausgegeben, während in der Handschrift selbst das Edict ausdrücklich Otto dem dritten zugeschrieben wird. Denn sowohl nach der von Pertz benutzten Collation Bluhmes, als auch nach der später von Merkel besorgten Vergleichung der Florentiner Handschrift endet am Schluß der Kehrseite von Bl. 137. der liber legis mit diesen Worten: Expliciunt capitula domni Henrici imperatoris seu ceterorum. Eine spätere Hand hat auf derselben Seite nach dem Worte ceterorum hinzugefügt: Incipiunt capitula Ottonis tertii imperatoris, und dann die hier angekündigten Kapitel selbst, weil auf Bl. 137. kein Platz war, auf Bl. 138. eingetragen, wie sie P. a. a. O. S. 34. herausgegeben hat. Es leuchtet ein, daß jene Ueberschrift auf die sogleich nachfolgenden Kapitel bezogen werden muß und auch bestens im Einklange steht mit der von P. herausgegebenen Unterschrift: Explicit Ottonis kapitula. Das erste Kapitel dieses Capitulars ist auch in den codex Estensis (danach Otto II. c. 12. ed. Murat.)

übergegangen. In derselben Handschrift findet sich außerdem noch ein sonst unbekanntes Stück (Otto II. c. 9. ed. Murat.), das Pertz (Leges II. 34. Anm. a.) unrichtiger Weise für eine Inhaltsangabe von c. 12. der Veroneser Capitulars von 967 hält, während doch in c. 12. ein als servus lebender Mann den Beweis seiner freien Geburt führen will, und in dem angeblichen Auszuge grade umgekehrt ein bisher in Freiheit lebender Mann von einem Dritten als servus in Anspruch genommen wird. Uebrigens giebt der handschriftliche Befund jenes neunten Kapitels Ottos des zweiten (ed. Murat.) keine Gewähr für dessen Echtheit.

In Betreff der übrigen noch in den liber legis Langobardorum aufgenommenen Capitularien (Leges II. 38. 39. 42.) habe ich den Bemerkungen der früheren Herausgeber nichts zuzusetzen.

IX. Die von Pertz so genannten Capitula langobardica.

§. 49. Schon früher ist bemerkt worden, daß die nach der Zeit Ludwigs des zweiten erlassenen Capitularien, von denen zuletzt gehandelt worden ist, fast alle nur in den Handschriften des liber legis Langobardorum uns überliefert sind. Aber auch unter den Karl dem Großen und dessen Nachfolgern bis zu Ludwig dem zweiten in jenem Rechtsbuch beigelegten Gesetzen hat Pertz nicht wenige Stücke gefunden, deren Entnahme aus den in echter Gestalt überlieferten Capitularien er nicht hat nachweisen können, und die er deshalb unter der Bezeichnung „Capitula langobardica" herausgegeben hat. Auch diese Kapitel sind jetzt noch zu untersuchen und, so viel als möglich, deren Quellen anzugeben.

I. Aus den Kapiteln, welche im langobardischen Rechtsbuch Karl dem Großen beigelegt werden, hat P. ausgezogen:

a. Cap. 66.[1] — P. hat geglaubt, daß dieses Kapitel mit dem bei Muratori vorangehenden (c. 65.) ein Ganzes bilde, und,

---

[1] Die Kapitel des langobardischen Rechtsbuchs sind überall nach der Ausgabe von Muratori allegiert.

weil c. 65. aus der in den Handschriften von Chigi und La Cava enthaltenen Gestalt des Heristaller Capitulars von 779 (S. §. 17.) entnommen ist, so hat er auch das c. 66. als den Schluß von c. 11. der von ihm so genannten langobardischen Recension jener Verordnung herausgegeben (Leges I. p. 38., in der zweiten Columne c. 11. von den Worten „Mentio enim" an.) Dieses Verfahren Pertzens wird aber durch die Handschriften nicht gerechtfertigt. Denn erstens fehlt jenes Kapitel „Mentio enim" völlig in denjenigen Handschriften, welche allein die angeblich langobardische Recension des Heristaller Capitulars enthalten, nämlich in denen von Chigi und La Cava. (Vgl. P. a. a. O. Anm. c.) Ferner ist nur in den drei neusten Handschriften des langobardischen Rechtsbuchs das Kapitel Mentio enim dem c. 65. Muratoris, d. h. dem 11. Kapitel des Heristaller Capitulars nachgesetzt: in den vier bessern und ältern Handschriften dagegen fehlt das c. 65. entweder ganz (Handschrift von Padua), oder es steht am Schluß der Gesetze Karls (cod. Florent.) oder unter denen Pippins (cod. Londin.) oder endlich unter denen Ludwigs des Fr. Demnach hat in diesen vier besseren Handschriften das in Rede stehende c. 66. seine Stelle zwischen c. 64. und 67. Muratoris, welche beide aus einem Capitular Pippins (Leges I. 103. cap. 11. 12.) entnommen sind. Wie aber in den sechs zuverlässigeren Handschriften das c. Mentio enim außer aller Verbindung zum Heristaller Capitular und insbesondere zu dessen c. 11. steht, so hängt es mit demselben auch dem Sinne nach offenbar gar nicht zusammen.

Wenn sich deshalb als ganz unzweifelhaft ergiebt, daß das Kapitel Mentio enim in dem Text des Heristaller Capitulars ganz gestrichen werden muß, so bleibt es dagegen unsicher, wohin dasselbe gehören mag. Erwägt man, daß unser Kapitel im langobardischen Rechtsbuch zwischen den aus c. 11. und 12. des p. 103—105. von P. herausgegebenen Capitulars Pippins entnommenen Bestimmungen steht, erwägt man ferner, daß das c. Mentio enim nicht alles inneren Zusammenhanges mit jenem c. 12. entbehrt, so kann man es vielleicht mit einigem Grund für einen Bestandtheil jenes Capitulars Pippins halten, welcher, sei es aus Versehen, sei es absichtlich, von dem Compilator der in den Handschriften von Chigi und La Cava vorliegenden Capitulariensammlung ausgelassen worden ist.

Doch kann dieses positive Resultat nur vermuthungsweise hingestellt werden, da mit Sicherheit die Hingehörigkeit des c. Mentio enim zu ermitteln, mir nicht möglich scheint.

b. Capp. 33. 34. Die Kapitel sind von P. einem aus dem liber legiloquus des Ansegis entnommenen Capitular (p. 169. 170.) zugewiesen und sind mit diesem Capitular selbst bereits oben (S. 98.) kritisiert worden.

c. Die achtzehn von Pertz p. 192. 193. zusammengetragenen capitula langobardica:

1. Cap. 123. Es findet sich an der Stelle, welche es bei Muratori einnimmt, in allen Handschriften des langobardischen Rechts=buchs. Woher es von dem Compilator entnommen ist, habe ich nicht ermitteln können.

2. Cap. 125. Es steht nur in den drei neueren Hand=schriften des liber legis unter den Gesetzen Karls, in den vier bes=sern dagegen hat es seine Stelle vertauscht mit Lothar c. 68., wird hier also Lothar zugewiesen, während Muratoris Loth. c. 68. unter den Gesetzen Karl des Gr. recensiert wird.[1]) Daß das Kapitel 68 Lothars aber nach den vier bessern Handschriften richtiger an die Stelle von Kar. M. 125 gehört, geht daraus hervor, daß es ebenso wie das folgende Kar. M. c. 126. (welches in allen sieben Hand=schriften an dieser Stelle steht) aus einem Capitular Ludwigs des Fr. von 817 (Leges I. p. 208. c. 24. 21.) entnommen ist. Das dagegen bei Muratori als c. 125. und danach bei P. p. 192. c. 2. gedruckte Stück ist wörtlich das c. 1. des um 855 erlassenen Capi=tulars Ludwigs II. (p. 435.) und wird deshalb auch im liber legis mit jenen vier Handschriften unter die Gesetze Lothars aufzunehmen sein, mit denen der erste Redactor die von Ludwig dem zweiten her=rührenden Kapitel vermengt hat.

---

1) Wie oben angegeben, ist in Wirklichkeit der Handschriftenbefund, sodaß Pertz p. 192. Anm. i. unrichtig angiebt, das c. 125. werde in den Handschriften von Mailand und Florenz als Loth. c. 68. wiederholt. Es wird nicht wiederholt: wohl aber fangen beide Kapitel gleichmäßig mit den Worten De feminis an, und dieser Umstand scheint jene unrichtige An=gabe hervorgerufen zu haben.

3. Cap. 130. und
4. Cap. 131. Sie finden sich an diesen Stellen in allen sieben Handschriften des liber legis: ihre Quellen vermag ich nicht anzugeben.
5. Cap. 129. Es ist vom Sammler entnommen aus c. 30. der Beschlüsse des im J. 813 abgehaltenen concilium Cabilionense. Was P. in der Anm. r. aus drei Handschriften als einen Zusatz dieses Kapitels herausgegeben hat, ist seiner Natur nach eine Glosse, welche wörtlich dem Schluß eines Kapitels entnommen ist, das auch p. 441. c. 21. Aufnahme gefunden hat.
6. Pipin c. 46. Die von Muratori gewählte Anordnung dieses Kapitels wird unterstützt durch die älteste (Mailänder) Handschrift und die drei neusten von Paris, Wien und Este, in denen dieses Stück sich am Schluß der Gesetze Pippins findet, während dagegen in den drei übrigen Handschriften von London, Florenz und Padua es den Schluß der Gesetze Karls des Gr. bildet. Wegen der Worte: De ceteris vero causis communi lege vivamus quod domnus Karolus rex Francorum atque Langobardorum in aedicto adiunxit, scheint dieses für die langobardische Rechtsgeschichte sehr wichtige Kapitel mit mehr Recht Pippin als Karl dem Gr. zugeschrieben werden zu können, falls es nicht, was mir viel wahrscheinlicher ist, ein Product der langobardischen Juristen ist und langobardisches Gewohnheitsrecht enthält.
7. Pipin c. 49. Ludowicus Pius c. 60. Dieses Stück besteht in der That aus zwei, von einander völlig verschiedenen Kapiteln. Das erstere endet mit den also zu lesenden Worten: set etiam in legatis et in ereditatibus; das zweite beginnt dann mit: Inter duos fratres. Jenes begegnet zuerst in Julian's epitome novellarum [1]) 119, 6, außerdem auch bei Benedict Levita (I. 389.) und im Decret Gratians (16. q. 5. c. 3.). Es ist, wahrscheinlich aus Julian, allein in der Mailänder Handschrift an den Schluß der Gesetze Pippins geschrieben worden und hier mit einem zweiten Kapitel verbunden, welches auch in andern Handschriften des langobardischen Rechtsbuchs, aber an ganz verschiedenen Stellen, sich vorfindet.

---

1) Irrig wird diese Sammlung des byzantinischen Professors Julian von Pertz p. 253. als constitutio imperatoris Iuliani citiert.

Keines von beiden Kapiteln ist in die Lombarda übergegangen. Das erste kann weder Karl dem Großen noch sonst einem langobardischen Könige zugetheilt werden und ist vom Schreiber des Mailänder codex willkürlich eingetragen worden: das zweite Kapitel steht seinem Inhalte nach mit dem langobardischen Recht nicht im Widerspruch, ob es Königsgesetz ist, oder woher es sonst stammt, läßt sich aber nicht angeben.

8. Karol. M. 134. Es findet sich in allen Handschriften unter den Gesetzen Karls, ist aber ebenso wie das unter n. 5. besprochne Stück aus dem concil. Cabilionense und zwar aus c. 31. entnommen.

9. Karol. M. 144. Es ist wörtlich entnommen dem c. 45. des Aachener Capitulars von 789. Leges I. p. 61.

10. Es ist nur in den beiden von P. angegebenen Handschriften und zwar in beiden an verschiedener Stelle vorhanden und von sehr zweifelhafter Echtheit.

11. Nur der Schreiber der Florentiner Handschrift hat es, und zwar aus Ludwigs des Fr. Capitular ad eccles. ordines (Leges I. p. 207. c. 13.), willkürlich auf einem zu den Gesetzen Karls des Gr. gehefteten Supplementblatt eingetragen.

12. Dieses von demselben Schreiber auf demselben Supplementblatt abgeschriebene Stück besteht wiederum aus zwei verschiedenen Kapiteln. Denn mit den Worten De illis hominibus beginnt ein Kapitel des zuerst von Baudi di Vesme herausgegebenen, oben (§. 37.) beschriebenen Capitulars. Den Ursprung des ersten Theils vermag ich dagegen nicht anzugeben.

13. Karol. M. 151. Es ist nur in vier Handschriften des liber legis und vielleicht aus Concilienschlüssen aufgenommen. In die Lombarda ist es nicht übergegangen.

14. Karol. M. 79. Es findet sich nur in denselben vier Handschriften (jedoch an verschiedener Stelle), ist ebenfalls in die Lombarda nicht aufgenommen und ist offenbar eine Nachbildung von c. 6. der Capitula in leges mittenda (p. 113.). Aus diesen Gründen ist es für unecht zu halten.

15. Karol. M. 150. Karl dem Großen wird es in den drei neueren Handschriften zugeschrieben: in einer vierten ist es den Gesetzen Lothars angehängt, in den drei übrigen fehlt es ganz.

In Wahrheit ist es ein Gesetz aus König Aistulfs erstem Regierungs=
jahr. (Edicta reg. Langob. ed. Vesme p. 169. c. 8.)

16. Karol. M. 147. Auch dieses Stück ist nur in den drei
neuen Handschriften enthalten und von dem Verfasser der in densel=
ben enthaltenen Bearbeitung aus c. 40. der Mainzer Concilien=
schlüsse von 813 entnommen worden. Ein ziemlich wörtlicher Aus=
zug davon befindet sich wenige Seiten vorher bei P. p. 190. c. 22.

17. Karol. M. 148. Ebenfalls nur in den drei neuen Hand=
schriften erhalten, ist dieses Stück abgeschrieben aus der Interpreta-
tio zu Cod. Theod. V. 12. in der Lex Romana Wisig., und
zwar in derjenigen Redaction, welche Hänel als Aegidii epitome
herausgegeben hat. (Haenel, Lex Rom. Wis. p. 150.)

18. Karol. M. 152. Schon Muratori hatte dieses Stück
nur der Lombardaausgabe des Goldast entnommen und an den
Schluß der langobardischen Gesetze Karls gesetzt. Es ist aber weiter
nichts als ein Theil des schon vorher unter n. 39. von Muratori
herausgegebenen und aus Karls Aachener Capitular von 789 (Leges I. p. 63. c. 63.) herzuleitenden Kapitels.

II. Aus den im liber legis Langobardorum Ludwig dem
Frommen zugeschriebenen Gesetzen hat Pertz drei Kapitel ausgezo=
gen (p. 228.):

1. Ludov. P. 55. Es ist in allen Handschriften des lango=
bardischen Rechtsbuchs vorhanden, aber, da es des römischen Rechts
in einer den Capitularien sonst ganz fremden Weise Erwähnung
thut, wohl kaum für Reichsrecht, vielmehr für Juristenrecht zu halten.

2. Ludov. P. 58. Es ist nach der Capitularienausgabe
von P. durch Baudi di Vesme herausgegeben worden aus der
Jvreer Handschrift n. 34., in welcher es zwischen c. 2. und 3. des
von P. p. 241. herausgegebenen Capitulars eingeschaltet worden ist.
Daß das Kapitel diesem Capitular fremd ist, lehrt nicht nur der
ganz verschiedene Inhalt, sondern wird auch durch die drei andern
jenes Capitular ohne die Einschaltung enthaltenden Handschriften
dargethan. Dagegen geht aus jener Jvreer Handschrift wenigstens
das hervor, daß das in Rede stehende Kapitel nicht von den Ver=
fassern des Rechtsbuchs erfunden, sondern in der That ein Theil
eines wirklichen Capitulars ist. Auch ist in Betreff der Autorschaft
zu berücksichtigen, daß das erwähnte Capitular p. 241. von dem

Schreiber der Ivreer Handschrift vielleicht ebenfalls für eine Verordnung Ludwig's des Fr. angesehen wurde. (S. o. S. 40. 99.)

3. Ludov. P. 56. Es ist, ebenso wie das vorhergehende, in allen Handschriften des Rechtsbuchs vorhanden und in dasselbe aus c. 50. der Mainzer Concilienschlüsse von 813 aufgenommen worden. Was P. daselbst Anm. i. aus der Mailänder Handschrift herausgegeben hat, ist nur eine Glosse.

III. Den im langobardischen Rechtsbuch Lothar zugeschriebenen Gesetzen sind von Pertz p. 371. die folgenden Stücke entnommen:

1. Lothar. c. 78. und
2. Lothar. c. 79. Sie erregen hinsichtlich ihrer Echtheit kein Bedenken und scheinen Theile eines verloren gegangenen Capitulars, sei es Lothars, sei es Ludwigs des zweiten, zu sein.
3. Lothar. c. 91. Es findet sich im ersten Buch c. 149. der Ansegisischen Capitulariensammlung und würde also von dem Sammler einem verloren gegangenen Capitular Karls des Gr. entnommen worden sein.
4. Lothar. c. 97. Der Ursprung dieses unbedenklichen Kapitels ist mir unbekannt.
5. Eine nur in einer Handschrift erhaltene, von einem Juristen verfaßte Rechtsregel über die Beweislast.
6. Lothar. c. 100. Es enthält eine nur in einigen Handschriften zu Lothar c. 33. geschriebene und in Anlehnung an Grimowald c. 1. abgefaßte Glosse.
7. Die sechs Kapitel, welche P. p. 372. aus dem liber legis herausgegeben und daselbst als aus einem concilium Romanum 826 stammend bezeichnet hat, dürfen mit P. Lothar nicht nothwendig zugeschrieben werden, da der Compilator des liber legis, wie wiederholt gezeigt ist, nicht die Capitularien allein excerpiert, sondern auch Gesetzesvorschriften aus den Concilien und selbst Gewohnheitsrecht aufgenommen hat. Solche Stücke sind, wie auch hier, meist an den Schluß der von ihm gebildeten verschiedenen Legislationen (Karls, Pippins u. s. w.) gesetzt worden.

IV. Ludwig dem zweiten endlich werden in drei Handschriften des liber legis die zwei Kapitel zugeschrieben, welche P. p. 528. herausgegeben hat:

1. Ludov. II. 4. Die in allen drei Handschriften am Schluß zugefügten Worte: in quibusdam (Anm. d. bei P.) sind so zu verstehen, daß das ganze Kapitel nur als in einigen Handschriften vorhanden bezeichnet wird. In der That hat es auch von den ältern Handschriften nur die von London, und zwar unter die Gesetze Lothars aufgenommen. Seine Echtheit bleibt zweifelhaft.

2. Ludov. II. c. 8. Es begegnet nicht nur an dieser Stelle, sondern in denselben Handschriften auch als Karol. M. 150. (vgl. auch Leges I. p. 193. c. 15.) und ist bereits oben unter I. 15. auf seine eigentliche Quelle zurückgeführt worden.

X. Pseudocapitularien.

§. 50. Ob die Kapitel, von welchen zuletzt gehandelt worden ist, in der That Bestandtheile wirklicher Capitularien sind, wird man in vielen Fällen bezweifeln dürfen, weil nicht selten der Compilator des langobardischen Rechtsbuchs aus Concilienschlüssen geschöpft hat, anderseits auch Stücke, welche deutlich den Charakter von Glossen an sich tragen, in einzelnen Handschriften Aufnahme gefunden haben. Es sind aber außer jenen zweifelhaften oder als Capitula in technischem Sinne unechten Stücken in der Pertzischen Ausgabe eine Anzahl von Kapitelreihen herausgegeben, die zwar großentheils aus dem durch echte Capitularien gegebenen Material zusammengesetzt worden sind, aber in der Gestalt, in welcher sie bei P. erscheinen, sicherlich niemals erlassen worden sind. Dazu kommen noch andere von P. Capitularien genannte Stücke, welche nicht nur der Form nach keine Capitularien deutscher Könige sind, sondern auch dem Inhalte nach gar nichts mit Capitularien gemein haben. Ueber diese Pseudocapitularien (ich habe vergeblich nach einem andern Ausdruck gesucht, welcher geeignet wäre, die soeben allgemein charakterisierten Stücke in der Kürze zu bezeichnen) ist jetzt noch zum Schluß zu handeln, wobei ich indeß zur Vermeidung von Misverständnissen bemerke, daß ich mich auch hier nur auf den Inhalt der im zweiten Kapitel beschriebenen italischen Handschriften beschränke.

1. In der Handschrift von Chigi folgen auf das von P. p. 103—105. herausgegebene Capitular unter der möglichst wenig authentischen Ueberschrift: Item alia kapitula und unter den Zahlen 33—65. eine Reihe von Kapiteln, welche aus Capitularien verschiedener Könige und Zeiten excerpiert und bunt durch einander gemengt worden sind. (Vgl. die Uebersicht in §. 15.) Wie gewöhnlich, so stimmt auch an dieser Stelle die Handschrift von La Cava mit der von Chigi überein, nur daß in jener die Bezeichnung Item alia kapitula fehlt. Pertz hat nun (p. 116.) aus denjenigen Kapiteln, welche in der Handschrift von Chigi als 42—65. (nicht 64., wie P. in der Vorrede daselbst sagt) gezählt werden, ein besonderes Capitulare langobardicum constituiert. Vergebens habe ich zuvörderst nach einer Erklärung dafür gesucht, weshalb grade c. 42. der Chigischen Handschrift den Anfang des neuen Capitulars bilden soll: mit demselben Recht hätte dasselbe offenbar schon mit c. 40. oder 34., mit relativ mehr Recht mit c. 33. beginnen können, wo wenigstens die Ueberschrift Item alia kapitula den Anfang einer neuen Verordnung hätte bezeichnen können. Betrachtet man aber dann den Inhalt des Capitulare langobardicum, wie es P. nun einmal promulgiert hat, so sieht man, daß es größtentheils aus den Capitula in leges addita von 803 und den gleichzeitigen Capitula missorum besteht, deren Anordnung in den Handschriften von Chigi und La Cava nur etwas verändert ist, und von denen diejenigen ausgelassen worden sind, welche nur eine vorübergehende Bestimmung hatten oder eine nur einmal auszuführende Vorschrift enthielten. Da wir aber gesehen haben, (S. 79. u. ff.) daß jenes Capitular von 803 ein Zusatz zu sämmtlichen Volksrechten sein sollte und deshalb nebst den zugehörigen Capitula missorum vollständig und in der gewöhnlichen Ordnung in die acht übrigen italischen Handschriften jener Zeit aufgenommen worden ist, so ist eine, ohnehin durch eine positive Andeutung nicht unterstützte, besondere langobardische Recension durchaus in Abrede zu stellen, und die abweichende Anordnung in den Handschriften von La Cava und Chigi nur dem Compilator ihres Originals zuzuschreiben, der hierbei nach seiner wiederholt bemerkten Praxis verfahren ist. (Vgl. §. 15.) Die Quellen von c. 1—21. dieses vermeintlichen Capitulars hat P. selbst angegeben. Von den drei übrigen ist c. 22. aus dem Dietenhofer Capitular

(p. 134. c. 22.), c. 23. aus dem Schluß von c. 25. eines Capi=
tulars Ludwigs des Fr. (p. 218.), c. 24. endlich aus einem andern
Capitular Ludwigs des Fr. (p. 214. c. 3.) excerpiert worden.

2. Ein anderes „Capitulare langobardicum" hat P. p. 148.
componiert. Dasselbe ist bereits von Bauri di Vesme (dell' edizione
delle leggi langobardiche lettera al Sign. Giov. Merkel p. 53.)
ganz richtig wie folgt beurtheilt worden:
„Ein nur in der Einbildung bestehendes (imaginario) langobar=
„disches Capitular, welches er (Pertz) annimmt als zusammen=
„gesetzt aus dem vorbesagten Kapitel (p. 241. c. 1.) und aus
„einem Auszuge von andern Kapiteln verschiedener Gesetze der
„vorhergehenden Jahre, obgleich in keiner der vier italischen
„Handschriften, der von La Cava, Chigi und der beiden von
„Jvrea, sich die mindeste Spur eines solchen capitulare spu-
„rium oder einer Republication vereinzelter Kapitel aus kurz
„zuvor erst erlassenen Gesetzen vorfindet. Wie viel natürlicher
„war es nicht, zu sagen, daß der Urheber der vom Schreiber
„des codex Paulinus abgeschriebenen Sammlung, welche ohne
„amtlichen Charakter und rein zum Privatgebrauch entstanden
„war, in dieselbe nur diejenigen Kapitel aus Gesetzen seiner
„Zeit aufnahm, welche ihm passend erschienen, um so mehr als
„dergleichen Sammlungen aus andern ähnlichen Legislationen so
„häufig sind?"

Diesen Worten Vesme's, welche den bei-der Herausgabe von
Capitularien hauptsächlich maßgebenden Gesichtspunkt im Kern treffen
(Vgl. o. S. 26. f.), habe ich nur zuzusetzen, daß auch dies gegen die
Fiction Pertzens spricht, daß den c. 13. und 16. des vermeintlichen
Capitulars, sogar noch die Ueberschriften der entsprechenden echten
Capitularien (Quae ad numagam additi sunt und Hec capitula
missi nostri cognita faciant omnibus hominibus partibus. Vgl.
o. S. 29. 30.) vorgesetzt worden sind. Man sollte meinen, daß wenig=
stens diese mitten in ein „Capitular" eingeschobenen Ueberschriften
in dem Herausgeber Bedenken gegen das von ihm eingeschlagene
Verfahren hätten hervorrufen sollen.

Aus welchen Bestandtheilen dieses Pseudocapitular zusammen=
gesetzt worden ist, ist bereits von Pertz angegeben worden. Es bleibt

in dieser Beziehung nur zu bemerken, daß c. 1. aus der im Anfang der fränkischen Herrschaft in Italien erlassenen Notitia (§. 26.) geschöpft ist, und daß die aus dem Nymweger Capitular excerpierten Kapitel nicht c. 5. 8. 10. sind, wie P. angiebt, sondern c. 4. 7. 9., wie ich aus der Collation des codex Paulinus ersehen habe, und wie auch p. 143. Anm. a. von P. bei anderer Gelegenheit richtig angegeben worden ist, endlich aber, daß dieses „Capitulare langobardicum" in der Pauliner Handschrift nicht als c. 55 — 66., wie P. mittheilt, sondern als 55 — 73., wie die Collation ergiebt, gezählt wird. Dieser letzte Irrthum ist jedenfalls dadurch entstanden, daß P. anfangs dieses Capitular mit c. 12. (welches in der That dem c. 66. des codex Paulinus entspricht) abschließen und von dem „Que ad numagam additi sunt" überschriebenen c. 13. eine neue Kapitelreihe beginnen wollte. Der Herausgeber hat später offenbar eine andre Ansicht gewonnen, es aber unterlassen, dieser entsprechend auch seine Vorrede zum Capitular zu berichtigen.

3. und 4. Der Schreiber der Handschrift von St. Paul in Kärnthen oder des Originals derselben hat in seiner Sammlung von 92 Kapiteln allerlei Capitularien und Gesetze excerpiert, deren er irgend habhaft werden konnte, und demgemäß in c. 83—87. auch Stücke aufgenommen, welche bei einiger Bekanntschaft mit den langobardischen Edicten sehr leicht als Verordnungen der Könige langobardischen Stammes werden erkannt werden können. Pertz hat diese Kapitel mit zwei kurzen als c. 81. 82. vorangeschickten Bestimmungen des Dietenhofer Capitulars verbunden und dann als zwei Capitularien des italischen Königs Pippin aus den Jahren 808 und 809 constituiert (p. 153. 157.). In unwiderleglicher Weise hat Baudi di Vesme dargethan (Edicta regum Langobardorum p. 444— 446.), daß diese c. 83—87. Verordnungen Liutprands aus dem J. 733 oder der unmittelbar folgenden Zeit seien, und an eine etwaige Republication dieser Verordnungen durch Pippin nicht gedacht werden könne.[1] Da dieselben also vor der fränkischen

---

[1] Stobbe im ersten Bande seiner Geschichte der Rechtsquellen stimmt S. 130. Anm. 28. mit der Annahme von P. überein, indem er von den beiden Verordnungen Liutprands sagt: „welche bisher (vor Vesme's Ausgabe)

Eroberung Italiens entstanden sind, so liegt eine nähere Besprechung derselben außer dem Plane der gegenwärtigen Abhandlung.

5. Die drei Kapitel, welche Pertz p. 191. 192. als Capitula langobardica aus der Handschrift von Chigi herausgegeben hat, können auf keinen Fall von irgend einem langobardischen Könige, namentlich auch nicht von Karl oder Pippin erlassen worden sein, sondern verdanken ihre Zusammensetzung lediglich irgend einem Abschreiber. Das erste Kapitel ist, wie P. selbst bemerkt hat, der Anfang des 62. Titels der lex Salica reformata. Das zweite Stück hängt weder mit den von Bluhme in der Vorrede zu jenen Capitula langobardica namhaft gemachten Novellen zusammen, noch ist es von Richter (Kirchenrecht §. 197. Anm. 16. der vierten Ausgabe) richtig beurtheilt worden, sondern es giebt, freilich in einem oft völlig verderbten Text, die Novelle 20 der nach ihrem ersten Herausgeber so genannten constitutiones Sirmondicae wieder.[1] Aus dieser Quelle ist auch zu entnehmen, daß der Präfect, an welchen die Verordnung zunächst ergangen war, und dessen Identität festzustellen, Bluhme nicht gelingen konnte, gar nicht Albinus ist, wie ihn der Chigische Text nennt, sondern der praefectus praetorii Virus. Die Novelle selbst ist von dem neusten Herausgeber der constitutiones Sirmondicae, Haenel, nicht mit aufgenommen, sondern unter die noch ihrer Herausgabe wartenden constitutiones ecclesiasticae verwiesen, übrigens aber als falsch, wie sie Knust bezeichnet hat, nicht erachtet worden. (Haenel, corpus iuris anteiustinianei vol. II. p. 476. not. g.) — Woher endlich das dritte, ex codice monachorum sententia überschriebene Stück geflossen sein mag, habe ich nicht ermitteln können: daß es nicht als Theil eines Capi=

---

nur aus den langobardischen Capitularien bekannt waren, in welche sie die fränkischen Könige mit einigen Aenderungen aufnahmen." Worin diese „einigen Aenderungen" bestehen sollen, ist mir aber eben so wenig klar, als ich es mit jener Bemerkung zu vereinigen vermag, wenn ebendaselbst S. 140. Anm. 70. von genau denselben Stücken gesagt wird: „die bei Pertz p. 153. und 157. gedruckten Gesetze sind überhaupt keine Capitularien, sondern Gesetze Liutprand's."   1) Dies ist bereits von Knust in einer in den Heidelberger Jahrbüchern (Jahrgang 1837. S. 39. Anm.) erfolgten Anzeige von dem Erscheinen des ersten Bandes der Leges bemerkt worden.

tulars vom Schreiber hat ausgegeben werden sollen, lehrt schon die Ueberschrift. Ich habe es übrigens, und zwar ebenfalls nachgesetzt der mit der nämlichen Einleitung versehenen constitutio Sirmondica unseres zweiten Stücks, auch in der von Bluhme besorgten Collation, bezüglich Abschrift des Mailänder codex O. 55. wiedergefunden. Beide Stücke folgen hier den Beschlüssen einer von Pabst Johannes dem achten im J. 877 zu Ravenna abgehaltenen Synode, und diese Compilation der drei ganz verschiedenen Stücke trägt hier die für die Beurtheilung dieses Pseudocapitulars charakteristische Ueberschrift: In nomine domini incipit capitula, quas singulas a regibus vel imperatoribus institutum est.

6. In der Handschrift von Chigi wird der Paveser Verordnung Lothars vom J. 832 unter der von dem Schreiber dieser Handschrift bei den von ihm selbst zusammengestellten Excerpten öfters gebrauchten Ueberschrift: Item alia kapitula, eine Sammlung von 37 ganz verschiedenartigen Kapiteln angehängt. Pertz hat mit Rücksicht auf die Stelle, welche dieses Excerpt in der Handschrift von Chigi einnimmt, in demselben eine zweite Paveser Verordnung Lothars aus dem Februar des Jahres 832 erkennen wollen und dasselbe als solche „iam prima vice" p. 362—365. in extenso herausgegeben. Wenn man aber dieses angebliche Capitular durchliest, so wird man die Frage nicht unterdrücken können: wie ist es möglich, daß Lothar ein so buntscheckiges Capitular hat publicieren können? Was soll man sich dabei denken, wenn Lothar in c. 13. anordnet, den Nachlaß seiner fünfzig Jahre zuvor verstorbenen Großmutter Hildegard zu inventarisieren, und zwar mit denselben Worten, in denen dies vor der gleichen Zeit Pippin anbefohlen hatte? Wie ist es möglich, daß Lothar über die Verwaltung königlicher Villen genau dieselben Bestimmungen treffen konnte (c. 33—37), welche gerade hundert Jahre zuvor König Liutprand hatte ergehen lassen? Durch diesen zuletzt berührten Umstand hat schon Baudi di Vesme sich bewogen gefühlt, dieses ganze vermeintliche Capitular Lothars für eine von einem Abschreiber ganz auf eigene Hand unternommene Compilation zu erklären. Dies ist vollständig richtig, und die Entstehung dieser Compilation läßt sich auch ganz genau in einer für die Entstehung vieler Capitularhandschriften charakteristischen Weise verfolgen.

Vergleicht man nämlich den Inhalt der Handschriften von Chigi und St. Paul in Kärnthen, wie er oben in den §§. 8 und 15 angegeben worden ist, und vergleicht man ferner den Text des angeblich zweiten Pavefer Capitulars mit den entsprechenden Stücken des codex Paulinus, so ergiebt sich das Folgende in der allerevidentesten Weise. Dem Schreiber der Chigischen Handschrift ist nach vollständiger Abschrift des ihm vorliegenden handschriftlichen Originals die Pauliner Handschrift oder eine mit ihr durchaus identische in die Hände gefallen, und er hat aus dieser der Reihe nach zum Schluß alle diejenigen Kapitel (aber auch nur diese) ergänzt, welche er in der von ihm soeben beendeten Abschrift noch nicht vorfand. Er ist dabei nicht nur ganz genau der Anordnung der Pauliner Handschrift gefolgt, er hat wesentlich auch deren Orthographie beibehalten und deren Schreibfehler mit aufgenommen, ex propriis nur einige neue Schreibfehler zugefügt. Diejenigen neuen Kapitel, welche er in der Pauliner Sammlung von 92 Kapiteln vorfand, hat er zunächst unter der Ueberschrift „Item alia capitula" und ebenfalls mit fortlaufender Zählung abgeschrieben, und dies ist die Genesis der angeblich zweiten Pavefer Verordnung; den übrigen für den Chigischen Abschreiber neuen Inhalt der Pauliner Handschrift hat er dann unter Beibehaltung der im Original vorgefundenen Ueberschriften und Abtheilung der Capitularien als die beiden letzten Capitularien der Handschrift Chigi in ihrer jetzigen Gestalt ergänzt.

7. Die beiden Kapitel, welche Pertz p. 370. 371 als Fragmente verloren gegangener Capitularien Lothars herausgegeben hat, sind der Gothaer Handschrift entnommen. Was das erste derselben angeht, so ist es hergeholt aus dem Edict des Königs Grimowald, und der Umstand, daß mit der Ueberschrift sogar die Zahl 4, welche das Kapitel auch in jenem Edict trägt, vom Schreiber der Gothaer Handschrift mit hinüber genommen worden ist, spricht dafür, daß an den schon für sich sehr unwahrscheinlichen Fall einer Republikation durch Lothar nicht zu denken ist.

In dem Augenblick, da ich zum ersten Male die Anfangsworte des zweiten Kapitels las: „Octo genera poenarum in legibus esse describit Tullius: bannum, vincula, verbera, talionem" u. s. w., empfand ich sogleich eine lebhafte Freude, daß ich hier vielleicht der

Entdecker eines Fragments aus einem der verloren gegangenen Bücher von Cicero's De legibus werden könnte. Als ich dann aber, um das Nähere festzustellen, meine Ciceroausgabe in die Hand nahm, ersah ich, daß der Schreiber der Gothaer Handschrift nicht direct aus Cicero geschöpft hat, sondern das ganze, in den Schulausgaben des Cicero ebenfalls abgedruckte Fragment nebst den einleitenden Worten und der weiter folgenden Erklärung aus der Schrift des heiligen Augustin, de civitate Dei XXI, 11 abgeschrieben und nur statt dannum, sei es absichtlich, sei es durch Versehen, bannum gesetzt hat. Des Nachweises, daß dieses Fragment weder im Jahre 835, noch überhaupt jemals von Lothar publiciert worden sei, fühle ich mich so lange überhoben, bis auch anderweit festgestellt sein wird, daß zu den Rechtsquellen Lothars auch die Schriften Cicero's oder des heiligen Augustin gehört haben, und daß die talio der zwölf Tafeln noch zu Lothar's Zeit ein gang und gäber Rechtsbegriff gewesen ist.

8. Daß die Kapitel, welche Pertz aus der Blankenburger Handschrift p. 439—441. herausgegeben hat, weder von Ludwig dem zweiten im Jahre 856 noch in einer italischen Synode entstanden sind, sondern vielmehr ein Statut des Abtes Hatto von Reichenau enthalten, hat schon Richter (Kirchenrecht §. 71. Anm. 4. Vierte Auflage) bemerkt. Das Statut findet sich als solches in der Mansi'schen Conciliensammlung, im vierzehnten Bande S. 393 und folgende, und wird dort vor das Jahr 822 verlegt.

9. Dem soeben berührten Statut folgen in derselben Blankenburger Handschrift vierundzwanzig andere Kapitel, welche ebenso wie jenes in dem vorangeschickten Kapitelindex nicht recensiert werden und dadurch als Anhänge erkennbar sind. Pertz hat geglaubt, daß diese Kapitel, früher erlassene Bestimmungen wiederholend, ein Capitular Ludwigs des zweiten enthalten, und hat sie als solches herausgegeben p. 442—444. Dies ist durchaus in Abrede zu stellen und auch in diesen Kapiteln ein Excerpt zu erblicken, welches der Verfertiger des Blankenburger codex, nach Abschrift des ihm vorliegenden Originals, aus einer andern Quelle ergänzte. Zwar vermag ich diese Quelle hier nicht, wie bei dem unter n. 6 besprochenen Pseudocapitular

nachzuweisen, aber die Sache selbst ist darum nicht minder gewiß.
Denn keines der hier ergänzten Kapitel kann mit Sicherheit in dem
früheren Inhalt der Blankenburger Handschrift nachgewiesen werden,
und es ist insbesondere für die Entstehung des Excerptes bezeichnend,
daß in der eigentlichen Blankenburger Handschrift nur das c. 5. der
Capitula in legem Ribuariam Aufnahme gefunden hat, in jenem
ergänzenden Anhange dagegen alle Capitula in legem Ribuariam
excerpiert worden sind, mit alleiniger Ausnahme jenes c. 5. Aehn=
liches kann mit Bezug auf die Gesetze Ludwigs des zweiten beobachtet
werden. Uebrigens ist es auch kaum glaublich und findet selbst in
dem am ehesten hier in Betracht kommenden Aachener Capitular von
789 keine Analogie, daß ein König oder Kaiser solche Dinge wie
sie in c. 3—5. des Excerpts stehen in einem Gesetz sollte publiciert
haben, da diese Kapitel vielmehr Texte und Themata zu Predigten,
als Gesetzesvorschriften enthalten. Mit Ausnahme dieser drei Kapitel
unbestimmten Ursprungs sind die Quellen der übrigen Stücke bekannt
und meist von P. angegeben: es ist in dieser Beziehung nur zu er=
gänzen, daß c. 2. aus c. 46. des Aachener Capitulars von 789
(p. 61.), c. 10. aus c. 6. des langobardischen Capitulars von 801
(p. 81.), der Schluß von c. 12., sowie der von c. 13. aus c. 4. 8.
der Capitula in legem Ribuariam geflossen sind.

Was schließlich die dem ersten Kapitel des Excerpts vorange=
schickte Rubrik: Item capitula legis Salicae angeht, so ist diese
jedenfalls unpassend und entweder dadurch zu erklären, daß sie ana=
log der richtigen Ueberschrift des c. 11. „Item de lege ribuariense"
vom Schreiber erfunden worden ist, oder dadurch, daß es anfangs
in der Absicht des Schreibers lag, statt dieses Excerpts sogleich die
unmittelbar darauf folgende, incipiunt kapitula legis Salicae über=
schriebene lex Salica einzutragen, er in dieser Absicht jene Ueber=
schrift schrieb und sich danach erst dazu entschloß, zunächst noch
das Excerpt aufzunehmen.

10. In der Mailänder Handschrift O. 55 des langobardischen
Rechtsbuchs finden sich zwischen den Gesetzen Pippins und Ludwigs
des Frommen dreiundvierzig Kapitel mit der folgenden Ueberschrift:
Incipit capitula sc̄dm lodoici impe͞ris filius lothari imp͞hr. Durch
diese Rubrik veranlaßt, hat zuerst Muratori diese Kapitel Ludwig

dem zweiten, dem Sohne Lothars, beigelegt und als ein eigenes Capitular veröffentlicht. Die späteren Herausgeber sind ohne Weiteres Muratori gefolgt, wie auch zuletzt Pertz (p. 523—527), welcher über den Ursprung dieses Capitulars nur die weitere kritische Bemerkung gemacht hat, daß aus c. 29. hervorgehen solle, daß das Capitular entstanden sei als kaiserliche Erwiderung auf ein von den Bischöfen ausgegangenes Rescriptum consultationis. Was aber bereits Muratori und Pertz hinsichtlich einzelner dieser Kapitel bemerkt haben, daß diese nämlich aus früheren Gesetzen excerpiert worden seien, dies gilt überhaupt von dem ganzen vermeintlichen Capitular. Dasselbe ist wiederum nichts weiter als eine von einem Abschreiber aus Capitularien, Concilienschlüssen und anderem Stoff gebildete Compilation: sicherlich hat auch der Schreiber der mailänder Handschrift dieses Excerpt ebenso wenig für ein Capitular Ludwigs des zweiten ausgeben wollen, als er die im langobardischen Rechtsbuch unter der Bezeichnung Karls, Pippins u. s. w. zusammengestellten Kapitel für einheitliche Capitularien dieser Könige gehalten hat. Erwägt man übrigens, daß diese Kapitelreihen durchaus chronologisch geordnet sind, und daß das fragliche Excerpt unmittelbar vor den Ludwig dem Frommen zugeschriebenen Kapiteln aufgenommen worden sind, so wird man annehmen müssen, daß auch die mitgetheilte Ueberschrift nicht auf Ludwig den zweiten zu deuten, sondern zu verstehen ist: Incipit capitula secundum Lodoicum imperatorem et eius filium Lotharium imperatorem. Der Schreiber scheint in diesem Excerpt Kapitel von Ludwig dem Frommen und dessen Sohne Lothar erkannt zu haben.

Ich gebe nachfolgend die Quellen dieser 43 Kapitel an. Nur der Ursprung weniger von mir mit einem Fragezeichen versehener Kapitel ist mir bisher unbekannt geblieben: man hat hier entweder verloren gegangene Capitularien oder Concilienschlüsse, welche ich unmöglich hier alle durchsuchen konnte, als die Quellen anzunehmen:

cap. 1. Das in der Blankenburger Handschrift überlieferte Argument von can. 38 der in Rom 826 abgehaltenen Synode. Vgl. Leges. II.[b] p. 12.

c. 2. ?

c. 3. Synode von Pavia aus d. J. 850. c. 20. Leges. I. p. 400.

c. 4. ?

c. 5. Erstes Kapitel des oben (§. 37) besprochenen Capitulars. Vgl. B. di Vesme, edicta reg. Lang. p. 197. c. 4.
c. 6. Ansegis I. 150, also ein Kapitel aus der Zeit Karls.
c. 7. Aus Ludwigs des Frommen Capitular aus unbestimmter Zeit. Leges. I. p. 215. c. 10.
c. 8. Paveser Verordnung Lothars v. 832 c. 14. p. 362.
c. 9. Ansegis II. 37 aus dem Concilium Cabilionense von 813. c. 18.
c. 10. ? Die Worte: „sicut in capitulare nostro constituimus" scheinen auf eines der Capitularien von Mantua (p. 111. c. 19) zu deuten, so daß dieses c. 10 also einem Capitular Karls angehören würde.
c. 11. ?
c. 12. Aus der Wormser Synode von 829, de persona sacerdotali c. 12 (p. 337). Dieses Kapitel wiederum ist, wenig verändert, aus der kurz vorhergehenden Pariser Provincialsynode v. 829 (Mansi XIV. 550. c. 16) hervorgegangen. Doch fehlen die Schlußworte unseres c. 12 an beiden Orten.
c. 13.
c. 14. } Römische Synode von 826 c. 38. (Mansi XIV. 1009).
c. 15.
c. 16. ebendaselbst c. 25.
c. 17. ebendort c. 16.
c. 18. ebendort c. 29.
c. 19.
c. 20. } ? enthalten drei bekannte Regeln des römischen Rechts.
c. 21.
c. 22. Anfang des zweiten Kapitels des §. 37 besprochenen Capitulars. Vgl. B. di Vesme, edicta reg. Lang. p. 197. c. 5.
c. 23. Römische Synode von 826, c. 30. (Mansi XIV. 1007).
c. 24. ebendaselbst c. 21.
c. 25. ebendaselbst c. 22.
c. 26. Bischöfliches Anschreiben an Ludwig II. a. d. J. 855. Leges I. p. 432. c. 11.
c. 27.
c. 28. } Römische Synode von 826. c. 13. (Mansi XIV. 1004).

c. 29. Bischöfliches Anschreiben an Ludwig den Fr. a. b. J. 828. Leges I. p. 326. c. 6.
c. 30. Zweites Dietenhofer Capitular von 806. c. 2. p. 132.
c. 31. Heristaller Verordnung von 779 nach dem Text der Handschriften von Chigi und La Cava. p. 38. c. 8.
c. 32. Statut von Rhispach a. b. J. 799 c. 30. p. 79.
c. 33. ?
c. 34. Aus einem Capitular unbestimmten Datums. Vgl. Leg. I. p. 85. c. 15, p. 121. c. 17. und oben S. 121.
c. 35. Lothars Pavefer Verordnung von 832. c. 3. p. 360.
c. 36. Statut von Rhispach a. b. J. 799. c. 14. p. 78.
c. 37. Lothars Capitular von Olonna. p. 354. c. 2.
c. 38. Ansegis II. 31 aus dem Conc. Mogunt. von 813. c. 6.
c. 39. Capitular Ludwigs des Fr. an die Bischöfe a. 817. c. 7. p. 207.
c. 40. Capitulare legibus addendum besselben, c. 15. p. 213.
c. 41. Capitular besselben an die Bischöfe c. 5. p. 207.
c. 42. ?
c. 43. Capitular besselben an die Bischöfe c. 12. p. 207.

Daß irgend ein König diese in durchaus keiner inneren Verbindung stehenden Stücke aus den verschiedenartigsten Quellen zusammengetragen und in einem Capitular publiciert haben sollte, wird schon an sich in hohem Grade unwahrscheinlich sein. Man wird aber mit Entschiedenheit jene Annahme und besonders auch die Autorschaft Ludwigs des zweiten in Abrede stellen müssen, wenn man den Inhalt einzelner Kapitel in Betracht zieht. Wie ist es z. B. möglich, daß Kaiser Ludwig die offenbar an einen König gerichteten Worte in c. 29: „super quibus necesse est, ut vestra celsitudo comitibus precipiad, quathenus episcopis adiutorium ferant" als sein Gesetz hätte publicieren sollen? Was soll man sich aber gar dabei denken, wenn dem Enkel Ludwigs des Frommen und Sohne Lothars ein Gesetz beigelegt wird, in welchem es c. 9 heißt: Placuit nobis, ut ea capitula, quae excerpsimus de capitulare avii nostri Karoli et domni genitoris nostri Ludowici imperatoris, pro lege teneantur? So große Gedankenlosigkeiten wird man nimmer Kaiser Ludwig dem zweiten zuschreiben dürfen.

Verbesserungen.

Seite 22 in der letzten Zeile v. u. lies debeant st. iussit.
- 55 Z. 8 v. u. lies Langobarden rechts.
- 80 Z. 2 v. u. lies Handschriften.
- 86 Anm. 1. Der ausführlichere Text des Baluze ist entnommen aus Benedictus Levita II. 256—260.
- 93 Z. 2 v. u. ergänze: „ist,".

Halle, Druck der Waisenhaus-Buchdruckerei.

www.ingramcontent.com/pod-product-compliance
Lightning Source LLC
Chambersburg PA
CBHW020832230426
43666CB00007B/1192